KB071564

중독과 영성

| 한국기독교상담심리학회 편 |

Christian
(Pastoral)
Counseling

학지사

발간사

　학회 창립 20주년을 앞두고 '한국기독교상담심리학회'는 지난 2년 동안 여섯 권의 총서 출판을 위해 힘써 달려왔습니다. 지난 2016년 6월에 대표집필진이 구성되어 총서 출판에 대한 대략적인 논의가 진행되면서 총서 출판을 위한 긴 여정이 시작되었습니다. 총서의 각 권의 짜임새와 목차가 몇 차례의 회의 과정을 통해 정해졌고, 이에 따라 각 영역들의 전문가로 구성된 집필진들이 선정되었습니다. 더불어 원고 작성을 위한 원칙도 세워졌습니다. 이후 1년 동안 총서 출판을 위한 특별강좌가 매주 토요일 진행되었습니다. 집필진들은 총서에서 자신의 영역에 해당되는 주제의 원고를 작성하여 강의를 진행했으며, 학회원들이 강좌에 참석하여 다양한 질문을 던지며 심도 있는 논의가 진행되었습니다. 집필진들은 이 강좌에서 나온 질문과 의견을 수렴하여 총서의 원고를 보완하며 발전시킬 수 있었습니다. 특별강좌가 끝나고 학술위원회에서는 각 원고들의 편집을 시작하였고, 이를 통해 총서의 구성이 통일성을 유지할 수 있도록 노력을 기울였습니다.

　기독(목회)상담의 총서를 출판하려고 각고의 노력을 기울인 데에는 몇 가지 분명한 목적과 의도가 있었습니다.

　먼저, 기독(목회)상담의 학문적 영역과 성격을 명료하게 규정하고, 그 경계를 짓기 위함입니다. 1999년 3월에 설립된 한국기독교상담심리학회(설립 당시 명칭은 '한국기독교상담·심리치료학회')는 설립 준비기간을 포함하면 어느 덧 20년의 세월이 흘렀습니다. 기독(목회)상담을 공부하는 학생은 매년 증가하고 있지만, 그동안 이 분야의 학문적 성격을 명확하게 규정하기 위한 노력이 소홀했던 것이 사실입니다. 일반상담 분야에서는 다양한 상담 이론과 주제들을 다룬 교과서가 출판되어 왔지만, 기독(목회)상담 분야는 그동안 발전되어 왔던 다양한 학문적 성과와 논의에 비해 그 학문적 영역과 경계를 확립하려는 노력이 부족했습니다. 그렇기에 기독(목회)상담이 무엇인지에 대해 질문이 제기되면, 이를 공부한 사람들의 숫자만큼이나 다양한 답변이 존재할 수밖에 없었고, 이를 체계적으로 담을 수 있는 원리와 원칙을 제공하지 못했습니다. 이는 기독(목회)상담에 대한 오해와 잘못된 이해를 가져올 수밖에 없었으며, 기독(목회)상담에 대한 의심의 눈초리를 키우게 되었습니다. 그렇기에 본 총서의 출판은 기독(목회)상담이 무엇이고, 그 가치와 특별함이 어디에 있는지를 보다 명확하게 제시함으로써, 그런 외부의 잘못된 이해를 교정할 수 있게 되는 계기가 될 것입니다. 뿐만 아니라 기독(목회)상담의 학문적 영역과 성격 그리고 그 경계를 명확하게 규정할 수 있도록 도움을 주게 될 것입니다.

두 번째, 기독(목회)상담에 처음 입문하려는 학생에게 바른 지침과 안내를 제공하기 위함입니다. 매년 본 학회에서 기독(목회)상담 분야의 전문상담사가 되기 위해 훈련받는 학생들이 증가하고 있지만, 그들은 기독(목회)상담을 명확히 이해하고 이를 실제 상담현장에 적용하는 데 어려움을 겪어 온 것이 사실입니다. 저 자신 역시 실제 사례지도에서 학생들이 자신의 임상적 경험 안에 내포된 기독(목회)상담의 함축과 의의를 신학적으로 고찰하고 분석하는 데 어려움을 겪고 있다는 것을 발견할 수 있었습니다. 그렇기에 본 총서의 출판은 기독(목회)상담이 일반상담과 어떻게 다르고, 기독(목회)상담의 특별한 상담적 개입은 어떤 것인지를 제시하고 알려주는 역할을 하게 될 것입니다. 또한 기독(목회)상담 분야에서 공부하는 학생들과 임상 현장에서 활동하는 기독(목회)상담사들이 기독교의 근본정신, 즉 목양적인 관점(Christian or shepherding perspective)으로 사례를 개념화하고 구조화하도록 실제적인 도움을 주게 될 것입니다. 결국, 기독(목회)상담에 입문하는 학생들과 일선 상담사들 모두 자신을 기독(목회)상담사로 부르신 이의 특별한 뜻을 발견하고, 우리의 상담 사역을 자랑스러워하는 계기가 되었으면 하는 바람 간절합니다.

세 번째, 영성과 초월성의 인식과 도입이 요청되고 기대되는 오늘날의 상담현장에 기독(목회)상담이 의미 있는 기여를 제공할 수 있기 위함입니다. 심리상담적 접근이 한계에 직면하게 되면서 오늘날 상담현장은 점차로 영성과 초월성의 주제에 깊은 관심을 갖기 시작했습니다. 곧 상담에서 영성과 종교성을 인식하고 이를 상담적 개입으로 발전시키는 것이 가져오는 치료적 효과에 대해서도 주목하기 시작했습니다. 기독(목회)상담은 2,000년의 긴 역사를 갖고 있으며, 초대교회로부터 발전되어 온 축적된 인간 돌봄과 이해의 이론과 기술을 축적시켜 왔습니다. 그렇기에 기독(목회)상담은 짧은 역사를 갖고 있는 일반상담 이론에 비해 종교적 전통의 상담적인 치유효과에 대한 다양한 논의를 전개할 수 있을 뿐 아니라, 인간 돌봄에서 종교성과 영성이 갖고 있는 의의와 역할에 대해 그 어떤 상담이론보다 구체적으로 설명하고 묘사할 수 있습니다. 곧 기독(목회)상담은 인간의 영혼에 대한 관심이 부각되는 오늘의 상담현장에 기여할 수 있는 개념과 튼실한 이론적 토대를 제공할 수 있습니다. 본 총서는 이런 종교성과 영성의 측면을 강조하여 기독(목회)상담의 독특성과 가치를 보여 주고 있습니다.

이런 목표와 의도를 갖고 기획된 여섯 권의 총서는『기독(목회)상담의 이해』,『기독(목회)상담과 영성』,『종교적 경험과 심리』,『중독과 영성』,『기독(목회)상담 연구방법론』, 그리고『분석심리학과 표현예술치료』로 구성되어 있습니다. 총서 출판의 목표와 의도를 만족시키면서, 기독(목회)상담 영역에서 자주 언급되는 핵심적인 주제와 논의를 담기 위해 총서의 제목들이 결정되었습니다. 각 총서의 대표집필진은,『기독(목회)상담의 이해』에 연세대학교 교수이자 제9대 학회장인 권수영 교수,『기독(목회)상담과 영성』에 성공회대학교 은퇴교수이자 제2대 학회장인 윤종모 주교,『종교적 경험과 심리』에 서울신학대학교 은퇴교수이자 제6대 학회장인 최재락 교수,『중독과 영성』에 고병인가족상담연구소 소장이자 제4대 학회장인 고병인 교수,『분석심리학과 표현예술치료』에 연세대학교 교수이자 제5대 학회장인 정석환 교수,『기독(목회)상담 연구방법론』에 임경수 계명대학교 교수가 각각 맡았습니다. 각 총서의 대표집필진은 총서의 짜임새와 목차를 구성하고 집필진을 선정했을 뿐만 아니라, 각 총서들의 부분부분이 전체적으로 일관성 있는 내용을 담아내도록 노력을 기울였습니다.

본 총서의 출판을 위해 수고하신 많은 분들께 감사의 말씀을 전합니다. 총서 출판 논의의 시작부터 함께 이 작업에 참여한 사무총장 오화철 교수, 학술위원장 장정은 교수, 그리고 손재구 사무국장에게 특별히 깊은 감사를 드립니다. 이들은 지난 2년 동안 매주 토요일에 있었던 총서 출판을 위한 특별강좌와 편집회의를 주관하며 총서 출판을 위해 헌신했습니다. 이분들의 남다른 노력이 없었다면 총서는 결코 출판될 수 없었으리라 생각합니다. 그 외에도 총서 출판을 위한 특별강좌와 원고편집 과정에 수고하고 헌신한 연세대학교와 이화여자대학교의 조교 및 학생들에게도 깊은 감사를 전합니다.

본 총서의 출판을 통해 기독(목회)상담이 자신의 학문적 영역을 분명하게 규정하고 확립하여 한 단계 발전할 수 있는 계기를 마련하게 되리라 확신합니다. 나아가 이번 총서 출판을 통해 우리 사회의 성숙과 발전에 기여할 수 있는 정신적 자양분을 제공하게 될 것이라 기대해 봅니다.

2018년 5월
한국기독교상담심리학회장
권수영

머리말

중독(addiction), 학대(abuse), 외상(trauma)으로 인한 역기능가정의 제반 문제들은 어떤 한 문화의 중심적인 흐름이 될 수 있다. 인류학자들은 한국말을 하는 사람, 중국말을 하는 사람, 영어를 하는 사람 등 그 사용하는 언어로 사람들을 분류하고 범주화한다. 또 사회학자들은 북한, 남한, 멕시코, 러시아, 중국 등 사람들을 정치적으로 범주화한다. 회복사역(recovery ministry)에서는 사람들을 중독된 사람, 학대받는 사람, 정서적 외상을 입은 사람, 그리고 적은 수의 건강한 사람들로 구분한다. 건강한 사람들은 기껏해야 이 지구상에 10% 내외다. 지구의 현실은 중독과 학대, 외상이다.

어떤 지역은 중독이, 또 어떤 지역은 학대가 강하게 나타난다. 많은 중독자(알코올·약물, 분노, 성, 종교 중독자)들은 가정에서 신체적, 정서적, 언어적, 성적, 영적인 학대를 가족들에게 자행한다. 학대를 경험한 가족들은 깊은 외상으로 신음한다. 중독과 학대 그리고 외상은 떼려야 뗄 수 없는 깊은 관계를 가지고 있다. 2012년 통계청 자료에 의하면 한국에 약 360여 만 명의 알코올중독자, 340여 만 명의 도박중독자, 50여 만 명의 마약중독자, 220여 만 명의 인터넷 중독자, 750여 만 명의 스마트폰 과잉의존 증후군(5~59세), 그 수를 알 수 없는 섹스중독자와 일중독자들이 존재한다고 밝히고 있다. 1,000만 명 이상의 중독자가 존재한다는 계산이 나온다.

중독은 개인의 질병이 아니고 가족의 질병이다. 1,000만 명 이상이 되는 중독자들의 학대로 인해 외상을 가지고 고통당하는 가족들이 2,000만 명이 넘는다. 중독으로 고통당하는 이들이 중독자 본인을 포함하여 3,000만 명 이상이다. 이는 개인적 차원의 문제를 넘어선 사회적인 문제이다. 중독이 일반적인 현상으로 한국은 분명히 알코올, 도박, 섹스, 분노, 일, 인터넷·스마트폰 중독 등으로 가족관계들이 왜곡되어 있다고 볼 수 있다. 중독은 한국사회의 지배적인 요인이 되어 여러 사회생활에 영향을 미치고 있다. 한국 문화에서 일어나는 거의 모든 일이 중독과 연관되어 있다고 생각된다. 중독의 치유는 한 개인의 치유로 한정해서는 안 된다. 먼저 가족을 치유하고, 교회, 정부와 여러 사회단체를 치유해야 한다. 하나님께서는 목회적 돌봄과 상담과 치유 그리고 재활을 통한 회복의 역사에 적극적으로 참여하신다. 중독과 학대, 정서적 외상이 만연해 있으면 우리는 그러한 문제를 어떻게 다루어야 할지 모른다. 오히려 많은 사람들이 "모두 그렇게 사는데 그게 문제될 게 있어?" 하는 식으로 반응한다. 하지만 하나님의 사람은 그래서는 안 된다. 중독과 학대, 정서적 외상이 만연해 있어서 우리가 그것을 눈치채지 못해도 하나님은 이 모든 것을 아신다. 하나님은 현실을 정확하게 보시기 때문이다. 마찬가지로 교회도 하나님의 마음으로 이 시대의 현상을 바로 보아야 한다. 사탄은 외상이 있는 충격적인 경험과 중독, 학대로 교회와 가정을 공격한다. 따라서 교회와 가정은 외상, 중독, 학대에 대해서 하나님의 마음으로 알아야 한다. 불행하게도, '집단적-전도적 유형의 부성적 목회'로 일관해 온 현대 교회는 이 세 가지 주제에 대해서 무지하다. 그 결과 복음을 비효과적으로 전하고 있다.

많은 사람들이 이러한 중독과 학대 그리고 정서적인 외상으로 인해 충동적인 행동과 강박적 사고, 비뚤어진 성격과 그 습관에 매여 힘들어한다. 그리스도인이 되더라도 그러한 빗나간 행동은 계속되므로 어떻게 자신의 '어두움'을 '빛' 가운데로 가져가야 할지 몰라 방황한다. 자신의 고통을 들어줄 마음의 귀를 찾아 예배에 참석해 본다. 그러나 교회는 들어주어야 할 때 말하고 있고 들어줄 마음의 귀를 발견하지 못한다. 겨우 교회의 지도자들을 만나 자신의 어려움을 드러내고 고백할 때 많은 교회는 단순히 죄를 회개하고, 더 기도하고, 예배에 참석하여 설교 열심히 듣고, 성경을 많이 읽으라고 말한다.

충동적인 성격상의 결함의 뿌리를 다루지 못한 상태에서 고군분투하지만, 결국 어쩔 수 없는 자신을 발견하는 것이 그리스도인들의 현실이다. 갈수록 깊어지는 죄책감과 수치심, 두려움의 악순환 속에서 서서히 인격이 파괴된다. 자신의 결함과 비밀, 수치심이 노출되면 따돌림당할지도 모른다는 두려움과 불안으로 더 이상 도움을 구하지 못하고 숨게 된다. 깊은 영적 갈등과 해결되지 않은 과거는 유령처럼 따라다니며 낮은 자존감과 만성적인 가족 문제를 일으킨다. 여기저기에서 1차 개입의 교육과 예방 중심의 가정사역 학교, 아버지 학교, 어머니 학교, 상담학교, 내적치유 프로그램을 받아보고, 자신의 고통을 들어주는 교회를 찾기 위해 이 교회 저 교회를 배회해 본다. 그러나 자신의 처지를 공감해 주는 교회가 보이지 않는다. 그러다가 정착한 교회가 나중에 알고 보니 이단 사이비 교회였다. 이러한 노력에 비해 근본적인 변화를 경험하는 사람은 별로 없다. '회복사역'은 그러한 사람들을 위한 2차 개입의 상담과 치유, 3차 개입의 재활 중심 지원그룹(support group: 기독교적인 집단상담) 사역이다.

중독된 사람, 학대받은 사람, 정서적 외상을 가진 사람들의 역기능을 치료하는 가장 좋은 방법은 개인상담은 물론, 가족체계 중심의 부부상담, 가족상담 그리고 지원그룹 안에서의 기독교적인 집단상담의 경험이다. 교회가 병원이라면 지원그룹은 중환자실에 해당한다. 지원그룹 안에서 중독된 사람, 학대받은 사람, 정서적 외상을 가진 사람들은 약품(책이나 CD 등)을 발견하게 되고, 적절한 시설을 발견하며, 같은 고민과 아픔, 슬픔, 수치심을 경험한 사람들이 모이는 안전한 환경에서 자신의 문제를 솔직하게 드러내놓고 말할 수 있는 분위기를 제공받는다. 감정과 경험을 고백하고 나눔으로써 억압했던 고통에 직면하고 고통을 재경험하는 가운데 성령의 도우심을 받아 건강한 인격으로 회복될 수 있다. 회복운동(recovery movement)의 지원그룹 치료는 신체적 · 심리적 · 사회적 · 영적 차원을 모두 다루는 전인적인 접근이어야 한다.

제3의 물결로 불리는 성령운동이 전 세계적으로 확산되면서 예배에 새로운 바람을 불어넣었다. 그러나 Curt Garyson과 Jan Johnson이 예견하고 있는 것처럼 중독자, 학대받은 사람, 정서적 외상을 가진 성인아이를 포함하여 동반의존된 중독자 가족의 회복운동은 또 다른 차원에서 교회의 판도를 바꾸어 놓을 것으로 전망된다. 교회 내의 중독자와 학대받은 사람, 정서적 외상을 가진 사람들의 치료를 위한 이른바 소그룹을 통한 회복운동이 1980년대 이후에 미국을 중심으로 일어났다. 이 운동을 처음 주도해 온 Earl Henslin은 다음과 같이 말한다.

> 오늘날 교회 안에 일종의 부흥의 바람이 불고 있다. 수치심 뒤에 있는 상처를 겉으로 드러내지 못하고 이중적인 신앙생활을 하다가 지칠 대로 지친 이름 없는 수만 명의 그리스도인들 사이에 조용한 부흥이 뿌리를 내리고 있다. 이 부흥은 알코올중독, 마약중독, 성중독, 섭식중독, 일중독, 도박중독, 동반의존, 학대(신체적 · 성적 · 정서적 · 언어적 · 영적), 낙태 후 수치심과 죄책감을 안고 침묵하는 이들, 동성애의 비밀스러운 생활, 역기능가정의 성인아이가 지니는 제반 문제 등 갖가지 문제를 안고 남몰래 씨름하던 수만 명의 그리스도인을 중심으로 일어나고 있다. 이 모든 것은 역사적으로 심각한 문제를 갖는 것을 용인하지 않았던 기독교 공동체를 배경으로 일어나고 있다.

교회와 가정의 관계는 혼자의 힘으로는 목적지에 도달할 수 없는 서로가 서로를 필요로 하는 쌍두마차를 끄는 두 마리 말들의 관계에 비유될 수 있다. 즉, 오늘날 기독교 가정들은 그들이 직면하고 있는 수많은 문제를 예방하고 치유해 줄 수 있는 건강한 교회를 절실히 필요로 한다. 한편 교회도 성경이 제시하는 건강한 교회로 성장하며 그 사명을 감당하기 위해 건강한 가정들을 필요로 한다. 교인들의 가정 문제는 여러 가지 형태로 교회에 그 파급효과를 미치므로 역기능 가족들이 많은 교회는 건강한 기독교 공동체가 될 수 없다. 또한 기독교 가정들이 중독과 학대 그리고 정서적 외상으로 무너질 때 교회의 무기력함을 세상 앞에 자인하는 결과를 가져오게 되므로 교회가 세상의 소금과 빛이 되어 이 땅 위에서 하나님 나라가 확장됨에 공헌해야 하는 사명을 바로 감당할 수 없게 된다. 이런 점에서 볼 때 날로 심각해지는 중독과 학대, 외상 등의 수많은 가정 문제를 일차적으로 교육·예방하고, 이차적으로 상담·치유하며, 삼차적으로 재활·회복하는 사역은 21세기 한국교회들이 가장 우선순위에 두어야 할 사역 중 하나라고 생각된다.

그럼에도 불구하고 한국교회들은 전반적으로 볼 때, 유교적·가부장적 가치관의 영향, 양적 성장주의의 목회철학, 목회자와 교인들의 목회상담과 가정사역에 대한 인식 부족, 상담전문가들과 훈련된 평신도들의 부족, 신학적으로 건전하고 효과적인 프로그램의 부족, 건강한 치유 공동체에 대한 인식 부족, 신학교들의 목회상담과 가정사역에 대한 불충분한 교과과정 신대원생들은 한두 과목의 목회상담학을 이수하고 졸업하는 등 한국교회들 내에서 목회상담과 가정사역이 뿌리를 잘 내리고 있다고 보기는 어려운 실정이다. 때로는 교회가 가정을 잘 세워 주기는커녕 도리어 여러모로 가정에 큰 부담을 주는 상황을 보기도 한다.

특히 기독교 부부관계와 치유사역에 관해 신학적·사회과학적·심리학적으로 건전하지 못한 가르침과 방법론들이 '성경적'임을 내세우면서 교회 속에 들어와 교인들을 오도하고, 그들의 가정에 해악을 끼치는 현상을 보는 것은 참으로 안타까운 일이다. 이처럼 우려되는 현실 속에서 최근에 일부 한국교회들이 가정을 바로 세우는 사역이 교회의 부차적인 사역이 아니라 목회의 본질과 직결되는 중요한 사역임을 깨닫고, 교회 내에 상담센터와 가정사역부를 개설하는 교회가 많아졌다. 교회 내에 가정사역과 목회상담을 건전한 신학적·사회과학적·심리학적 기반 위에 잘 정착시키고자 노력을 시작한 것은 매우 고무적인 현상이다.

　이러한 상황 아래 교회에 목회상담을 정착시키고자 꾸준히 노력해 온 한국기독교상담심리학회의 '기독(목회)상담총서' 출판에 즈음하여 '중독과 영성' 분과에서는 고병인, 권수영, 김영경, 박순, 박철형, 신성만, 채규만, 최은영, 최정헌 교수님들이 귀한 글을 주셔서 출간에 이르게 되었다. 앞으로 이 책이 기독(목회)상담과 가정사역은 물론 특히 중독과 학대, 외상으로 고통을 당하는 이들에게 교회가 어떻게 다가가야 할지에 대한 의문을 해소해 줄 것이라 기대한다. 가족의 문제를 상담하는 전문가들도 그 문제가 중독인 경우 어떻게 해야 할지 난감할 때가 있다. 중독의 심리를 모르고는 가족을 상담할 수 없다. 그러나 가족치료를 모르는 상담사 또한 중독자의 가족을 돌볼 수 없게 된다. 왜냐하면 중독은 개인의 질병이 아니고 가정의 질병으로 가족 전체의 체계적 접근을 필요로 하기 때문이다. 역기능가정의 맨 심층에는 중독이 깔려 있다. 중독의 심리를 알게 되면 역기능가정의 뿌리가 보이게 된다. 모든 중독의 뿌리는 수치심으로 중독을 모르고는 '영혼의 살인' '영혼의 질병'인 수치심을 다룰 수 없게 된다. 이 책이 중독에 전문적인 훈련을 받을 기회가 없었던 목회자와 상담사역자들에게 나침판이 될 것으로 확신한다.

집필자 대표
고병인

차례

제1부 중독의 개념

제1장 중독시대, 교회는 어떻게 할 것인가 • 19

제1부

중독의 개념

중독시대, 교회는 어떻게 할 것인가

고병인
(고병인가족상담연구소 소장)

1. 들어가는 말

1987년 이전까지는 부흥성회를 중심으로 교회가 성장했다면, 1987년에서 1990년 언저리까지는 부흥성회에 찬양사역을 더해 교회성장을 추구했다. 이어서 90년 중반부터는 은사 위주의 내적치유 사역을 더해 교회가 성장과 치유를 병행했다. 부흥성회, 찬양사역, 내적치유 사역이 한데 어울려 양적확산과 회심을 강조하는 사역으로 발전했다. 내적치유의 공헌에도 불구하고 검증되지 않은 '가계의 저주신학'의 축사로 인한 이단시비로 내적치유 사역이 다소 시들해졌다. 내적치유 사역에 거부감을 가지고 있던 목회자들은 목회상담 또한 심리학적 · 인본주의적인 것으로 복음과 위배된다고 해석했다. 근본, 보수적인 목회자들은 설교, 예배, 선교 중심, 그리고 성령 충만과 기도, 말씀만 있으면 만사형통이 이루어진다는 고정관념의 틀을 버리지 못하고 목회상담을 교회에 접목하는 데 인색했다.

2000년대를 맞으면서 가족체계의 역기능을 다루는 가정사역(family ministry)
이 한국교회에 뿌리를 내리기 시작했다. 내적치유의 은사치유가 학문으로
정립되어 있지 못한 약점이 있다면, 가정사역은 가족체계(family system)를 다
루는 가족치료(family therapy)의 학문적 뒷받침으로 일부 교회는 큰 거부감
없이 가정사역을 받아들일 수 있었다. 가정사역은 자연스럽게 교회교육과
연계되면서 부흥성회의 플래카드가 가정사역 세미나로 대체되는 현상이 조
금씩 나타나기 시작했다.

가정사역은 교육과 예방사역 중심의 1차적 개입, 상담과 치유사역 중심의
2차적 개입, 재활사역 중심의 3차적 개입으로 나누어 목표를 정할 수 있다.
한국교회가 받아들인 가정사역은 주로 1차적 개입으로 학교교육의 연장 같
은 느낌을 주는 프로그램들이다. 예를 들면, '아버지 학교' '어머니 학교' '결혼
예비학교' '부부 행복학교' '가정 사역학교' '상담학교' 등이다. 학교의 교실을
교회에 옮겨온 것 같은 주입적이고 인성교육 중심의 분위기로 성도들에 낯설
지 않아 접근하기에 어려움이 없었다. 이 학교들은 성도들의 인지를 개발해
줌으로 인기를 누리게 되었고 자연히 교인 수가 늘어나는 현상이 나타났다.
이들 교회의 프로그램들은 주로 핵가족을 위한 예방적이며 주입식인 교육 사
역이었다. 그러나 1990년 이후로 빠른 속도로 붕괴되어 가는 가정의 회복을
위해 큰 공헌을 한 모델이었다.

2000년 이후부터 한국은 OECD 개발 도상국가 중 이혼율 1위, 자살률 1위,
술 소비 세계 2위, 재혼율 증가, 복합 가정, 혼족을 중심으로 500만 명의 독립
세대가 늘어나고 있다. 최근에는 혼술족, 혼밥족, 혼여행족, 졸혼족, 이혼모
와 미혼 청년들의 커플들도 나타나고 있다. 빠른 속도로 가정이 이혼, 해체,
변화, 붕괴되어 가고 있는 실정이다. 이제는 빠른 속도로 붕괴되어 가는 가정
에 대해 1차적 개입의 교육과 예방중심의 가정사역, 즉 학교개념의 주입교육
과 인성훈련 프로그램만으로는 가정의 붕괴, 해체의 속도를 따라잡을 수 없

는 시대가 되었다.

　가정의 붕괴와 해체 갈등으로 인한 상한 마음과 역기능가정의 구조와 기능을 해결하려면 1차 개입교육과 예방중심의 가정사역에서 좀 더 전진하여, 상담과 치유 중심의 2차 개입과 재활 중심사역의 3차 개입에 새로운 도입이 필요하다. 2차 개입의 상담과 치유사역은 개인상담, 부부상담, 부모·자녀상담, 가족상담, 집단상담 등이다. 3차 개입의 재활사역은 지원그룹(support group: 기독교적인 집단상담)으로, 혼전예비 집단 지원그룹, 복수 부부집단 지원그룹, 복수 가족집단 지원그룹 같은 경험자들의 유형별 소그룹 예를 들면, 각종 중독자 유형의 지원그룹, 각종 중독자 가족들의 유형별 지원그룹, 각종 학대로 인해 외상을 가진 사람들의 지원그룹 등이다.

　교회와 목회자들은 핵가족뿐만 아니라 위와 같은 특수 가족에게 눈을 떠야 할 시대적 사명에 목회의 패러다임으로 눈을 돌려야 할 시기에 와 있다. 이러한 상황에 민감하게 대처하기 위해서는 그동안의 가정사역 교육프로그램의 틀에서 한 걸음 더 전진하여 가족체계적 접근 방법으로 중독된 사람, 학대받은 사람, 정서적으로 외상을 가진 사람들에게 개인, 부부, 가족상담(family counseling)과 재활사역에 눈을 떠야 한다. 삼 세대가 매주 같은 시간에 모일 수 있는 장소는 하나님께서 교회밖에 허락하시지 않았다. 그러나 교회에 애써 출석한 삼 세대를 세대별로 구분하여 관계 집단인 가족을 조직적인 집단으로 흩어놓는 경우가 많다. 삼 세대가 모이는 교회는 가족상담을 할 수 있는 전략 요충지이기도 하다. 가정은 하나님께서 허락하신 일차 집단이며 관계 집단이다. 교인들은 관계 집단인 가정으로부터 나와 교회에 출석한다. 그러나 교회는 조직 집단이요, 권력 집단이요, 과업 지향적인 이차 집단이다. 교회가 조직적이고 권력 지향적이며 과업 지향적인 이차 집단으로 남아 있는 한 교회에 건전한 가족상담의 뿌리를 내릴 수 없다. 목회자와 교회 지도자들은 먼저 교회와 가정의 구조를 관계 집단으로 변화시켜야 한다. 그래야만 가족상담과 지원그룹이 교회에 뿌리를 내릴 수 있으며 특수한 상황에 처해 있

는 성도들이 가슴을 열고 아픔과 고통을 고백할 수 있는 기독교 공동체를 마
련할 수 있다.

앞으로의 목회가 여전히 교회 성장 지향적이라면 급변하는 세속의 바람을
막을 힘을 상실하게 될 것이다. 회중의 요청과 요구를 무시한 채 목회자의 스
타일대로 교회를 끌고 가는 목회 스타일로는 다변화해 가는 21세기를 대항
할 수 없다. 미래 지향적인 교회 지도자들은 회중의 요구에 민감해야 된다.
그들의 요구의 진원지가 그들의 삶의 터전인 가정임을 망각해서는 안 된다.
교회 지도자들은 회중들의 삶의 현장과 동떨어진 구원의 메시지는 그들의 고
통스러운 가슴을 파고들 수가 없음을 알아야 한다. 삶의 현장과 무관한 메시
지를 외치는 교회에 회중들은 등을 돌리게 되며 자기들의 고통을 들어줄 수
있는 교회로, 검증되지 않은 내적치유나 축사 등의 현장으로, 때로는 사이비
이단 종파로 자리를 옮기게 된다는 것을 잊어서는 안 될 것이다.

2. 한국교회의 목회신학

목회신학의 기능을 Seward Hiltner는 그의 관점론(Perspective Theory)에서
세 가지로 분류하였다. 그 첫째가 복음의 전달적 관점(communicating: 설교,
교육, 선교 중심), 다음이 친교의 조직적 관점(organizing: 인사관리, 성도관리, 재
정관리 중심), 그 다음이 목양적 관점(shepherding: 대화를 통한 지탱, 인도, 치유,
화해 중심)이다(Hiltner, 1958, p. 55).

그동안 한국교회는 목양적 관점은 외면한 채 양적 양산을 위해 전달적이
고 조직적인 관점을 결합한 구조를 공적인 규범으로 받아들여 단조로운 목회
의 기능으로 진행되어 왔다. 이러한 목회신학의 구조로 인해 한국교회는 경
이적이고 양적인 성장을 이루게 되었는데 문제는 시대적 변화에 부응해야 할
목회구조와 그 기능이 지난 100년 동안 한결같은 형태를 유지하고 있다는 점

이다(김득룡, 1991, p. 412). 그 원인은 여러 가지로 분석될 수 있으나 가장 큰 원인 중의 하나는 한국교회의 목표가 한결같이 전도와 조직관리, 양적성장에 그 초점을 맞추고 있었다는 것이다. Howard Clinebell은 이러한 양적성장의 목회를 '집단적-전도적 유형의 부성적(父性的) 목회(the fatherly mode of evangelist-collective ministry)'라고, 그리고 Hiltner의 목양적 관점을 '목양적-개인적 유형의 모성적(母性的) 목회(the mothery mode of shepherding-personal ministry)'라고 해석한다(Clinebell, 2002, p. 23).

한국 기독교 역사 속에 집단적-전도적 부성적 목회 모형이 왕성하게 발달된 이유는 여러 가지로 분석될 수 있다. 그러나 가장 기본적인 두 가지 원인은 인간 행동의 유형에 대한 규범적인 이해와 가족제도에 있다. 유교의 인간 행동에 대한 규범적인 이해는 내적으로 조정된 합리적인 표현이다. 이것은 인간의 감정이나 정서를 솔직하게 표현하기보다는 외부적인 환경의 저항적 요소나 위협감을 고려해서 미리 합리적으로 다듬은 자기표현(눈치보기, 지레짐작하기, 삭임질하기 등)이라 할 수 있다. 이러한 표현 속에서는 자기 노출(self-disclosure)이나 모험, 그리고 회중들 안에서의 고백과 나눔이 빈약할 수밖에 없다. 이와 같은 행동규범은 한국의 가족제도 속에서도 잘 나타나고 있다. 통칭 종법체계로 규정된 유교적 가족제도는 가부장을 정점으로 하는 수직적 공동체로, 제왕을 정점으로 하는 국가의 축소 형태이기도 하다. 이 종법체계의 가족제도 속에서의 가부장은 절대적인 권위를 부여받고 있으며 가족 구성원 간의 수평적 인간관계는 거의 무시되고 있다(이광규, 1978, p. 402).

이 두 가지 문화적 유산, 유교적 가족제도와 가부장 제도가 한국교회의 목회 구조 속에 그대로 나타난 것이 가부장적이고 '집단적-전도적 유형의 부성 지향적'인 목회 기능이다. 이러한 집단-전도 지향적 목회 기능 속에서 교역자와 회중과의 수직적인 관계는 중요시되는 동시에 교역자와 회중과의 개인적 관계나 회중끼리의 수평적 관계는 등한시된다. 이러한 집단 지향적이고 수직적인 목회 구조가 강세를 유지하고 있는 현재의 한국교회의 상황에서는 성도들의 자각과 성장을 통한 의미화가 이루어지기 어렵다.

목회가 개인 중심이냐? 집단 중심이냐? 하는 질문에 목양적 돌봄(pastoral-care)을 강조하는 서구에서는 개인에, 한국에서는 집단에 중점을 두고 있다. 목양적 돌봄은 교회 안에서 개인들을 하나님의 말씀의 대화로서 존재한다고 보고 있다. 대부분의 목회신학자도 이러한 견해를 견지하고 있다. 여기에서 지칭하는 대화란, 목양적 돌봄의 중심 영역 중의 하나인 목회상담(pastoral counseling)학과 깊은 관계가 있다. 목회상담이 인간의 심령으로 하여금 궁극적인 것을 표현하도록 조력할 때, 인간은 복음의 핵심적인 의미에 참여하게 된다. 이 문맥에 있어서 목회상담이란, 일차적으로 문제를 지닌 사람에 대한 치유를 의미하고 더 나아가서 건전한 상태에 있는 인간에 대한 영적 성장을 도모한다는 데에 그 초점이 있다.

욥의 고난의 과정을 보면 이러한 언어적 표현과 궁극적인 것에 대한 이해가 분명히 나타나 있음을 엿볼 수 있다. 욥은 자신의 완전을 변호하면서 "내 혀에 어찌 불의한 것이 있으랴 내 미각이 어찌 궤휼을 분변치 못하랴(욥 6:30)" 하고 항변했으나 뒤에 "사람의 속에는 심령이 있고 전능자의 기운이 사람에게 총명(이해)을 주시나니(욥 32:8)"라고 이해하기에 이르렀다(이기춘, 1991, p. 148).

목양적 돌봄에 있어서 개인 대 개인의 대화는 Martin Buber의 '나-당신(I-Thou)'의 관계적 대화 형태로부터 깊은 영향을 받았다. 부버에 있어서, 말씀이란 나와 당신의 관계에서만 생겨난다. 선언된 말씀은 그것이 소리 없는 음성일지라도 선언자를 떠나 청취자를 사로잡고, 청취자를 선언자로 만든다고 부버는 그 중요성에 대해 말한다(이기춘, 1991 재인용). 하나님, 아버지, 그리스도, 용서, 구원 등의 종교적 언어가 개인적 대화를 통해 그 의미가 터득된다는 것이 목양적 돌봄의 기본 방향이다. 개인이 지니고 있는 문제의 독특성에 대한 구체적인 해답을 의미하는 것으로서 결코 집단을 배척하는 것이라 할 수 없다. 동질의 문화를 수평적으로 무한히 확대해 나간 서양적인 풍토에서 개인적인 독특성이 무시된 집단의 존재가 높이 평가될 수가 없다. 특히 하나님과 일 대 일의 관계를 유지해야 할 교회 공동체가 집단이라는 양적 우위성 때문에 개인적 가치를 등한히 한다면 인간 소외라는 대중문화의 결합을 극복할 만한 돌파구를 잃어버리게 된다. 목자가 지녀야 할 개인과 집단과의 관계는 확인된 개체들의 유기적 결합으로서의 집단이어야 한다. 목자가 전체로서의 양 떼를 알고, 각각의 양의 이름까지도 안다(요 10:3)는 사실은 이러한 관계를 시사하는 것이다(고병인, 1996, p. 15 재인용).

예수의 초기 목회를 살펴보면 그의 기적과 교훈에 대한 대중의 반응이 열광적이었던 것을 알 수 있다. 그러나 예수는 대중에게 영합되지 않고 소수의 무리에게 더욱 다가갔다. 예수는 대부분의 경우 작은 무리나 개인들에게 말했다. 물론 대중을 향해서 말한 때도 있다. 배 위에서 가르친 씨 뿌리는 비유는 대중을 상대로 한 것이지만 그 비유의 의미는 소수의 사람들에게만 설명해 주었다(막 4:10-20). 그리고는 "들을 귀 있는 자는 들으라."는 단서를 부쳤다. 예수의 말씀은 거품을 뿜는 웅변이나 정치적 선전처럼 대중을 향한 것이 아니라 그의 뜻을 진정으로 이해할 수 있는 소수를 향한 것이었다. 복음서에 나타난 예수의 대화적 목회(목양적 돌봄)는 인간의 영혼을 구원하는 방법이며 힘이었다. 베드로가 예수의 메시아 되심을 명백히 고백한 것도 대화를 통해서였다(마 16:16). 부자 청년의 회심, 사마리아 여인의 새 출발(요 4:1-26), 니고데모의 거듭남의 깨달음(요 3:10), 삭개오의 새로운 각오(눅 19:1-10) 등 인간 심령의 근본적인 변화는 예외 없이 개인적인 대화를 통해서 이루어졌다.

자상하고 부드러운 개신교 본래의 목사상과는 달리 한국교회의 목사상은 권위적이고 가부장적이다. 이것은 종법 가족체계 속에서의 가부장적인 역할이 연장된 것이라고 할 수밖에 없다. 곧 유교적 가족주의의 강력하고 경건한 가부장적 모습의 기독교적 전환이다. 이러한 가부장적 권위 속에서 교역자와 회중의 관계는 아버지와 자녀의 관계가 되며 친구와 동료로서의 관계는 이루어지지 않는다. 이와 같은 한국교회의 수직적 인간관계는 효의 실천적 방법론이 순종에 있었던 것처럼 순종을 그리스도인의 우선적인 덕목으로 간주하게 된다. 여기서 말하는 순종의 덕이란, 전통에 뿌리박은 남성의 추축적(樞軸的) 권위에 대한 감정과 여망이 내적으로 견제된 기독교적 연장일 뿐이다.

전통적이고 폐쇄적 가족체계 속에서 한국 가족의 체계적 순환의 이론은 한국교회의 집단적 이념에 영향을 주었다. 그 결과 개인의 자각과 성장은 둔화될 수밖에 없었다. 가족은 가족의 근원으로부터 배운 과거의 행동 유형을 되풀이하려고 하는 특징이 있다고 한다(Stewart, 1979, p. 112). 이러한 반복은 의식적인 차원에서 시도되고, 무의식적인 차원에서도 시도된다. 프로이트는 이것을 반복 충동(repetition compulsion)이라고 말한다. 한국의 가족주의 속에서 습득한 행동 유형이 교회에 '집단적-전도적 유형의 부성적인 목회'의 구조 속에서 반복되고 있다는 사실은 부인할 수 없는 현실이다. 교회가 목회 구조 속에서 회중의 삶을 갱신시켜 주지 못한다면 이는 돌밭에 떨어진 씨앗에 지나지 않는다. 집단적-전도적 목회의 기능은 교회의 양적 팽창과 구조의 대형화는 이룩할 수 있지만 인간의 무의식적 심층까지 갈아엎을 수 있는 변화는 초래할 수 없다. 이 변화를 시도할 수 있는 방향이 바로 모성적 목회로서의 전환과 조화라고 하겠다.

그러므로 한국교회의 목회 구조 갱신의 기본적인 문제는 집단적이고 전도적인 측면에서만 고려되었던 목회의 목표를 회중의 요청과 사회적 변화를 감안해서 어떻게 다양하고 효과적인 목회 구조로 전환시키느냐에 있다고 본다. 목회 구조의 변화는 개인의 자각과 성장을 겨냥하는 목양적인 목회 구조를 대칭적으로 첨가함으로써 목회 내용의 균형을 유지할 때 이루어질 수 있다. 이러한 목회 균형을 구체적으로 표현한다면 부성적 목회와 모성적 목회의 결합을 의미한다. 다시 말하면 전달적이고 조직중심적인 부성적 목회와 목양과 상담(pastoral care and counseling) 중심의 모성적 목회와의 조화와 결합이다.

목양적 돌봄은 인간의 영적 요청에 대한 새로운 스타일의 목회다. 목회 스타일은 인간의 요청에 의해서 설정되어야 하며 목회자 자신의 취향에 의해서 결정되어서는 곤란하다. 왜냐하면 어제의 지식과 기술이 오늘의 문제를 해결할 수 없을 정도로 현대 사회가 빠르게 변하고 있기 때문이다. 사회적 변화로부터 생겨나는 보편화된 현대적 위기 상황에서 이러한 질문에 대한 확실한 대답이 없는 목회는 복음의 효과적인 증언을 감당할 수가 없다고 하겠다. 이러한 질문들에 대한 복음의 선포를 효과적으로 전달하는 목회 스타일이 목양적 돌봄의 목회라고 말할 수 있다. 목양적 돌봄의 목회를 위해서는 상담과 치유 중심의 2차 개입과 재활 중심사역의 3차 개입에 목회자와 교회가 과감히 문호를 개방해야 된다고 생각한다.

3. 목양적 돌봄으로서의 회복사역 운동

제3의 물결로 불리는 성령운동이 전 세계적으로 확산되면서 예배에 새로운 바람을 불어넣고 있다. 그러나 Grayson과 Johnson(1991)이 예견하고 있는 것처럼, 중독자, 학대받은 사람, 정서적 외상을 가진 성인아이를 포함하여 동반의존된 중독자 가족의 회복운동은 또 다른 차원에서 교회의 판도를 바꾸어 놓을 것으로 전망된다. 교회 내의 중독자와 학대받은 사람, 정서적 외상을 가진 사람들의 치료를 위한 이른바 소그룹을 통한 회복 운동이 1980년대 이후에 미국을 중심으로 일어나고 있다. 이 운동을 처음 주도해 온 Earl Henslin 등(1981)은 다음과 같이 말한다.

　　오늘날 교회 안에 일종의 부흥의 바람이 불고 있다. 수치심 뒤에 있는 상처를 겉으로 드러내지 못하고 이중적인 신앙생활을 하다가 지칠 대로 지친 이름 없는 수만 명의 그리스도인들 사이에 조용한 부흥이 뿌리를 내리고 있다. 이 부흥은 알코올중독, 마약중독, 성중독, 섭식중독, 일중독, 도박중독, 동반의존, 학대(신체적·성적·정서적·언어적·영적), 낙태 후 수치심과 죄책감을 안고 침묵하는 이들, 동성애의 비밀스러운 생활, 역기능 가정의 성인아이가 지니는 제반 문제 등 갖가지 문제를 안고 남몰래 씨름하던 수만 명의 그리스도인들을 중심으로 일어나고 있다. 이 모든 것은 역사적으로 심각한 문제를 갖는 것을 용인하지 않았던 기독교 공동체를 배경으로 일어나고 있다(p. 257).

중독된 사람, 학대받은 사람, 정서적 외상을 가진 사람들의 역기능을 치료하는 가장 좋은 방법은 독서 요법과 지원그룹 안에서의 목양적 돌봄과 기독교적인 집단상담의 경험이다. 교회가 병원이라면 지원그룹은 중환자실에 해당한다. 지원그룹에서 중독된 사람, 학대받은 사람, 정서적 외상을 가진 사람들은 약품(책이나 CD 등)을 발견하게 되고, 적절한 시설을 발견하며, 같은 고민과 아픔, 슬픔, 수치심을 경험한 사람들이 모이는 안전한 환경에서 자신의 문제를 솔직하게 드러내놓고 말할 수 있는 분위기를 제공받는다. 감정과 경험을 고백하고 나눔으로써 억압했던 고통에 직면하고 고통을 재경험하는 가운데 성령의 도우심을 받아 건강한 인격으로 회복될 수 있다. 회복운동의 지원그룹 치료는 신체적·심리적·사회적·영적 차원을 모두 다루는 전인적인 접근이어야 한다(고병인, 2008, p. 160).

중독(addiction), 학대(abuse), 외상(trauma)으로 인한 역기능가정의 제반 문제들은 어떤 한 문화의 중심적인 흐름이 될 수 있다. 인류학자들은 한국말을 하는 사람, 중국말을 하는 사람, 영어를 하는 사람 등 그 사용하는 언어로 사람들을 분류하고 범주화한다. 또 사회학자들은 북한, 남한, 멕시코, 러시아, 중국 등 사람들을 정치적으로 범주화한다. 회복사역(Recovery Ministry)에서는 사람들을 중독된 사람, 학대받는 사람, 정서적 외상을 입은 사람들, 그리고 적은 수의 건강한 사람들로 구분한다. 건강한 사람들은 기껏해야 이 지구상에 10% 내외다. 지구의 현실은 중독과 학대, 외상이다(Ryan, 2005, p. 19).

어떤 지역은 중독이, 또 어떤 지역은 학대가 강하게 나타난다. 많은 중독자(알코올·약물, 분노, 성, 종교 중독자)들은 가정에서 신체적, 정서적, 언어적, 성적, 영적인 학대를 가족들에게 자행한다. 학대를 경험한 가족들은 깊은 외상으로 신음한다. 중독과 학대 그리고 외상은 떼려야 뗄 수 없는 깊은 관계를 가지고 있다. 2012년 통계청 자료에 의하면 한국에 약 360여 만 명의 알코올 중독자, 340여 만 명의 도박중독자, 50여 만 명의 마약중독자, 220여 만 명의 인터넷 중독자, 750여 만 명의 스마트폰 과잉의존 증후군(5~59세), 그 수를 알 수 없는 섹스중독자와 일중독자들이 존재한다고 밝히고 있다. 1,000만 명 이상의 중독자가 존재한다는 계산이 나온다.

중독은 개인의 질병이 아니고 가족의 질병이다. 1,000만 명 이상이 넘는 중독자들의 학대로 인해 외상을 가지고 고통당하는 가족들이 2,000만 명이 넘는다. 중독으로 고통당하는 이들이 중독자 본인을 포함하여 3,000만 명 이상이 된다. 이것은 개인적인 차원의 문제를 넘어선 사회적인 문제이다. 중독이 일반적인 현상으로 한국은 분명히 알코올, 도박, 섹스, 분노, 일, 인터넷·스마트폰 중독 등으로 가족관계들이 왜곡되어 있다고 볼 수 있다. 중독은 한국사회의 지배적인 요인이 되어 여러 사회생활에 영향을 미치고 있다. 한국 문화에서 일어나는 거의 모든 일이 중독과 연관되어 있다고 생각된다. 중독의 치유는 한 개인의 치유로 한정해서는 안 된다. 먼저 가족을 치유하고, 교회, 정부와 여러 사회단체를 치유해야 한다. 하나님께서는 목회적 돌봄과 상담과 치유 그리고 재활을 통한 회복의 역사에 적극적으로 참여하신다.

중독과 학대, 정서적 외상이 만연해 있으면 우리는 그러한 문제를 어떻게 다루어야 할지 모른다. 오히려 많은 사람들이 "모두 그렇게 사는데 그게 문제 될 게 있어!" 하는 식으로 반응한다. 하지만 하나님의 사람은 그래서는 안 된다. 중독과 학대, 정서적 외상이 만연해 있어서 우리가 그것을 눈치채지 못해도 하나님은 중독과 학대, 정서적 외상을 아신다. 하나님은 현실을 정확하게 보시기 때문이다. 마찬가지로 교회도 하나님의 마음으로 이 시대의 현상을 바로 보아야 한다. 사탄은 외상이 있는 충격적인 경험과 중독, 학대로 교회와 가정을 공격한다. 따라서 교회와 가정은 외상, 중독, 학대에 대해서 하나님의 마음으로 알아야 한다. 불행하게도, '집단적-전도적 유형의 부성적 목회'로 일관해 온 현대 교회는 이 세 가지 주제에 대해서 무지하다. 그 결과 복음을 비효과적으로 전하고 있다.

많은 사람들이 이러한 중독과 학대 그리고 정서적인 외상으로 인해 충동적인 행동과 강박적인 사고, 비뚤어진 성격과 그 습관에 매여 힘들어한다. 그리스도인이 되더라도 그러한 빗나간 행동은 계속되므로 어떻게 자신의 '어두움'을 '빛' 가운데로 가져가야 할지 몰라 방황한다. 자신의 고통을 들어줄 마음의 귀를 찾아 예배에 참석해 본다. 그러나 교회는 들어주어야 할 때 말하고 있고 들어줄 마음의 귀를 발견하지 못한다. 겨우 교회의 지도자들을 만나 자신의 어려움을 드러내고 고백할 때 많은 교회는 단순히 죄를 회개하고, 더 기도하고, 예배에 참석하여 설교 열심히 듣고, 성경을 많이 읽으라고 말한다. 충동적인 성격상의 결함의 뿌리를 다루지 못한 상태에서 고군분투하지만, 결국 어쩔 수 없는 자신을 발견하는 것이 그리스도인들의 현실이다. 갈수록 깊어지는 죄책감과 수치심, 두려움의 악순환 속에서 서서히 인격이 파괴된다. 자신의 결함과 비밀, 수치심이 노출되면 따돌림당할지도 모른다는 두려움과 불안으로 더 이상 도움을 구하지 못하고 숨게 된다. 깊은 영적 갈등과 해결되지 않은 과거는 유령처럼 따라다니며 낮은 자존감과 만성적인 가족 문제를 일으킨다. 여기저기에서 1차 개입의 교육과 예방 중심의 가정사역 학교, 아버지 학교, 어머니 학교, 상담학교, 내적치유 프로그램을 받아보고, 자신의 고통을 들어주는 교회를 찾기 위해 이 교회 저 교회를 배회해 본다. 그러나 자신의 처지를 공감해 주는 교회가 보이지 않는다. 그러다가 정착한 교회가 나중에 알고 보니 이단 사이비 교회였다. 이러한 노력에 비해 근본적인 변화를 경험하는 사람은 별로 없다. '회복사역(Recovery Ministry)'은 그러한 사람들을 위한 2차 개입의 상담과 치유, 3차 개입의 재활 중심의 목양적 돌봄과 지원그룹(기독교적인 집단상담) 사역이다(Builders, 2003, p. 13).

4. 교회의 전통적인 소그룹과 지원그룹과의 차이

1) 지원그룹

회복사역의 소그룹 모임을 회복그룹(recovery group) 또는 지원그룹(support group)이라고 부른다. 지원그룹은 1980년대 초 캘리포니아 플러톤의 제일 복음주의 자유 교회를 중심으로 'Overcomers Outreach'(극복·회복을 원하는 사람들)라는 이름으로 시작되었는데 역기능가정에서 자라난 어린이와 십대 청소년, 성인을 위하여 개발한 기독교적 집단상담 프로그램이다. 지원 그룹은 1935년대에 Bill Wilson에 의해서 시작된 단주모임의 12단계 원리를 기독교적으로 통합해 적용하고 있다. 현재 미국 50개 주에서 매주 지원그룹이 모이고 있으며(Henslin et al., 1981), 한국에도 매주 250여 개의 A.A.(Alcoholic Anonymous: 익명의 단주동맹), 60여 개의 Al-Anon(익명의 알코올중독자 가족모임), 30개의 G.A.(Gamblers Anonymous: 익명의 단 도박모임), 10여 개의 N.A.(Narcotics Anonymous: 익명의 단 마약모임) 등이 존재한다.

또 하나의 지원그룹 운동은 알코올중독자 아버지 밑에서 성장한 전형적인 성인아이인 ACOA (Adult Children of Alcoholic: 알코올중독자 가정의 성인아이)로 자신을 소개하는 침례교 목사 Team Sledge를 중심으로 교단을 초월하여 벌어지고 있는데, 1992년에 출간된 그의 지원그룹 교재『가족 치유·마음 치유(Making Peace with Your Past)』는 4,000개 이상의 교회에서 소그룹 치유사역을 위해 사용되고 있는 것으로 알려지고 있다(Sledge, 1996, p. 7).

이 지원그룹은 목사나 상담 치료사에 의해서 인도되지 않는 것을 원칙으로 한다. 만일 목사가 모임을 인도하면, 그것이 성경공부로 발전할 가능성이 있고 상담자가 인도하면, 그것이 집단상담으로 발전할 수 있기 때문이다. 이 특별한 사역을 시작하거나 인도할 수 있는 '진행자(facilitator: 촉진자라고 도 부름)'는 12단계 프로그램에 참여한 경험이 있는 평신도 그리스도인이다 (Henslin et al., 1981)." 인도자는 흔히 진행자라고 불리며 그룹 자체에서 나오게 되어 있으며 참여자가 매주 돌아가면서 리더가 될 수 있다. 여기서 강조되는 것은 평신도가 섬긴다는 것이다. 이것은 "너희가 짐을 서로 지라(갈 6:2)." 는 신약의 가르침과도 일치하는 것이다.

그룹 회원들은 전통적으로 전문가가 인도하는 프로그램에서는 자신의 문제를 소위 전문가에게 쏟아붓는 경향이 있다. 그들의 태도는 "자, 여기 문제를 가진 제가 있습니다. 저를 고쳐 주세요."이다. 그러나 지원그룹에서는 서로가 게으름을 피울 수 없다는 것을 안다. 더 좋아질 책임이 각 회원의 손에 달려 있기 때문이다(Leerhsen et al., 1990).

지난 20년간 각종 소그룹 운동에 참여한 Neal MacBride는 그룹의 목적에 따라 소그룹을 다음과 같이 분류하고 있다(McBride, 1990).

- 성장그룹이나 구역 교제 및 지원그룹과 같은 집단 내 관계에 초점을 맞추는 '과정 지향적(process-oriented)' 모임
- 성경공부 및 토론 그룹과 같은 내용 지향적(content-oriented) 모임
- 건축 위원회, 단기전도 팀과 같은 과업 지향적(task-oriented) 모임
- 욕구 지향적(need-oriented) 모임

우리의 관심사인 지원그룹 또는 회복그룹은 과정 지향적 모임과 욕구 지향적 모임에 해당하는데 회원들은 공통된 필요에 따라 피차 이해하고 격려하기 위해 모이는 것이 특징이다. 이러한 모임에 참여하는 사람들은 "나는 당신의 처지를 이해합니다. 나도 비슷한 경험을 했습니다."라는 마음가짐으로 '고백과 나눔'을 중심으로 모임에 임한다. 초대교회의 제자공동체는 고백과 나눔

의 공동체였다. 가톨릭 시대에는 고백과 나눔을 고해성사로 축소했다. 고해성사는 고백은 있고 나눔이 생략되면서 성도들의 수치심이 커지는 부작용이 나타났다. 개신교는 이러한 수치심을 억제하기 위해 아예 고백마저 없애 버렸다. 고백과 나눔을 강조하는 회복사역은 초대교회의 영성을 되찾는 운동이기도 하다. 회복사역의 지원그룹은 Guide Line에 의해 인도된다. 인도방법을 소개하면 다음과 같다.

2) 지원그룹 가이드라인(Support Group—Guide Line)

① 나누기 전에 손을 들어 주십시오. 나눔은 5분으로 제한합니다. 모든 사람들에게 기회가 다 돌아갈 때까지 한 번씩만 나누십시오.

② 감정을 나누십시오. 다른 사람들에게 자신의 경험, 힘, 희망을 나누십시오.—감정에는 옳고 그름이 없습니다. 그것은 도덕과는 상관없는 중립적인 것입니다. 우리는 서로를 조건 없이 받아들입니다. 수치감을 주거나 비난하지 않습니다.

③ '너' '우리'라는 말은 사용하지 마십시오. 각 사람은 오로지 자신에 대해서만 말할 수 있습니다(나—진술문).

④ 지금 여기(here & now)에 머무십시오.—오늘 또는 이번 주에 자신이 다루고 있는 것을 나누십시오. 먼 과거 이야기만 하지 말고 과거의 역사를 현재로 가져오십시오.

⑤ 끼어드는 말(cross-talk)이나 충고는 허락되지 않습니다.—다른 사람의 문제를 고쳐 주기 위해 어떤 제안이나 방법을 제시하지 마십시오. 각 사람들이 당신의 개입 없이 자신의 고통을 느낄 수 있도록 허용하십시오. 각 멤버는 자신을 표현하고 다른 사람의 이야기를 경청하면서 성장합니다. 다른 사람들이 나눈 것에 대해서 토론하지 마십시오. 충고는 금물입니다.

⑥ 나눔에 방해가 되지 않도록 질문은 모임이 끝난 후에 해 주시기 바랍니다.

⑦ 모두가 나눌 것을 권하지만 원치 않을 때는 "통과"하셔도 됩니다.

⑧ 이 자리에서 나눈 것은 이 자리에 두고 가십시오. 누가 참석했는지도 비밀입니다(비밀보장).

⑨ 지금부터 24시간 이전에 술을 마신 분은 고백과 나눔에서 제외됩니다.

* 모임은 모두가 동의한 시간에 정확하게 마친다. 종종 함께 일어나, 서로 손을 잡고 주기도문이나 "평온을 비는 기도"를 하면서 마친다. 모임을 마친 후 비공식적인 토론이나 간식시간을 가질 수 있다.

* 알코올중독자 회복모임(AA: Alcohol Anonymous) 같은 지원그룹에서는 "저는 알코올중독으로부터 회복 중인 빌(Bill)입니다." 또는 "저는 이혼으로부터 회복 중인 제인(Jane)입니다."와 같이 자신의 이름만 말합니다. 그룹 멤버는 "안녕하세요."라고 응답할 수 있습니다. 한 사람의 나눔이 끝나면 다른 사람들은 "나누어 주셔서 감사합니다."라고 응답합니다. 이것은 서로를 존중하게 합니다(한국에서는 '미스 김,' '미스터 최'와 같이 성(性)으로 호칭하며, 그룹에 따라 "벚나무" "하늘" 등의 별칭으로 부를 수도 있다)(Builders, 2003, p. 12).

3) 교회의 전통적인 소그룹과 지원그룹과의 차이

교회 내에 전통적인 소그룹은 돌봄을 제공하는 데 효과적이다. 중독된 사람이나 학대받은 사람, 정서적 외상을 입은 사람들에게 교회 내의 전통적인 소그룹은 도움이 되지 않는다. 그것은 교회 내의 전통적인 소그룹이 회복사역의 지원그룹과 다르고 교회 내의 소그룹과 지원그룹은 서로 다른 목적으로 설계되었기 때문이다(Ryan, 2005, pp. 127-142).

그 차이점은 다음과 같다.

① 참여자: 교회의 소그룹은 모두에게 열림 / 지원그룹은 대상이 구체적이다.

② 리더십: 교회의 소그룹은 훈련을 중시하고 리더십의 창의성을 장려한다. / 지원그룹은 전통적인 리더십 형태를 종종 불신하고 상세히 명시된 형태를 따른다. 보통 돌아가면서 리더가 된다.

③ 목표: 교회의 소그룹은 사교적 네트워크와 지원 / 지원그룹은 개인적인 변화

④ 그룹 프로세스: 교회의 소그룹은 인지적인 면 강조, 비밀보장이 안 됨, 점진적으로 자신이 누구인지를 알려나간다. 충고하고 아이디어를 명확하게 만드는 것이 중요시된다. / 지원그룹은 정서적인 면을 강조한 간증 중심, 비밀보장이 필수, 고백하는 것이 처음부터 약속되어 있다. 끼어들어 말하는 것이 금지되어 있다.

⑤ 영성: 교회의 소그룹은 보통 교회와 같은 기준을 갖고 있다. / 지원그룹은 영적학대 문제에 매우 민감한 경우가 많아 때때로 교회의 영성과 차이가 있다(예: 12단계).

⑥ 그룹전통: 교회의 소그룹은 보통 교회의 다른 그룹, 즉 주일 학교와 공통적인 사회 기준과 전통을 가지고 있다. / 지원그룹은 교회의 다른 그룹과 다른 사회 기준과 전통을 가질 수 있다(예: 지원그룹 가이드라인, 익명 사용, 그룹 기도 등).

5. 지원그룹의 목표

지원그룹은 억압되었던 고통스러운 기억을 직면하여 그와 관련된 부정적 감정을 해소하고 가해자를 용서하고 수치심과 분노와 두려움에서 해방되어 그리스도 안에서 자유함과 은혜를 누리게 하는 것을 목표로 한다. 중독자와 학대받는 자, 정서적 외상을 가진 자, 성인아이, 동반의존자의 치유와 회복

을 위한 지원그룹이 기독교적인 집단상담을 통해 성취하려는 목표는 마음의 상처를 처리하는 것을 배우는 것, 충동적 행동을 극복하는 것, 그리고 분노의 폭발을 다스리는 것이다(Grayson & Johnson, 1991). 이를 위해 지원그룹에 참여하는 중독, 학대, 외상, 성인아이, 동반의존자들은 자신의 문제를 인식하며 고통스러운 과거를 회상하고 회복 경험을 자신의 생활양식에 통합시킬 수 있어야 한다고 충고하고 있다(Grayson & Johnson, 1991). 이를 위해 중독, 학대, 외상, 성인아이, 동반의존자에게는 과거의 고통을 직면할 수 있는 용기가 필요하고 그 고통을 재해석할 수 있는 성령의 도우심이 필요하며 그에게 고통을 안겨 준 부모를 용서할 수 있는 사랑이 필요하다. 이와 같은 목표는 기도와 성경 읽기만으로 달성될 수 있는 것이 아니다. 교제와 성령 충만한 예배가 병행되지 않으면 진정한 치유와 회복은 이루어질 수 없는 것이다.

중독자, 학대받는 자, 정서적 외상을 가진 자, 동반의존자, 성인아이 회복그룹을 운영하고 있는 노용찬(1996, p.13)은 지원그룹의 목표를 첫째, 지원그룹에 참여하는 중독, 학대, 정서적 외상, 동반의존자와 성인아이들이 어린 시절에 경험한 문제와 감정들을 인식하고 이해하도록 돕는다. 이들의 상처는 분노, 우울, 죄책감, 열등감, 수치심 등으로 경험될 수 있다. 둘째, 과거가 어떻게 현재 그들에게 영향을 미치고 있는지를 이해하도록 돕는다. 셋째, 다른 사람들도 같은 문제와 감정을 가지고 있음을 이해하도록 돕는다. 넷째, 신뢰와 정직과 무조건적 용납(사랑)의 분위기를 경험하도록 돕는다. 다섯째, 하나님과의 친교를 방해하는 정서적, 심리적, 영적 장애물들을 제거하고 성서적 하나님 상을 정립할 수 있도록 돕는다. 여섯째, 희망과 치유와 성장을 계속해 나갈 수 있도록 돕는다. 누구든지 흡연, 도박, 음주, 과식, 동반의존을 그만둘 수 있다. 문제는 그만둔 상태를 지속하는 것이다. 일곱째, 중독, 학대, 정성적 외상, 동반의존과 성인아이의 모든 미숙함을 버리고 성숙한 홀로서기의 삶으로 나아가도록 돕는다.

지원그룹이 성공적이며 매력적인 것은 사람들로 하여금 자신의 문제의 핵심을 파악하도록 도와주는 데 있다. 지원그룹은 고통의 원인을 직면하고 고통을 자유롭게 표현하게 하며 상처를 준 가해자를 그리스도의 사랑으로 용서하게 하는 힘을 지니고 있다(Mike & Greeg, 1995).

필자도 「중독자가정의 가족치료」(2003)에서 내용을 가르치는 모임(교회의 상담학교, 가정사역 등)에 비해 아픔을 나누는 지원그룹의 이점을 다음과 같이 밝힌 바 있다.

첫째, 비슷한 사람을 만나면 덜 외롭게 된다.

둘째, 다른 구성원들이 무엇을 경험하고 있는지 알면 자신감이 생긴다.

셋째, 다른 사람을 도와주게 되며 스스로도 도움을 받게 된다.

넷째, 그룹에 속하게 되면(문제를) 부정하는 일을 그만두게 된다.

다섯째, 자신의 문제에 대해 다른 사람이나 환경을 탓하던 것을 그만두게 된다.

여섯째, 다른 구성원들은 긍정적인 변화를 위한 중요한 사회적 강화제 역할을 한다.

6. 지원그룹의 진행 과정

정서적 상처는 단시간에 치유되지 않는다. 지원그룹을 통해서 참석자들은 어떤 과정을 경험하게 되는가? 지원그룹은 어떻게 해서 참가자들에게 치유와 회복을 경험할 수 있도록 도와주는가? 지원그룹 참여자들은 어떻게 자기 패배적인 행동과 태도를 긍정적이고 생산적인 행동과 태도로 대체시키도록 도와줄 수 있는가?

『Family Shock』의 저자 Gary Collins(1995, p. 135)는 여러 가족 상담자들의 의견을 다음과 같이 요약하고 있다.

악순환의 고리를 깨려면 성인아이가 옛 고통을 재경험하는 가운데 스스로 '정서적 표현(emotional expression)'을 할 수 있도록 도와주어야 한다. 그동안 부인하거나 억압하고 은닉하였던 분노와 수치심, 슬픔, 죄책감, 상처 등의 감정을 인정하고 표현할 수 있도록 도와주어야 한다. 우리는 과거의 경험에 얽매인 희생자로 남아 있을 필요가 없다. 우리의 경험이 우리에게 영향을 미치는 것은 사실이지만 중요한 것은 우리의 반응이다.

크리스천 심리학자 David Benner(1990, p. 63)는 우리가 삶(존재)의 회복을 경험하려면, 자기 과거의 고통을 재경험하고 직면하며, 현재의 인지적 재구성을 통해 인식을 확장하며, 미래의 행동적 변화를 통해 성숙해지는 세 단계를 거쳐야 한다고 강조한다.

1) 재경험 · 직면

신뢰와 수용의 분위기에서 고통스러운 감정을 직면할 수 있어야 한다고 강조하고 있다. 애초에 받았던 상처로 인해 야기된 옛날의 고통을 재경험하는 것이 필요하다는 말이다. 이 첫 단계에서 치유적 역할의 두 가지 경험은 '카타르시스(catharsis)'와 '고백적인 자기 나눔(confessional sharing)'이다. 카타르시스란 억압되었던 감정을 정화시키는 과정이다. 보통 눈물로 나타나는 카타르시스는 정서적 치유를 위한 필요조건이지만 충분조건은 되지 않는다. 애통은 '상처에 대한 수리적 반응(reparative response to hurt)'이라고 했다. 눈물을 흘리는 것과 상실을 슬퍼하는 애통 과정은 치유를 가져온다. 이 단계에서 정서적 고통에 대한 또 하나의 수리적 반응은 상처에 대하여 고백하는 것이다. 이와 같은 상황에서 고백하고 자기를 개방하는 것은 우는 것과 같은 효과가 있다. "나는 아픈 경험과 관련된 감정을 다른 사람과 나눔으로써 상처가 가장 잘 치료될 수 있다고 믿는다. …… 인간은 관계를 위해서 창조되었는바

우리는 이 관계들 속에서 인생의 즐거움과 상처의 치유를 충분히 경험한다
(Benner, 1990, p. 80)." "사람이 자신의 연약함을 시인할 때만큼 강해질 수는
없다(Drakeford, 1967, p. 89)."

　상처의 경험을 치유받기 위해서는 이를 다른 사람과 나누어야 할 또 하나
의 이유가 있다. 상처는 대인 관계적인 성격을 지니고 있다. 따라서 '치유의
도구(instrument of healing)'는 '고통의 도구(instrument of affliction)'와 맞먹어
야 한다. 우리는 사람에 의해서 상처를 받았다. 그러므로 우리의 치유는 인격
적 관계 속에서 가장 잘 이루어질 수 있는 것이다. 상처는 나를 용납하고 경
청하며 내 상처와 분노의 표현을 수용하는 분위기 속에서 나누어질 때 치유
되기 시작하는 것이다(p. 80). 성경의 명령은 "우리가 짐을 서로 나누어지라
는 것이다(갈 6:2)." 짐을 나눌 때 우리의 짐은 가벼워지고 우리는 힘을 얻는
다. "하나님과 감정을 나누는 것이 다른 사람들과 감정을 나누기 위한 준비
과정이 될 수 있을지라도, 경험을 하나님과 나누는 것이 다른 인간과 경험을
나누는 것을 대치시켜서는 안 된다(p. 82)." 고백에는 하나님께 하는 비밀스
러운 고백과 특정한 죄를 범한 대상에게 하는 개인적 고백, 회중이나 집단 앞
에서 하는 공개적 고백, 그리고 '중요한 타인들(significant others)' 앞에서 하
는 치료적 고백이 있다. 특히 지원그룹의 중요한 타인들 앞에서 하는 고백은
마음의 상처를 치유할 뿐만 아니라 변화시키는 효과가 있음이 밝혀지고 있다
(p. 94).

2) 인지적 재구성

　상담자나 지원그룹에 참여하는 중독자, 학대받는 사람, 정서적 외상을 가
진 사람, 성인아이, 동반의존자들은 '인지적 재구성(cognitive restructuring)'을
할 수 있도록 도와주어야 한다. 이는 문제들이 애초에 어떻게 일어나게 되었
는지 이해하도록 돕는 것을 의미한다. 치유가 일어나게 하려면 우리의 인식

이 현실과 일치하고 진실과 일치해야 한다는 것이다. 착각은 구속을 가져오지만 진실은 참된 자유를 가져다준다. 무의식의 어두운 암실에 들어 있는 우리가 두려워하는 괴물은 진리의 빛이 비추이는 순간 그 힘을 상실한다. 우리에게는 현실을 있는 그대로 볼 수 있는 통찰이 필요하다. 현실을 직시하고 받아들일 수 있는 능력은 정신건강의 지표가 된다. 정서적 상처의 치유를 받으려면 적어도 마음속으로 상처를 준 사람과 화해하지 않으면 안 된다.

요셉이 자신의 경험을 하나님의 관점에서 재해석함으로 형제들을 용서하고 참 자유를 누릴 수 있었던 것처럼(창 50:20) 우리는 우리가 겪은 고통스러운 경험을 하나님의 관점에서 재해석하고 조명할 수 있어야 한다. 치료적 통찰은 과거와 현재, 무의식과 의식, 내부 세계와 외부 세계 사이의 관계를 깨닫게 하는 것으로 이와 같은 인지적 재구성은 언제나 치유와 성장을 촉진한다. David Benner(1990)가 지적한 것처럼 우리는 동시에 '악한(villain)'이며 '피해자(victim)'이기도 하다(p. 71). 자신에게 상처를 입힌 이들도 자신과 같은 연약함과 죄성을 지닌 취약한 인간들이다. 상대방을 악한 가해자로 보고 자신을 피해자로 간주하는 방어적 자세는 자기 연민만 가중시킬 뿐 치료적이지 못하다. 자신의 부족함과 필요에 대처하기에 너무 바빠서 다른 사람의 필요에 충분히 주의를 기울이지 못한 것처럼 자신에게 피해를 끼쳤던 가해자들도 자신의 필요와 부족함과 한계와 상한 감정 때문에 그런 행동을 할 수밖에 없었다는 것을 이해할 필요가 있다. 우리에게 상처를 준 사람과 자신을 동일시하는 것은 매우 어려운 일이다. 이와 같은 '아하! 경험'은 하나님의 은혜의 선물이 아닐 수 없다.

3) 행동적 변화

마지막으로 상담자들은 지원그룹 참여자들이 '행동적 변화(behavioral change)'를 경험할 수 있도록 도와야 한다. 그들에게 새로운 대인관계 기술

을 가르치고 절제를 배우게 도와주고 파괴적 관계를 벗어나게 하거나 중독을
중단하도록 도와주어야 한다. 변화는 스스로 책임감을 느낄 때 일어날 수 있
는 것이다. 지원그룹 사역자들은 한결같이 이 마지막 단계에서 반드시 거쳐
야 하는 과정이 가해자를 용서해 주고 분노를 해소하는 것이라고 주장한다.
이것은 의지적인 결단으로 혹자는 참된 용서는 우주에서 가장 어려운 것이
라고 하였다. 용서는 우리가 자유의지의 결단에 의해 행하는 것이지만, 용서
할 수 있는 능력은 하나님의 선물이며 은혜의 기적이다. "용서는 선물이다.
내가 받지 않은 것을 남에게 줄 수는 없다. …… 우리에 대한 하나님의 용서
와 다른 사람에 대한 나의 용서는 마치 목소리와 메아리 같은 것이다. 고백하
고 회개하고 용서하는 과정은 하나님으로부터의 소외와 피차간의 소외로부
터의 치유를 위한 기독교 모델의 핵이다(Linn & Linn, 1979, p. 151)." 결국 영
적인 치유 또는 정서적인 치유는 용서를 통해 받는 것이다. 우리의 죄에 대한
하나님의 용서를 받아들이는 것이며 동시에 우리를 해치고자 하는 사람을 용
서하는 것이다. 사도 바울도 "서로 인자하게 하며 불쌍히 여기며 서로 용서하
기를 하나님이 그리스도 안에서 너희를 용서하심과 같이 하라(엡 4:32)."고 권
면하면서 대인관계에서 온 상처로 말미암은 분노와 원한과 같은 감정의 문제
를 다루는 중에, 분노에 대한 궁극적인 해결책으로 용서를 제시하고 있다.

7. 회복사역의 국내외 현황

　중독과 학대, 정서적 외상, 역기능가정의 제반 문제의 치유에 요구되는 회
복의 국면에는 첫째, 자신의 배경을 검토하는 가운데 어린 시절의 경험이 자
신에게 어떠한 영향을 미쳤는지를 이해한다. 둘째, 부모의 생존 여부와 관계
없이 부모와 해결되지 않은 분노, 원한, 죄책감 등의 문제를 다룬다. 셋째, 아
동기 경험에서 파생된 수치심, 우울, 불안과 같은 행동적 문제를 다룬다. 넷

째, 과거의 상실을 애통해하는 과정을 통해 성숙한다. 다섯째, 영적인 자원에 의지하게 한다(Sell, 1992).

Grayson과 Johnson은 회복을 휠체어를 필요로 하는 장애인이 사회에 적응해 가는 과정에 비유하면서 "우리는 계속해서 고통스러운 기억을 다루어야 하며 우리의 강박 충동적 성향과 싸워야 하며 얼어붙은 분노를 해소하는 법을 평생 동안 배워야 한다. 그리스도인 중독자, 학대받은 사람, 정서적 외상을 가진 성인아이와 동반의존자에게 있어서 회복은 성화과정의 한 부분일 뿐이다(1991, p. 25)."라고 말하고 있다. 중독과 학대, 정서적 외상의 역기능적 생활양식으로부터 회복되는 과정에서, 우리의 장애가 무엇인지를 인식하게 된다. 그리고 가능한 범위 내에서 기능적이 되기 위하여 노력하며, 생활의 스트레스에 정상적으로 대처하기 위해 필요한 도구를 사용한다. 자신의 문제를 의식한 중독자, 학대받은 자, 정서적 외상을 가진 자, 성인아이, 동반의존자들은 회복의 속도를 빨리 하기 위하여 시간과 공간을 필요로 한다.

미국의 새들백 교회(Saddleback Church)는 회복 과정에 있는 중독자, 학대받은 사람, 정서적 외상을 가진 사람, 성인아이, 동반의존자들을 위한 목양적 돌봄 프로그램을 개발하여 이를 활용하고 있다. 먼저 설교나 세미나를 통해 사람들이 그들이 자라난 가정이 어떻게 자신의 인격 형성에 영향을 미쳤는지를 각성하게 도와줄 수 있다. 다음으로 교회는 독서와 상담과 지원그룹을 통해 중독자와 학대받은 사람, 정서적 외상을 가진 사람들의 치유와 회복을 도와주고 있다. 그 외에 윌로우크릭 교회(Willow Creek Community Church), 세이비어 교회(Savior Church), 미국의 많은 교회들이 지원그룹과 치료그룹을 가지고 있다.

한국에 회복사역이 상륙한 것은 2001년 열방대학 제주캠퍼스에서 미국 의정신과 의사 Davin Smith 내외가 보건상담대학원에 ABC학과(Addiction Behavior Counseling. 중독상담학과)를 개설하면서였다. 당시 주 강사로는 Davin Smith 내외, Archibald Hart, Mark Leaser, David Stupp, Dale Ryan 등이 초청되었고, 국내에서는 정동섭과 고병인이 동참하여 강의를 진행했다. 수강생은 동남아세아에서 참여한 10명의 원주민 선교사들, 열방대학 제주캠퍼스의 ABC 과정의 스태프들, 그 외의 ABC 과정에 입학한 10명의 상담사역자들이었다. 3개월의 제주캠퍼스의 강의를 마치고 3개월간 중독자가 많은 몽골 등지로 Outreach를 떠나 선교와 임상을 동시에 진행하는 과정이었다.

이 열기가 서서히 육지에 상륙하면서 2002년도 3월에는 평촌의 새중앙 교회에서 회복사역 콘퍼런스를 개최하기에 이르렀다. 3일 주야 연인원 4000명이 참석하여 대성황리에 콘퍼런스를 마치고 이내 이어서 이혼모 지원그룹(이 그룹은 콘퍼런스 전부터 모임을 가지고 있었고 모임이 활성화되면서 콘퍼런스를 개최할 수 있는 계기가 되었다), 알코올중독자 지원그룹, 알코올중독자 아내들의 지원그룹, 도박중독자의 지원그룹 등이 활성화되었다. 주 강사로는 Davin Smith, 고병인, 정성준 선교사였다.

2002년 온누리 교회가 회복사역을 도입하면서 10월에 제 1회 회복사역 콘퍼런스 '회복축제'를 개최하였다. 3일간의 축제에 연인원 4000여 명이 참석했다. 주강사로 Archibald Hart와 Davin Smith, 고병인, 정동섭, 이기원, 이기복 등의 특별강사들이 참여했다. 콘퍼런스가 끝나고 이내 온누리 교회에 5개 이상의 유형별 지원그룹이 정착하게 되었다. 새중앙교회 회복사역 리더와 코리더 20명 온누리 교회의 회복사역 리더와 코리더 20명을 각각 15일 주기로 2시간씩 필자가 슈퍼비전을 실시함으로써 리더들의 임상과 영적성장을 도울 수 있었다.

새중앙 교회의 회복사역 콘퍼런스는 1회에 그치고 말았다. 새중앙 교회는 상담심리 연구원과 상담센터를 중심으로 목회상담을 교과서처럼 운영하는 교회로 발전했다. 온누리 교회는 매해 '회복축제'를 열고 있으며 회복사역에 관심을 갖는 목회자와 교회에 이 사역을 나누고 있다.

1) 새들백 교회의 회복축제(Celebrate Recovery)

새들백 교회의 보호 지원센터(Care and Help)는 중독과 동반의존으로 고통 받거나 절망에 빠졌거나 낙담하거나 우울하거나 좌절하거나 방황하는 사람들이 사랑과 수용, 인도와 용기를 찾을 수 있도록 목양적 돌봄을 주는 장소를 제공하고 있다(http://www.saddleback.com).

보호 지원센터는 다음과 같은 일곱 가지 기능이 있다.

- 식량, 모금, 인력 지원을 하는 응급구호(Immediate Care)
- 혼전 상담(Pre-Marital Counseling)
- 회복 모임(Welcome to Celebrate Recovery One Line)
- 육신의 질병치유를 위한 입원사역(Hospitalization)
- 중보기도 사역을 위한 기도국(Prayer Ministry)
- 생활지원국(Life Support Ministries): 역경에 처해 있는 분들을 위하여 안식과 치유, 희망과 훈련의 장을 제공하기 위한 지원그룹
- 평신도 상담(Lay Counseling) 등이 있다.

이 중에서 세 번째의 회복 모임에서는 아래와 같은 지원 모임을 통하여 중독자와 동반의존자를 세분하여 회복을 돕고 있다. 새들백의 회복 프로그램에서 진행하는 소그룹에는 7개 부류의 중독 성향을 가진 이들을 위한 프로그램과 4개 부류의 중독자로 인해 동반의존된 배우자 및 자녀들을 위한 프로그램을 운영하고 있다. 이것은 가족체계적인 접근으로 동반의존 가정의 특징인 '가족 역학(family dynamics)'의 실상을 기초로 하여 프로그램이 편성되어 있다.

중독자 지원그룹으로는 다음과 같은 것들이 있다.

- 분노: 남성그룹과 여성그룹(Anger–Men's Groups & Women's Groups)
- 약물 의존: 남성그룹과 여성그룹(Chemically Dependent: Men's Groups & Women's Groups)
- 알코올 의존: 남성그룹과 여성그룹(Alcoholic Dependent: Men's Groups & Women's Groups)
- 섭식 장애(거식증 · 과식증): 여성그룹(Eating Disorders: Women's Groups)
- 재정 회복: 남성그룹과 여성그룹(Financial Recovery: Men's Groups & Women's Groups)
- 죄와 수치심: 여성그룹(Guilt & Shame: Women's Groups)
- 섹스중독(SA): 남성그룹과 여성그룹(Sexual Addiction: Men's Groups & Women's Groups)
- 섹스, 신체, 정서적 학대: 여성그룹(Sexual, Physical, Emotional Abuse: Women's Groups)

동반의존 지원그룹으로는 다음과 같은 것들이 있다.

- 약물중독의 성인아이: 남성그룹과 여성그룹(Adult Children of Chemically Addicted(ACA)–Men's Groups & Women's Groups)
- 알코올중독의 성인아이: (Adult Children of Alcoholics(ACoA)–Men's Groups & Women's Groups)
- 동반의존: 남성그룹과 여성그룹(Codependent: Men's Groups & Women's Groups)
- 섹스중독자와의 관계에서 동반 중독된 여성(Co-Addicted Women in a Relationship with Sexually Men〈COSA〉)
- 사랑과 관계중독: 여성그룹(Love & Relationship Addiction: Women's Groups)

이 외에도 다음과 같은 다양한 지원그룹을 가지고 있다.

- 알츠하이머 회복 지원그룹, 복역수 가족 회복 지원그룹, 10대 임신 회복 지원그룹
- 10대 우울증 회복 지원그룹, 인생문제 해결 회복 지원그룹, 임신중절 회복 지원그룹
- 불임가족 회복 지원그룹, 별거여성(남성) 회복 지원그룹
- 비탄에 잠긴 사람들(사별자)의 회복 지원그룹, 빈 둥지 증후군 회복 지원그룹
- 이혼 회복 지원그룹, 우울증 회복 지원그룹, 암 회복 지원그룹
- 희망 되찾기 회복 지원그룹, 유방암 회복 지원그룹, 생부모와 재결합한 회복 지원그룹
- 입양아 부모의 회복 지원그룹, 자폐증 환자가족 회복 지원그룹
- 주의력결핍 과잉행동장애(ADHD) 회복 지원그룹 등 30개의 지원그룹이 존재한다.

사역의 주요 대상은 기성 성도가 아닌 초 신도들이다. 이들은 자기들의 필요를 찾아 지원그룹에 참여하여 회복을 경험한 연후에 서서히 복음을 접하고 결신을 하는 순서를 갖는다(고병인, 2008, p. 211).

2) 윌로우크릭 교회의 회복사역

수백 명의 사람들이 매 주 윌로우크릭에서 모이는 다양한 지원그룹에 참석한다. 이 그룹들은 중독과 동반의존 상태에서 살아가는 이들을 지원한다 (http://www.willowcreek.org).

다음과 같은 지원그룹이 존재한다.

- 정서장애자 회복 지원그룹(Emotions Anonymous)
- 알코올중독자 회복 지원그룹(Alcoholics Anonymous)
- 약물중독자 회복 지원그룹(Narcotics Anonymous)
- 근친상간 희생자 회복 지원그룹(Incest Survivors Anonymous)
- 성중독자 회복 지원그룹(Sexaholics Anonymous)
- 베트남 참전용사 회복 지원그룹(Vietnam Vets A.A. Group)
- 알코올중독자 가족 회복 지원그룹(Al-Anon)
- 알코올중독자 십대 회복 지원그룹(Al-Ateen)
- 알코올중독자의 아동자녀 회복 지원그룹(Al-Akids)
- 성중독자 가족 회복 지원그룹(S-Anon) 등

위의 그룹들은 윌로우크릭 시설들을 사용하지만, 그들은 교회나 교회 사역부들과 어떠한 제휴 관계도 맺고 있지 않다. 그러나 윌로우크릭은 그리스도 중심적인 프로그램의 효과를 확신하고 있으며, 위에 열거된 그룹들의 사역은 귀중한 가치를 지니고 있음을 믿으며, 또한 연약한 사람들이 도움을 받고 구도자들에게 민감하게 반응해 주는 환경 속에서 그들의 관계성이 성장한다고 말한다. 이러한 사실은 중독자와 동반의존자들의 익명성의 특성 때문에 취해진 배려이다. 지원그룹이 윌로우크릭에 존재하는 자체는 교회가 이들이 가지고 있는 중독성과 동반의존성의 심각성을 십분 이해하고 있음을 시사해 주고 있고, 교회는 이들을 결코 버리지 않고 도움의 의지를 지니고 있다는 배려를 보여 주고 있다.

3) 세이비어 교회의 치료공동체 회복사역

알코올·약물 중독 노숙자들의 진정한 이웃 '사마리아인의 집(Samaritan Inn)' 사역은 마약이나 알코올에 중독된 사람들을 치유하기 위해서 1985년에 시작되었다. 미국 전역에는 약 60만 명의 노숙자들이 있는 것으로 추산되며 그 가운데 약 절반 정도가 약물중독에 연관되어 있다고 한다. 세이비어 교회가 위치한 워싱턴 D.C 북부 지역의 경우는 약 8,000명의 노숙자들이 있고 그 가운데 약 반 정도가 약물중독과 연관되어 있다. 이곳 사마리아인의 집에서는 중독자의 치료뿐 아니라 이들이 새로운 삶을 시작할 수 있도록 재활을 돕는다(http://www.mysaviorchurch.com).

'사마리아인의 집' 사역의 내용은 다음과 같다

① 1단계 Intensive Recovery Program: 28일간으로 짜인 집중적인 회복 프로그램(14명=남: 8명, 여: 6명)이 진행된다. 이 기간 동안에 12단계(A.A의 12 Step's) 과정을 거쳐 치료를 받게 된다. 매년 200명 이상의 남녀 중독자들이 치료를 받게 되며 그 가운데 80% 이상이 성공적으로 과정을 마치게 된다.

② 2단계 Transitional Living Program: 과도기를 위한 프로그램이 실시되며 중독자들이 약 6개월 동안 이곳에 머물며 정상적인 삶을 준비한다. 이 기간에는 돈을 관리하는 법, 건강을 관리하는 법을 배우고 취업준비 등을 한다. 매년 50여 명의 대상자 가운데 약 65%가 치유되어 직업을 가지고 새로운 삶을 시작한다.

③ 3단계 Longer-term Housing Program: 3단계에서는 주거를 위한 프로그램이 운영되는데 대부분 노숙자들이 정상인의 삶을 시작하는 데는 약 2년 정도 시간이 걸린다고 본다. '나사로의 집'과 '다비다의 집' 사역 등 '사마리아인의 집' 사역과 관련된 주거환경 속에서 6개월이 지나면 점점 책임감 있는 삶을 살기 시작한다. 3단계 과정에 참여하는 200여 명 가운데 약 80% 이상이 알코올·약물 중독에서 해방되어 건강한 삶을 살기 시작한다(유성준, 2005, pp. 99-105).

한 사람의 중독자가 회복, 재활하는 데 1년 7개월이 소요된다. 오갈 데 없는 회복자들은 교회가 운영하는 350채의 아파트에 1년간 임대기간을 정하고 생활을 할 수 있다. 그리고 독립한다.

4) 고병인가족상담연구소

고병인가족상담연구소에서는 '회복사역'의 원리를 환란 중에 하나님으로부터 자신이 받은 위로로써 고통 중에 있는 다른 이들을 위로하라는 성경말씀(고후 1:4)에 두고 있다. 회복사역은 자신의 아픔을 극복한 사람들이 같은 어려움에 있는 다른 사람들의 회복을 돕는 '지원그룹' 사역이다. 교육, 슈퍼비전, 개인상담, 부부상담, 가족상담, 부부집단 지원그룹, 같은 경험자 지원그룹 등의 프로그램을 가지고 운영하고 있다. 특히 동반의존된 가족들의 치유에 주력한다. 주중 50여 명의 사람들이 다음과 같은 프로그램을 통해 회복을 경험하고 있다(http://www.recoverykorea.com).

- 교육과 임상
  - 중독상담 아카데미(2년 4학기 매주 월요일 오전 10~15:00)
  - 중독상담 아카데미(1년 3학기 매주 목요일 오후 19:30~22:30)
  - 인턴 · 레지던트 상담사례분석과 지원그룹 워크숍
  - 상담사례분석(상담전공자 및 상담원들)(매주 수요일 10~15:30)
- 상담
  - 개인상담, 부부상담, 가족상담, 청소년상담
- 지원그룹
  - 자아회복 지원그룹, 부부갈등 이혼위기 회복 지원그룹, 사별가족 회복 지원그룹
  - 중독자 가족 회복 지원그룹, 중독자 가정의 성인아이 회복 지원그룹,

분노 회복 지원그룹
• 역기능가정 회복 지원그룹, 목회자 자녀 회복 지원그룹

5) 온누리 교회 회복사역

회복사역은 어려움을 겪고 있는 성도들의 치유를 돕는 사역으로 예배, 집회, 전문 상담센터와 다양한 교육 프로그램을 진행하고 있다. 회복사역의 비전과 회복 소그룹을 다음과 같이 소개하고 있다(http://www.onnuri.org).

(1) 회복사역 비전

회복사역의 목표는 온누리 교회의 비전인 "Acts 29"를 이루는 회복공동체를 만드는 것이다. 이 비전을 구체적으로 이루기 위해 영적, 정신적, 육체적 어려움을 겪는 사람들을 건강한 인격체로 회복시키고, 더 나아가 '상처 입은 치유자'로 헌신케 하여 자신과 같은 어려움을 겪는 사람들을 돕는 사역자로 설 수 있도록 도우며, 궁극적으로 삶의 모든 영역에서 하나님의 영광을 드러내는 예배자로 세우는 것을 목표로 한다.

문제로부터의 회복은 단순히 혼자서 기도하거나 말씀을 보는 것으로 이루어지지 않는다. 삶을 지배하는 문제로부터 자유롭게 되려면 과거의 상처를 직면하고, 재해석하며, 용서하는 과정이 필요하다. 진정한 치유와 회복을 위해서는 영적, 정서적 후원 속에서 자신의 실패와 약점, 상처, 비밀을 고백하고 나눌 수 있는 안전한 상황과 사람들이 필요하다.

(2) 회복 소그룹 안내

안전한 그룹에서의 나눔과 사람들의 지지 속에서 나 자신의 상처와 죄 등에 대하여 직면하고 하나님의 은혜 가운데 나와 다른 사람들을 용서함으로써 회복은 일어난다. 이러한 나눔을 통한 고백과 지지, 용서의 과정을 함께 해

주는 것이 회복 소그룹이다.

- **자아회복: 남성 · 여성**

  영적 · 정서적 문제와 과거의 고통을 다룸으로써 자신을 이해하고 성경적 정체성을 정립. 과거 · 현재 · 미래를 건강하게 해석하고 살아갈 수 있도록 돕는다. 성인아이의 이해, 역기능가정, 낮은 자존감, 숨겨진 고통, 용서와 축복 등을 주제로 함께 나눈다.

- **동반의존: 여성**

  동반의존은 내면의 깊은 공허감을 채우려고 사람들에게 집착하는 현상으로서, 타인의 조정과 통제를 받으면서도 동시에 타인을 조종하려 하는 것을 말한다. 하나님과의 관계 회복과 함께 바른 정체성을 세우고 홀로서기를 훈련하고 있다.

- **행복반: 남성 · 여성**

  행복반은 아픈 과거를 소그룹 안에서 고백하고 서로 지지해 줌으로써 용서와 화해를 통하여 힘들었던 과거와 화해하게 한다. 진정한 회복은 내가 아니라 하나님이 하심을 경험함과 동시에 우리 각자에게 하나님의 사랑이 이미 최대로 임하고 있음을 깨달아 간다.

- **알코올 의존: 남성**

  알코올 의존으로 인한 자신과 가족, 친지와 동료가 겪는 정서적, 신체적 고통과 사회적 갈등을 극복하기 위한 모임이다. 하나님의 사랑과 진리 안에서 알코올중독은 "치료될 수 있는 병"이라는 사실을 이해하고 서로를 격려하고 도전하고 있다.

- **GOOD: 남성 · 여성**

  GOOD(Getting Out Of Depression)은 "우울로부터 회복"이라는 의미로, 깊은 절망감, 수치심, 두려움, 외로움, 열등감을 딛고 하나님의 형상을 회복하는 훈련이다. 하나님, 자신, 타인, 삶에 대한 그릇된 해석 체계와 사탄의 거짓말을 하나님의 은혜와 진리로 없애고 성도 간 교제, 그룹 활동, 건강한 식사와 운동, 의료적 치료와의 연계를 통하여 전인적 회복을 위한 입체적 삶을 연습하게 된다.

- 12단계: 남성 · 여성

대상자는 그룹인도자 및 순장을 지원하는 자로서, 자신의 중독적 문제를 강도 높고 깊이 있게 직면하면서 전인적 회복을 실천적으로 밟아가는 모임이다. 약 1년간 진행이 되며 8~10단계를 훈련하게 된다.

6) 지구촌 교회 글로벌 상담소의 회복사역

(1) 글로벌 상담소 소개

글로벌 상담소는 개인과 가정, 그리고 교회 공동체를 예수님을 닮아가는 건강한 전인이자 유기체로 세우기 위해 부름받은 치유와 회복의 공동체이다 (http://www.jiguchon.org).

(2) 비전과 사명

글로벌 상담소의 비전은 지구촌 교회 모든 성도가 영혼의 치유와 회복을 경험하고 가정과 목장공동체, 마을과 일터에서 상처 입은 치유자로서의 평신도 선교사로 살아가는 것을 보는 것이다.

(3) 주요 사역 프로그램

- 상담사역: 면접상담, 전화상담, 부스상담, 법률 · 세무 · 재무 상담, 지로 및 적성검사, 심리검사, 목자상담 아카데미, 탈무딕 디베이트 반, NLP 치유상담 세미나, 자기대면
- 가정사역: 부부사랑 학교, 사랑의 순례, 결혼예비 학교, 신혼부부 교실, 성서적 부모교실, 창조적 대화교실, 라이프 코칭교실, 성서적 재정교실,

대디캠프, 부부행복 플러스, 대외사역
- **회복사역**: 회복축제 예배, 회복축제 기초과정, 회복축제 심화과정, 회복
축제 사역과정, 특성별 회복 소그룹(목장)

　회복사역은 많은 장점이 있음에도 불구하고 한국의 일반 교회에서 쉽사리
적용하지 못하는 실정이다. 문제가 있는 성도나 가정을 신앙이 없는 성도나
가정으로 간주한 뒤, 교회에 열심히 출석해 기도와 성경공부를 많이 하면 고
칠 수 있다고 생각하는 교회의 분위기가 가장 큰 장애물이기도 하다. 그러나
많은 사람들이 내면의 상처로 인해 힘들어하고 있다. 위로와 치유를 맛보게
하는 회복사역은 병든 세상을 고치는 교회의 사명에 걸맞게 확대되어야 한
다고 생각한다. 회복사역은 "고통 중에 있는 사람들을 위로하라(고후 1:4)."는
성경말씀처럼, 고통과 아픔을 극복한 사람들이 같은 어려움에 처해 있는 다
른 사람들의 회복을 돕는 소그룹 사역이다. 소그룹은 예수님의 제자훈련, 초
대교회, 역사상 대 부흥을 주도한 웨슬리 등이 강조해 온 방법이다. 성경공부
그룹이나 구역 모임과 달리 회복사역은 철저히 지원 성격을 띠는 소그룹 중
심이며, A.A.(Alcoholics Anonymous: 익명의 단주모임)에 기초한 회복의 12단
계 원리를 따르고 있다(http://www.aakorea.org).

- **회복의 12단계를 통하여**
  - 1단계에서 문제에 직면한 사람은 우선 자신의 무력함을 인정하기
  - 2단계에서 모든 능력의 근원이신 하나님께서 자신을 온전한 모습으로
    회복시킬 수 있다고 믿기
  - 3~4단계에서 이후 문제를 없애기보다 문제에 묶이지 않는 무조건적
    항복, 자기방어를 포기하고 비난 게임 멈추기
  - 5단계에서 자신의 결함을 하나님과 다른 사람에게 고백하기
  - 6~7단계 자신의 결함을 제거해 달라고 하나님께 간구하기

-8~9단계에서 자신이 해를 끼친 사람들의 명단을 만들어 용서를 구하고 이들에게 해가 없는 범위 내에서 보상하기

-10~11단계 위의 단계를 반복하여 묵상과 기도로 영적 관계를 확고히 하기

-12단계에서 마지막으로 자신의 회복을 타인들과 나누어 증거하는 단계 걷기

8. 나오는 말

중독자들의 가정에서는 중독자뿐만 아니라 동반의존된 가족들, 즉 배우자나 자녀들 모두가 가족에 중독자가 있다는 사실을 부인하려 한다. 또한 자신들이 중독자에게 동반의존되어 '가족의 질병'을 앓고 있음을 부인하려 하고 이러한 사실에 대해서 무지에 가깝다. 중독자와 그 가족을 위해서 교회가 실시해야 할 사역은 이들의 부인과 직면할 수 있는 목양적 돌봄으로서의 상담과 치유 그리고 재활 프로그램이다. 이러한 프로그램이 진행되는 경우 대부분의 중독자 당사자들은 수치와 부인의 방어기제 때문에 참석하지 않는 경우가 많다. 이때 배우자들은 중독자 당사자가 움직이려 하지 않기 때문에 속수무책이라면서 교육과 상담을 통한 치료나 때로 입원에 대한 노력을 포기하게 된다. 그러나 중독자의 가정에서 제일 불행한 이들은 중독자 자신보다 그들의 배우자와 가족들이다. 중독자들이 술을 마시거나 약물을 복용하거나 도박을 하고 있는 순간 중독자는 행복하다. 그러나 이러한 시간에 집에서 기다리는 아내와 가족들의 삶은 지옥이나 다름없다. 이러한 중독자와의 갈등이 길어지면 아내들은 본래 자기가 지녔던 자아정체감이나 청년기의 꿈들은 부서지고 빈껍데기만 남은 자신을 발견하게 된다. 동반의존의 덫에 걸려, 중독을 총책임지고 끝까지 돌보려는 중독자가 되어 간다.

　치료자들은 중독자의 가족들에게 그들이 중독자를 위해서 취할 수 있는 최대의 사랑의 행동은 환자를 입원시키는 행동임을 설득시켜야 된다고 엄예선(고병인, 2008 재인용)은 말하고 있다. 역설적이게도 중독자 가정의 치료의 시작은 중독자 자신보다 배우자로부터 시작해야 한다. 우선 동반의존된 배우자들이 교육, 상담과 치유 그리고 재활사역인 지원그룹에 나와 홀로서기를 배우고 본인들이 동반의존이라는 '가족의 질병'을 앓고 있음을 시인해야 한다. 모든 질병은 환자와 다른 가족들 간의 관계에 영향을 미칠 수 있으며 그 영향은 심리적 충격, 불안, 정신적 고통 등 부정적인 정서반응을 야기시킨다. 중독자의 증상은 가족 상호 간의 역동적 관계의 표현이며 산물이다. 한 가족 구성원에 신체적 장애나 중독의 장애가 발생했을 때 하나의 기능적 적용 단위로 가족과 개인의 가족 구성원은 심각한 정서적 반응을 보이게 된다. 따라서 가족의 관계를 고려하지 않고 이루어지는 임상적인 접근이나 치료란 그리 도움이 되지 않으며 가족의 참여 없는 환자만의 치료는 어렵고 증상이 호전되어도 병적인 가족 환경으로 돌아감으로써 다시 악화될 수 있다.

　가족 질병의 심각성을 배우자가 자각함으로써 중독자와 자녀들을 포함하는 가족치료, 때로는 부부치료, 부부집단 치료에 참여를 권면할 수 있다. 그러나 대부분 중독자들은 참여를 거절한다. 중독자의 의식이 바뀌지 않더라도 가정의 환경을 변화시킬 수 있는 가능성이 있다. 그것은 중독자와 가족이 서로 얽혀 있는 동반의존이라는 밧줄을 가족이 끊음으로서 가능해진다. 회복은 혼자 이룰 수 없다. 진정한 치유와 회복은 영적, 정서적 후원 속에서 자신의 실패와 약점, 상처, 비밀을 고백하고 나눌 수 있는 안전한 상황과 사람들이 필요하다. 성급한 충고나 조언 대신, 같은 문제를 가진 사람들이 매주 모여 실패와 성공, 희망을 나누는 지원그룹의 경험을 통해 참여자는 자기 개방, 정직, 겸손 등을 배우며 참된 자신이 되어 가는 것이다. 그 주간에 개인적으로 경험하고 느낀 것들을 지원그룹에서 고백하고 경청하면서 변화와 성장을 체험하게 되는 것이다.

지원그룹의 인도자(facilitator: 용이하게 하는 사람, 촉진자)는 반드시 지원그룹을 통해 회복을 경험하고 그 원리를 확실히 이해하고 있는 사람이어야 한다. 단순히 프로그램만 배워서 적용하면 변화를 기대할 수 없다. 인도자는 그룹원들 사이에 자연스럽게 자신의 비밀과 아픔을 고백하고 다른 사람들의 나눔을 들으며 자신의 문제를 깨닫고 변화를 경험할 수 있도록 이끌어 가는 것이 중요하다. 인도자는 그룹의 분위기를 신뢰적이고 안전한 환경을 만들기 위해서 최선을 다해야 한다. 그러기 위해 모임에서 충고, 권면, 토론, 끼어들기, 해결방안 제시 등은 금한다. 대신 비밀보장, 무비판적 수용과 무조건 사랑으로 고백과 나눔, 경청을 강조한다. 예수 그리스도와 12제자의 초대교회는 '고백과 나눔'과 '쌍방교류의 대화중심'의 기독교 공동체였다. 중세 가톨릭시대에는 고해성사로 인해 '고백'만 강조되고 '나눔'이 사라진 '일방교류'의 공동체가 되었다. 나눔이 사라지면서 결과적으로 고해성사를 한 성도들의 수치심이 확대되었다. 개신교가 들어서면서 수치심을 억제하기 위한 수단으로 '고백'마저 없애고 말았다. 결과적으로 대화중심의 초대교회의 공동체영성을 잃고 말았다.

회복사역이 지원그룹 안에서 강조하는 '고백과 나눔'은 초대교회 기독교 공동체영성의 회복 운동이다. St Augustinus는 교회가 성자들의 박물관이 되어서는 안 되며 영적 종합병원이 되어야 한다고 말했다. 영적으로 아스피린이 필요한 사람, 위장약이 필요한 사람, 두통약이 필요한 많은 사람들이 영적 갈급함을 가지고 교회에 온다는 의미이다. 이들은 자신들의 영적 갈증을 채워줄 수 있는 안전하고 신뢰할 수 있는 기독교 공동체를 원한다. 사람들은 자신을 표현하고 다른 사람의 이야기를 경청하면서 성장한다. 고백과 나눔의 공동체 안에서 성도들은 상대의 고백을 들으면서 스스로 '자가 치유'를 경험하게 되고, 자신의 진솔한 간증과 고백으로 상대에게 회복을 돕는 '조력자 치유'를 경험하게 된다.

회복사역에서 강조하는 '고백과 나눔'의 목양적 돌봄은 인간의 영적 요청

에 대한 새로운 스타일의 기독교 공동체 운동이다. 목회는 양들의 요청에 의
해서 설정되어야 하며 목회자 자신의 취향에 의해서 결정되어서는 곤란하
다. 교회는 전달적이고 조직중심적인 부성적 목회와 목양과 상담중심의 모
성적 목회와의 조화와 결합을 위해 끊임없는 갱신과 노력을 경주해야 할 것
이다.

참고문헌

고병인 (2003). 중독자 가정의 가족치료. 서울: 학지사.

고병인 (2008). 알코올중독자 가정의 가족치료. 서울: 학지사.

고병인 (1999). 알코올중독자 가정의 성인아이들의 특징들(3). 가정과 상담, 1월호.

고병인 (1996). 역기능교회와 역기능가정을 위한 목회와 상담. 서울: 예인.

김득룡 (1991). 현대 목회신학 원론. 서울: 총신대학교 출판부.

노용찬 (1996). 성인아이 지원그룹과 인도자의 역할. 인천: 글샘.

유성준 (2005). 세이비어 교회. 서울: 평단.

이기춘 (1991). 한국적 목회신학의 탐구. 서울: 감리교신학대학출판부.

이광규 (1978). 한국 가족의 사적 연구. 서울: 일지사.

Benner, D. G. (1990). *Healing Emotional Wounds*. Grand Rapids: Baker.

Builders, B. (2003). 하나님과 동행하며 나를 찾아가는 길 (정성준 역). 서울: 예수전도단.

Clinebell, H. (1987). 목회상담 신론 (박근원 역). 서울: 대한예수교장로회 출판국.

Clinebell, H. (2002). 목회상담신론 (박근원 역). 서울: 한국장로교출판사. (원저 1987년
　　출판).

Collins, G. (1995). *Family Shock: Keeping Families Strong*. Wheaton: Tyndale.

Drakeford, J. (1967). *Integrity Therapy*. Nashville: Broadman.

Grayson, C., & Johnson, J. (1991). *Creating a Safe Place Christian Healing from The
　　Hurt of Dysfunctional Family*. San Francisco: Haper.

Henslin, E., Carder, D., Cloud, H., & Brawand, A. (1981). *Secrets of Your Family*

Tree: Healing for Adult Children of Dysfunctional Families. Chicago: Moody Press.

Hiltner, S. (1958). *Preface to Pastoral Theology.* New York: Abingdon.

Leerhsen, C. et al. (1990). Unite and Conquer. *Newsweek,* 5 February, 51.

Linn, D. and Linn, M. (1979). *Healing Life's Hurt: Healing Memories through the Hi-Five Stage of Forgiveness.* New York: Paulist.

McBride, N. (1990). *How to Lead Small Groups.* Colorado Springs: Navpress.

Mike, F., & Greeg, D. (1995). 내적 치유와 영적 성숙 (오정현 역). 서울: IVP.

Ryan, D. (2005). 중독 그리고 회복 (정동섭 역). 서울: 예찬사.

Sell, C. M. (1992). 아직도 아물지 않은 마음의 상처 (정동섭, 최민희 역). 서울: 두란노서원.

Sledge, T. (1996). 가족 치유 · 마음 치유 (정동섭 역). 서울: 요단출판사.

Stewart, C. W. (1979). *The Minister as Family Counselor.* Nashville: Abingdon Press.

고병인가족상담연구소, http://www.recoverykorea.com

세이비어 교회, http://www.mysaviorchurch.com

새들백 교회, http://www.saddleback.com

온누리 교회, http://www.onnuri.org

익명의 알코올중독자들, http://www.aakorea.org

윌로우크릭 교회, http://www.willowcreek.org

지구촌 교회, http://www.jiguchon.org

중독상담의 기독교적 접근:
동기균형과 동기강화상담

신성만

(한동대학교 상담사회복지학부 교수)

1. 들어가는 말

과거에는 중독이 알코올, 니코틴, 약물 등과 같은 물질 중독에 한했다면 현재는 우리 일상의 필수적인 영역(인터넷, 성, 돈, 음식 등)에까지 침투해 들어와 있다. 중독의 어원은 'addictus'로 굴복하다(surrender), 넘겨주다(handed over)라는 의미를 갖는다. 로마시대 때 로마 군인이 전쟁에서 아주 유려한 싸움과 기량을 펼치고 왔을 때 포상으로 노예를 받았는데 이 노예를 일컬어 에딕투스라고 하였다. 어원만 생각해보더라도 중독이란 무언가의 노예가 된다는 의미를 담고 있음을 알 수 있다. 폴 틸리히(1959)는 우리가 궁극적으로 관심을 갖는 것이 무엇이든 간에 그것은 우리에게 하나님이 된다고 말한다. 이러한 관점에서 중독은 하나님 외의 다른 것으로 하여금 우리를 지배하도록 주인 삼는 것, 하나님이 아닌 중독적 대상을 마치 하나님인 양 섬기는 것이라

할 수 있겠다.

물질중독에서 행동중독에까지 중독의 영역이 확장됨에 따라 중독의 개념을 설명하기 위한 다양한 이론들이 제시되어 왔다. 먼저, 신경생리학적인 방식으로 중독을 설명하는 이론들은 중독행동이 도파민체계의 손상을 일으켜 도파민 기저 기능을 저하시키고, 도파민체계를 민감화시켜 중독물질에 대한 갈망과 재발을 일으킨다고 설명했다(Nestler, 2005). 중독행동을 보상 및 학습 과정으로 설명하는 이론들은 중독행동이 즐거움을 주는 동시에 자신과 주변인들에게 피해를 줄 때 이를 조절하려고 해도 실패하는 경우를 중독이라고 하였다(Orford, 2001). 한편, 중독행동을 쾌락 보상의 차원이 아닌 기대와 경험 간의 괴리에 따른 갈망 해소의 지점으로 설명하는 보상-민감화 이론(Incentive-Sensitization Theory)이 등장하였다. 이 이론에서는 원함(wanting)과 즐김(liking)의 차이에서 중독을 설명했는데 중독행동으로 인해 중독자의 원함(wanting)이 증가하게 됨에 따라 심리적 기대는 커지는데, 이와는 반대로 즐김(liking)은 기대에 미치지 못하는 상태가 되면서 이로 인한 불편감을 해소하고자 중독행동을 반복 및 지속한다고 말한다(Berridge & Robinson, 2016).

한편, Heyman(2010)은 중독행동을 개인의 선택의 문제로 설명했다. 선택이론에 따르면, 인간의 모든 행동은 내재적 동기를 바탕으로 하기 때문에 모든 행동의 책임은 개인에게 있으며 따라서 상황을 변화시킬 수 있는 능력 역시 개인에게 있다고 본다. 이러한 선택이론을 뒷받침하듯이 중독자들은 다른 정신장애와 달리 시간이 지남에 따라 스스로 회복되는 비율이 현저하게 높은 것으로 나타났다(Heyman, 2013). 즉, 인간의 행동을 이해함에 있어 동기적 관점이 주목을 받고 있는 것이다. 또한, 최근에는 동기를 행동에 대한 에너지와 방향성을 제공하는 근본적인 과정으로 살펴본다. 방향성의 차원에서는 행동은 특정한 결과를 목표로 삼으며, 에너지의 차원에서는 행동은 시작, 강도, 지속성에 따라 다양하다. 방향성은 일종의 정교한 미래예측으로 이해할 수 있는데 이는 전전두엽 기능의 발달로 사고와 판단에 따른 선택과 결정의 능력이 향상되는 메타인지가 발달할 때 가능하다. 메타인지의 발달로 인해 유기체는 자신의 상황을 적절하게 판단하고 초월적인 관점으로 평가할 수 있게 됨에 따라 이를 바탕으로 정확한 방향을 잡을 수 있다. 하지만 초기 성인기까지 발달하는 전전두엽으로 인해 메타인지가 충분히 발달하여 방향성을 잡기에는 시간이 걸린다. 따라서 메타인지가 충분히 발달하기 전까지 에너지에 대한 자기조절 훈련이 필요하다. 자기조절은 한정된 에너지를 효율적으로 분배하고 사용하게 만든다. 이상을 도식화하면, 동기=자기조절(에너지)×메타인지(방향)로 나타낼 수 있다. 즉, 유기체의 에너지를 현명하게 사용하는 자기조절과 메타인지를 통해 미래의 방향성을 긍정적으로 설명하는 것 자체가 바로 동기인 것이다(Burkley & Burkley, 2017). 이러한 유기체의 동기에 대한 최근의 연구들은 개인의 내재적 동기를 바탕으로 중독을 설명하는 선택이론을 더욱 강화하는 것으로 볼 수 있다. 더 나아가 선택이론의 등장은 중독자를 더 이상 수동적인 존재가 아닌 능동적인 존재로 바라보게 한다. 즉, 중독행동으로부터 벗어나는 데 있어 중독자의 역량에 초점을 두는 관점이다. 이에 따라 중독자로 하여금 선택의 오류를 일으키고 부정적인 결과에도 불구하고 습관적으로 중독행동을 지속시키는 내재적인 동기에 대해 살펴볼 필요가 있다.

2. 중독상담의 새로운 패러다임: 기본심리욕구와 동기균형이론

내재적 동기에 대해 살펴보기에 앞서 내재적 동기의 성질인 항상성에 대한 이해가 선행되어야 한다. 항상성(Homeostasis)은 'same'과 'steady'의 의미를 가진 그리스어에서 유래했으며(Cannon, 1932) 심리와 관련해서는 갈망(craving)을 설명할 때 사용되는 개념이다(Yin, 2008). 항상성은 유기체가 안정된 상태에서 불편한 상태에 놓여있을 때 이를 알아차리게 해주는 기능을 하는데 이는 태아가 엄마의 자궁에서 출생함과 동시에 갖게 되는 자연스러운 것으로 이해할 수 있다.

항상성을 성질로 갖고 있는 내재적 동기는 기본심리욕구의 충족에 영향을 받는데(Deci & Ryan, 2008) 인간의 기본심리욕구에는 자율감(Autonomy), 유능감(Competence), 소속감(Belonging)이 있다(Deci & Ryan, 2008). 기본심리욕구는 자기결정성 이론(Self-determination theory: SDT)의 하위이론으로써 자기결정성 이론에 따르면 기본심리욕구는 개인의 심리적 성장 및 발달의 필수조건이며 이 욕구들이 충족될 때 내적 동기가 형성될 수 있다(Deci & Ryan, 2000). 또한, 이 세 가지 기본심리욕구는 문화나 인종에 상관없이 전 인류에게 나타나는 욕구로써 목표 지향적인 행동을 이끌어내게 해준다(Burkley & Burkley, 2017).

자율감은 자신의 행동에 대한 자기조절을 경험하려고 하고, 결정성을 가지고 행동하려는 욕구를 뜻하며 자유의지를 가지고 행동이나 활동에 참여하는 것을 뜻한다(Deci & Ryan, 2000; Ryan & Grolnick, 1986). 자율감은 기본심리욕구 이론의 발달 초기부터 가장 중요한 변수로 주목받았는데(Deci, Spiegel, Ryan, Koestner, & Kauffman, 1982) 선행연구들에 따르면 자율감은 주관적 행복에 정적인 상관이 있는 것으로 나타났고(Fischer & Boer, 2011), 자율감이 보장되어야 유능감이 발휘될 수 있는 것으로 밝혀졌다(Ryan, 1982; Williams, Freedman, & Deci, 1998; Williams, McGregor, Zeldman, Freedman, & Deci, 2004). 유능감은 개인이 속한 세상 속에서 자신의 능력을 발휘하고 효율적으로 행동하며 성공하고자 하는 욕구이다(Deci & Ryan, 1985). 유능감은 획득한 역량이라기보다 개인의 행동을 통해 느끼는 것으로 자기효능감과 비슷한 구조가 있는 것으로 보고되었다(Bandura, 1997). 선행연구들에서는 유능감이 높은 사람일수록 긍정적인 결과를 도출하고 신체적인 건강 수준도 좋아지는 것으로 보고되었다(Ryan, Patrick, Deci, & Williams, 2008). 소속감은 사랑받고 사랑 주며, 돌봄 받고, 돌봐주기 위하여 타인과 연결되어 있다고 느끼는 욕구로써(Deci & Ryan, 2000) 대인관계에서 유대감을 느끼고 안정적으로 형성하려는 욕구이다(Baumeister & Leary, 1995). 소속감은 앞의 두 욕구와 달리 개인 내적 동기를 결정짓는 데 직접적인 영향을 미치진 않지만 유기체의 내적 동기를 유지시키는 데 중요한 기능을 하는 것으로 밝혀졌다(Deci & Ryan, 2002). 선행연구들에서는 높은 소속감을 가진 사람일수록 심리적인 문제를 덜 느끼고 대신 주관적인 행복감은 더 많이 느끼는 것으로 나타났다(Baard, Deci, & Ryan, 2004; Sheldon & Schüler, 2011).

기본심리욕구 가운데 자율감과 소속감은 최초의 심리욕구로서 발달 단계의 첫 단계부터 관찰되는 심리욕구이다(Erikson, 1994). 모태로부터 연결되어 있다가 출생을 하게 되는 아이는 이제부터 스스로 자신의 손과 발, 몸을 움직일 수 있는 자율감을 획득하였지만 항상성으로 인해 어머니와 다시 연결되고자 하는 소속감이 활성화된다. 즉, 아이는 자율감과 소속감의 확장에 따른 심리욕구 간의 불균형을 경험하게 되는 것이다. 최초의 유능감은 바로 자율감과 소속감의 불균형으로 인해 이를 안정화시키려는 지점에서 유발되는 기본심리욕구이다. 유능감이 개인을 둘러싼 환경에서의 자신의 능력을 발휘하고 성공하고자 하는 욕구라면, 아이의 우는 행동은 자율감과 소속감의 불균형 가운데 이를 해소하고자 하는 개인의 능력으로 볼 수 있으며, 우는 행동을 통해 균형을 되찾았을 때 느끼는 감정은 자신이 유능하다는 느낌(유능감)인 것이다(신성만, 2017).

한편, 자율감, 유능감, 소속감이 충족되었을 때 개인은 긍정적인 목표(positive goal)를 달성하고 부정적인 목표(negative goal)는 피하는 쪽으로 동기가 활성화 되는데(Burkley & Burkley, 2017; Ryan & Deci, 2008) 이를 목표감(Sense of goal)이라 한다. SDT에서도 기본심리욕구의 충족은 심리적 성장 및 통합적 웰빙으로 이어지며, 이를 이루기 위해 개인은 목표 지향적(goal-oriented)인 행동을 추구한다고 알려졌다(Deci & Ryan, 1985, 2000, 2008). 목표감은 목표에 대한 느낌으로 자율감과 소속감의 최초의 심리욕구라면 유능감과 목표감은 기능적인 심리욕구라고 볼 수 있다(신성만, 2017).

3. 중독상담에서의 동기균형이론

기본심리욕구인 자율감, 유능감, 소속감에 목표감을 추가하여 살펴보면 이들 기본 동기들은 크게 두 축으로 분류할 수 있게 된다. 최초의 심리욕구인 자율감과 소속감을 한 축으로, 기능적인 심리욕구인 유능감과 목표감을 한 축으로 나눌 수 있다. 각각의 축 내에서의 기본 동기들은 서로 확장하고자 하는 성질 때문에 긴장 관계에 놓여 있다. 즉, 개인은 자유로움에 대한 욕구와 동시에 타인과 관계 맺고자 하는 욕구가 함께 확장해 가려는 성질 때문에 한쪽의 확장의 결과로 자율감과 소속감의 균형이 깨질 경우, 개인은 동기 간의 불균형을 경험하게 되고 이를 해결하기 위해 다른 한 쪽을 확장하여 항상성을 유지하고자 한다. 유능감과 목표감의 관계에서도 마찬가지로 확장의 결과에 따른 불균형을 해결하기 위한 노력들을 하게 된다. 유능감은 본래 "무엇에" 대해 유능하다고 느끼는 욕구이다. 즉, 여기에서 "무엇에" 해당하는 것이 바로 목표감이다. 유능감이 확장될수록 유능감과 목표감의 균형이 깨지면서 이를 해소하기 위해 개인은 더 높은 목표를 추구하고자 하는 것이다(신성만, 2017).

이상의 기본 동기들 간의 관계는 다음과 같이 논해볼 수 있다. 개인은 자율감과 소속감의 안정적인 균형 상태에서 유능감을 느끼고, 유능감은 기본적으로 목표를 기반으로 하기 때문에 유능감이 확장될수록 목표감이 확장되며, 이는 다시 자율감의 확장으로 이어진다(신성만, 2017). 이러한 과정은 기본심리욕구가 개인의 출생부터 소멸에 이르기까지 평생의 과업으로 이어지는 것처럼(Deci & Ryan, 2000) 한 개인의 평생 동안 이루어지는 것이다. 이를

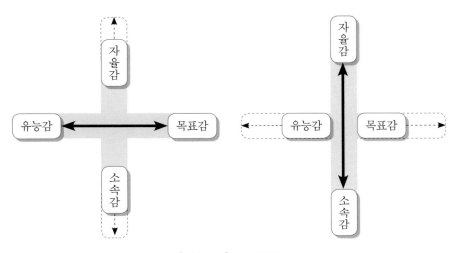

[그림 2-1] 동기균형

통해 개인은 마치 헬리콥터의 프로펠러와 같이 성장할 수 있다. Sheldon과 Niemiec(2006)에 따르면 주관적 안녕감에 있어 자율감, 소속감, 유능감 간의 균형이 중요하다고 하였는데 이를 바탕으로 동기 간의 균형 있는 상태는 주관적 안녕감 및 행복을 경험하게 해주는 중요한 변인으로 볼 수 있다. [그림 2-1]은 동기 간의 확장과 긴장에 대한 것을 나타낸 것이다(신성만, 2017).

기본 동기 간의 균형이 무너질 때, 개인은 항상성으로 인하여 균형을 되찾고자 하는데, 이때 비효율적이거나 부적절한 방법으로 불균형을 해소하려다 보면 악순환적인 기본 동기 충족의 습관이 형성될 수 있다. 이러한 예의 대표적인 것이 중독이다. 신성만(2017)에 따르면, 자율감과 목표감을 역기능적으로 추구하게 되면 '충동'의 증세를, 자율감과 유능감을 역기능적으로 추구하게 되면 '강박'의 증세를 경험하게 된다. 인터넷이나 스마트 미디어 기기를 중독적으로 사용하는 아이들은 현실에서 충족되지 못한 기본 동기들을 가상세계에서 충족시키려고 할 수 있다. 또한, 소속감과 목표감을 역기능적으로 추구하게 되면 '불안'의 증세를, 소속감과 유능감을 역기능적으로 추구하게 되면 '우울'의 증세를 경험하게 된다. 이 두 문제는 동시에 경험될 수 있는데 이

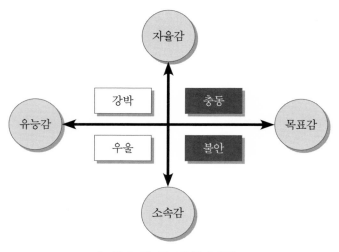

[그림 2-2] 동기균형의 역동

러한 상태에서 도피하고자 하는 상태가 자살 또는 중독으로 이어질 수 있다. 선행연구들에서 비디오 게임이 가상세계에서의 자율감, 유능감, 소속감을 일시적으로 만족시켜 주기 때문에 유저들이 과도하게 몰입하는 것으로 보았는데(Przybylski, Rigby, & Ryan,2010; Ryan, Rigby, & Przybylski, 2006) 현실세계에서의 기본 동기 간 불균형은 여전히 만족되지 않으므로 또다시 균형을 추구하기 위한 방법으로 가상세계에 도피하게 된다. 이러한 패턴이 반복될 경우 중독에 빠지게 된다. [그림 2-2]는 동기균형의 역동에 문제가 생겼을 때 나타날 수 있는 행동을 나타낸 것이다.

  기본 동기들 간의 균형이 무너졌을 때 이를 역기능적 방법으로 해결하고자 한다면 중독과 같은 악순환을 낳게 된다. 따라서 기본 동기들 간의 균형을 건강한 방법으로 유지하는 것이 중요한데 앞서 선택이론에서 보았듯이 중독이 개인의 선택과 역량에 따라 극복 가능하다는 것을 바탕으로 볼 때 이러한 것을 가능케 하는 개인의 내적 동기에 대한 관심이 제고될 필요가 있다. 이러한 동기균형이론은 다양한 상담이론에 적용될 수 있는데 먼저 실존치료에 적용될 수 있다. Irvin D Yalom(1980)은 실존치료의 주요 주제로 자유(freedom),

소외(isolation), 무의미(meaninglessness), 죽음(death)이 있다고 하였는데 이를 동기균형적 관점으로 이해해보면, 자율감은 자유, 소속감은 소외, 유능감은 죽음, 목표감은 무의미 라는 주제와 연결할 수 있다. 즉, Yalom(1980)에 따르면, 모든 인간 실존은 자유를 충족시키고자 하는데 이는 동기균형에서 인정하는 유기체의 기본동기인 자율감에 대한 설명으로 이해해볼 수 있고, 소외가 오랫동안 지속될 때 매우 불쾌한 정서를 경험한다고 하는데 이는 동기균형에서 말하는 소속감의 거절로 이해해 볼 수 있다. 또한, 죽음이라는 운명은 인간 실존으로 하여금 '할 수 있음'에 대한 존재론적 박탈을 경험하게 하는데 이는 동기균형에서 말하는 유능감의 박탈로 이해해 볼 수 있고, 의미를 추구하는 인간 존재에게 있어 의미의 상실은 실존적 위기를 경험케 하는데 이는 동기균형에서 말하는 목표감의 상실로 이해해 볼 수 있다. 실존치료뿐 아니라 기존의 상담이론에도 동기균형적 관점을 적용해보면, 자율감의 부족감 문제는 현실치료로 접근해볼 수 있고, 소속감의 부족감 문제는 인간중심치료 또는 관계중심치료로 접근해볼 수 있으며, 유능감의 부족감 문제는 인지행동치료 또는 사회기술훈련으로 접근해볼 수 있고, 목표감의 부족감 문제는 문제해결 또는 게슈탈트를 통해 접근해볼 수 있다. 이렇게 다양한 상담이론에 동기균형적 관점을 적용해볼 수 있는데 그 가운데에서도 내담자의 동기에 집중하며 중독자 개인의 동기를 변화시키는 데 가장 효과적인 방법으로 알려진 동기강화상담(Motivational Interviewing, MI)에 대해 집중할 필요가 있다.

4. 중독상담에서의 동기강화상담

1980년대의 물질중독 상담에서 일반적이었던 지시적이고 직면적인 상담 스타일의 대안으로 부상하기 시작한 동기강화상담은 특정 이론 모델이라기보다 임상실제와 경험으로부터 나온 것이다(Miller & Rose, 2009). 오늘날에는 동기강화상담에 관하여 1,200여 권이 넘는 출판물이 간행되어 있고, 200여 개가 넘는 무작위 임상연구들을 포함하여 2만 5천여 개에 달하는 문헌들이 동기강화상담을 언급하고 있다. 식이, 건강관리, 교정시스템, 교육, 성직자, 코칭에 이르기까지 그 활용 범위가 확장되어 가고 있으며 특히 중독자의 변화에 관한 효과적인 상담 기법으로 자리잡고 있다(Miller, Rollnick, 2013; Herman, Reinke, Frey, & Shepard, 2014; Csillik, 2014).

동기강화상담의 정의—"내담자의 양가감정을 탐색하고 해결함으로써 그 사람의 내면에 갖고 있는 변화로의 동기강화를 목적으로 하는 내담자 중심적이면서도 지향적인(directive) 상담(신성만, 권정옥, 2008)"—에서도 알 수 있듯이 이것은 양가감정의 해결이라는 특정한 방향성을 가지고 진행된다. 이와 같은 동기강화상담의 목표를 구현하는 데 있어 근본이 되는 가장 중요한 개념으로 Miller와 Rollnick(2013)은 '정신(spirit)'을 말하고 있다. 정신과 기술은 상호 보완적이기는 하나 기술 및 전략, 방법이 정신에서 비롯된다는 점을 고려할 때, 그 지표가 되는 정신을 이해하는 것은 동기강화상담을 이해하는 데 있어서 핵심이라 할 수 있다. 동기강화상담 제2판(Miller & Rollnick, 2002)에 제시되었던 세 가지 정신 즉 협동성, 자율성, 유발성이 제3판 개정판(2013)에서는 파트너쉽, 수용, 연민, 유발성으로 바뀌었다.

먼저 파트너십(partnership)은 이전의 협동성을 아우르는 것으로 동기강화상담의 첫 번째 정신이다. 그 어느 누구도 내 자신보다 오랜 시간 나와 동행해 온 사람은 없으며, 나 자신보다 나를 더 잘 아는 사람도 없다. 내담자의 경우도 예외라 할 수 없는데 그런 의미에서 동기강화상담은 전문가 간의 협력이라고 할 수 있다. 동기강화상담은 내담자 '에게(to)' 행하는 것이 아닌 내담자를 '위하여(for)' 그리고 내담자와 '함께(with)' 하는 것이다. 이것은 권고나 설득, 논쟁이 아닌 관심과 지지의 태도를 지니고 탐색하는 과정으로서, 두 사람 간의 힘겨운 '레슬링'이 아닌, 리듬을 따라 함께 동작하는 '춤추기'에 비유될 수 있다. 내담자의 열망은 당연하거니와 상담자 자신의 포부나 기대를 인식하고 조율하는 것 또한 협력관계에서는 중요하다. 이것은 내담자 개인에 대한 깊은 존중이 바탕이 되어야 가능한 것이다. 개인(내담자)의 변화가 목표인 경우, 상담자 홀로는 그것을 이룰 수가 없다는 점을 명심해야 한다. 변화로의 동기와 자원은 바로 내담자의 것이며 내담자로부터 나와야 하기 때문이다(Miller & Rollnick, 2013).

둘째는 수용(Acceptance)으로 제2판에서의 자율성(autonomy)을 포함하는 정신이다. 내담자를 수용한다는 것은 내담자의 (문제)행동을 승인하거나 현재 상태를 묵인한다는 의미가 아니다. 이것은 각 개인은 근본적으로 가치로우며 변화를 위한 조건들이 개인의 내면에 잠재되어 있다고 보는 것이다. 상담자는 내담자의 눈과 관점으로 그들의 세계를 보고 이해하려는 노력을 기울이고, 정확한 공감과 더불어 개인의 선택에 대한 자유를 존중해 줌으로써 내담자의 자율성을 지지한다. 선택은 항상 당사자 본인에게 남겨진 것으로 여긴다. 이것은 내담자의 자율성에 대한 존중과 인정뿐 아니라 상담자가 내담자를 변화시켜야 한다는 중압감을 가지지 않는 것을 말하며 다른 말로, 상담자가 주도권과 우선권을 가지려는 것을 포기한다는 의미도 지닌다. 또한 내담자의 강점을 찾고 그동안의 노력과 분투를 인정해 주는 태도도 수용에 포함된다. 이와 같은 접근은 무엇이 부족한지 혹은 무엇이 원인이며 어디가 잘못되었는지 파헤치고 어떻게 교정할지 말해주는 것과는 상반되는 접근이다. 간략히 말해, 내담자 개인의 절대적 가치(absolute worth), 정확한 공감(accurate empathy), 자율성 지지(support autonomy)와 인정하기(affirmation)로 응축된 수용은 단지 개인의 경험만을 말하는 것이 아닌 우리의 존재 방식, 의사소통의 방식이라 할 수 있다(Miller & Rollnick, 2013).

셋째는 연민(compassion)이다. 동기강화상담에서 말하는 연민이란 개인의 감정이나 정서적 경험을 말하는 것이 아니며, 문자적 의미의 "함께 고통 받는 것"이나 동정심을 갖는 것도 아니다. 이것은 적극적으로 상대방의 안녕과 복지를 증진시키는 것, 그리고 내 자신이 아닌 상대방의 필요와 유익을 우선으로 여기는 것을 의미한다.

특별히 이와 같은 자율성이 제3 개정판에서 수용과 연민으로 수정된 것에 주목하게 된다. 개인의 선택과 자유를 강조하는 서구문화에서는 자율성과 독립성이 비교적 잘 발달되어 있으나 타인 중심적이며 상호의존적인 연민의 태도는 견지하며 연마해야 할 필요가 있었을 것으로 여겨진다. 서구문화에서는 자기 내면의 감정과 생각을 중시하여 일관되게 표현하는 것을 건강함의 척도로 보는 반면, 동양권 혹은 집단주의 문화에서는 보다 타인 중심적으로 자신의 감정을 조절하여 상황에 맞게 가변할 수 있는 능력을 중시한다(권수영, 2012). 개정판에서 동양권에 조금 더 익숙한 연민을 추가한 것은 이러한 동서양 간의 문화적 차이를 고려, 통합하려는 시도로 보인다. 한편, 타인의 관점이나 상황에 너무 민감한 나머지 자신의 선택과 자유가 제한되고 억압되어 온 동양 문화권에서는 개인의 자율성이 더 지지되고 부각되어야 할 필요가 있을 것이다. 따라서 상담자는 내담자가 속한 문화적 특성과 차이에 따른 차별적인 혹은 균형감 있는 접근을 할 수 있어야 한다.

마지막 네 번째 정신은 유발성(evocation)이다. 동기강화상담에서는 내담자에게 필요한 것이 이미 내담자 안에 있다고 본다. 따라서 상담자의 역할은 그것을 자극하고 이끌어내는 것이다. 이러한 관점은 두 사람 간의 대화 여정을 내담자의 부족한 점, 결점을 찾아내어 채우려 하는 것이 아닌 내담자의 강점과 자원에 초점을 두게 한다. 마치 우물에서 물을 긷듯, 내담자 안에 있는 동기와 자원들을 길어 내는 것과 같다고 할 수 있다. 유발성은 또한 양가감정 즉, 변화를 원하면서도 동시에 현재 상태에 머물고 싶어 하는 두 마음이 내담자 안에 있다는 것에도 적용된다. 변화 과정에 있어 양가감정은 자연스럽고 정상적인 것으로 간주되며, 이 양가감정의 한 측면인 변화 동기를 자아내고 강화시키는 것이 상담자의 임무가 된다. 다시 말해 변화에 대한 동기와 자원, 내담자의 관점, 목적, 가치 그리고 양가감정까지도 내담자 안에 거하고 있다고 보며 그것들을 일깨우고 불러낼 때, 변화에의 동기가 자극받고 강화된다는 것이다(Martin & Sihn, 2009).

Herman(2007)은 동기강화상담을 아가페의 실천이 될 수 있는 근거중심의 접근으로 이해하면서 동기강화상담의 정신—협력성, 자율성, 유발성—이 성경 전반에 흐르는 성령의 함께 일하심 그리고 관계 안에서 응답하시고 개인의 결정을 존중한다는 테마에 상응한다고 말한다. 문 밖에 서서 기다리시며 개인의 선택과 결정을 존중해 주시는 예수님(계 3:20)이 그러하셨듯이 듣는 이, "당신(you)"이 결정한다는 것은 복음서와 서신서 전반의 일관된 주제이다. 빌립보서와 에베소서를 통해 강제하지 않고 동력하며, 다른 사람의 생각을 이끌어내고 존중하는 태도와 개인의 행동 선택과 결정에 대한 책임이 강조되고 있음을 알 수 있다(Herrman, 2007).

5. 동기강화상담과 기독교적 접근

Miller(2000)는 30년간 알코올중독자들에게 단기 개입으로 동기강화상담을 실행하고 짧은 개입의 어떤 요인, 무엇이 이토록 큰 효과를 가져오며 변화를 만들어내는가에 의문을 가지게 되면서 혼돈이론(chaos theory)과 급작스러운 변화를 경험한 사람들 간에 유사성을 찾게 된다. '급작스러운 변화(quantum change)'라는 것은 익은 과일이 나무에서 떨어지는 순간 혹은 물의 끓는 순간을 두고 이것이 서서히 일어난 것인가 아니면 갑작스러운 것으로 보는가의 관점의 차이일 뿐, 여기서 말하는 급작스러운 변화란 선명하고 놀라운, 부드러우면서도 지속하는 개인의 변화(transformation)를 의미하는 것이다(Bien, 2004). 이러한 변화를 경험한 사람들 대다수가 자신들보다 더 큰 어떤 존재에 의해 완전히 사랑받고 받아들여지는 느낌, 어떤 위대한 존재와 연합되거나 하나가 되는 것 같은 경험을 회상하며 묘사한다. Miller(2000)는 이와 같은 변화를 촉발해 낸 가능한 요인을 고대 고린도교회를 향한 바울의 편지(고전 13장), 아가페에서 찾고 있다. Miller가 정의한 아가페의 속성은 오래 참고 기다리는 인내(patience), 자신의 욕구나 필요 그리고 견해는 견제하며 상대방(내담자)에게 관심을 두고 자기의 유익을 구하지 않는 것(selflessness), 내담자가 삶 속에서 무엇을 경험하든 있는 그대로 받아들이는 수용(acceptance), 내담자 안에 있는 가능성을 바라며 긍정적 변화를 기대하는 희망(hope), 그리고 인간존재로서 내담자를 근본적으로 귀하고 가치 있게 여기는 긍정적 존중(positive regard)을 말한다. Walters, Delaney, Rogers(2001) 역시 상담자의 동기강화상담적 특성이 내담자 변화에 강력한 영향을 미침을 보고하면서 변화요인으로 상담자의 아가페적 공감이 내담자 성장에 유의미한 변화를 만드는 것으로 주목했다. 겸손함과 인내 그리고 자기 유익을 구하지 않는 것과 같은 상담자의 특성은 타인을 바라보는 방식 혹은 타인과 함께 거하는 방식이다. 이것은 비단 상담 장면에 한정되는 것이 아닌 모든 인간 상호 간에 존재할 수 있는 특질로서, 동기강화상담을 실행하는 데 있어 그 근간이 되는 정신은 성경에서 말하는 아가페적 속성을 지향하고 추구함을 알 수 있다.

아가페적 속성을 지닌 동기강화상담의 정신을 구현하기 위해서는 견지해야 할 네 가지 원리가 있는데, 이는 공감 표현하기와 불일치감 일으키기, 저항과 함께 구르기 그리고 자기 효능감 지지하기이다(Miller & Rollnick, 2002). 이 네 가지 원리는 동기강화상담이 이루어지는 과정 즉, 관계를 형성하고 방향을 정하는 단계, 변화의 동기를 유발하여 준비하는 단계 그리고 변화로 이어지도록 계획하는 모든 단계에 적용되어야 한다. 이 네 가지 원리와 함께 동기강화상담이 진행되는 과정이 어떻게 성경에 상응하는지 살펴보고자 한다.

상담자는 먼저, 괴로움과 어려움으로 낙심한 내담자들에게 안전한 환경을 제공하여 편안하게 해 줌으로써 변화를 가져오는 데 적합한 터, 다시 말해 열매가 맺히기에 알맞은 기후와 토지를 제공해주고 있는가의 관점으로 내담자와의 관계를 형성해 나가야 한다. 많은 사람들은 실제로 자신들의 두려움과 혼란, 내면의 충돌, 모순 등을 이야기할 기회를 얻지 못한다. 내담자들은 '두려움과 희망' 속에서 새로운 이야기를 찾기 위하여 상담의 문을 두드린다. 따라서 이야기하는 자로 하여금 자신의 삶의 사건들을 이야기하고 내적 기억들을 구체적으로 표현할 수 있도록 돕는 것이 관계 형성에 있어 중요하다(정석환, 1998). 비단 문제행동뿐 아니라 해가 되는 습관조차도 바꾸지 못하는 내담자들의 약함과 어려움을 공감하고 수용하는 상담자를 통해 그들은 안전감 속에서 진정으로 자신들의 내면을 대면하는 경험의 기회를 제공받게 될 것이다.

　이러한 과정 속에 녹아 들어가 있어야 하는 첫 번째 원리는 공감 표현하기(expressing empathy)이다. 동기강화상담의 동등하면서 공감적인 존재 방식은 하나님의 성육신(incarnation) 사건에도 부합한다. 인간의 자리에 내려와 현현(manifestation)된 하나님의 사랑(아가페)은 상담자로서 권위와 전문가의 위치에서 성급하게 변화에 대한 가르침, 강요, 경고를 하는 것이 아닌 내담자와 함께 거하는 방식, 내담자가 처한 자리로 나아가는 공감하기를 통해 표현될 수 있을 것이다. 앞서 언급한 겸손함과 인내, 자기 유익을 구하지 않음(selflessness)과 같은 아가페적 특성은 관찰 가능한 상담자의 행동이며, 이것은 독어 'menschenbild'로 인간관(view of the person), 즉 상담자가 지니고 있는 인간 본성에 대한 이해라는 더 깊고 심오한 것에서부터 나온다(Miller, 2000). Miller는 공감의 의미를 수용과 존중의 태도로 내담자들의 말을 경청하고 그들이 의미하는 바를 이해하며 그들이 계속적으로 탐색을 할 수 있도록 반영해 주는 능력이라고 말한다(White, 2012). 정확한 공감과 반영적 경청이야말로 내담자의 참여를 높이며 협력관계와 결과에 중요한 영향을 미친다. 이와 같이 평가나 판단이 배제된 태도로 현재의 모습 그대로 받아들이고 공감을 표현하는 것은 수용에 대한 성경적 함의 또한 담고 있다(눅 19:1-10, 요 4:5-42, 요 21:15-19).

　두 번째 원리는 불일치감 만들기(developing discrepancy)이다. 내담자의 변화를 너무나 돕고 싶은 나머지 전문 조력자들은 경고나 주의로 내담자들을 일깨워주고 싶어 한다. 그러나 그것은 유감스럽게도 내담자를 변화로부터 더 멀어지게 하여 저항과 변하지 말아야 할 입장을 고수하게 할 뿐 효과적이지 않다. 동기강화상담에서 불일치감을 일으키는 것은 외부의 누군가(상담자 혹은 권위적 인물)가 자신의 문제를 직면하도록 하는 것이 아닌 자기 내면과의 대면으로 안내하는 것을 말한다. 이것은 현재 자신이 경험하는 것이 자신이 원하는 것이 아니며, 적어도 그것과는 다르다는 내적 경험으로 인도하는 것으로서 현재의 행동과 자신이 원하는 모습 간의 불일치를 자각하게 하는 것이다. 왜냐하면 변화 동기는 개인의 현재 행동이 자신의 삶의 목적 및 가치와 충돌됨을 인식할 때 강화되기 때문이다. 사람은 자신이 낸 의견이나 목소리를 더 잘 받아들이고 수용하며 그에 따라 행동하기 쉽다. 따라서 내담자 내면에 여전히 희미한 목소리로 존재하는 가치, 인생의 의미와 목적에 대한 목소리를 높여 동력화하고 내담자 스스로 변화에 대한 논쟁을 하도록 하는 것이 중요하다. 어떤 입장에 서서 논쟁하면 할수록 그것에 헌신할 가능성은 더욱 커진다. 또한 (문제)행동으로 인한 자신들의 경험을 말로 분명히 표현하고 상담자를 통해 그것이 다시 내담자 자신의 이야기로 들려질 때, 행동을 변화시키고자 하는 동기가 강화될 것이다.

동기강화상담은 로저스의 인간본성에 대한 관점 즉, 인간은 본질적으로 긍정적이며 앞으로 나아가려는 존재, 건설적이며 자기실현 경향성을 가진 존재(Csillik, 2014 재인용)라는 것을 지지한다. 그러나 유영권(2004)이 지적한 대로 로저스의 인간관은 순진하여 악의 만연함을 무시하고 피조물들의 좌절에 대해서는 간과하고 있다는 인상을 받는다. 동기강화상담은 로저스의 긍정적 인간 이해에 덧붙여 인간을, 변화를 원하고 동시에 원하지 않는 양가적 갈등을 지닌 존재로 본다. 이 양가성은 성경의 겟세마네 동산에서 기도하신 예수님의 모습에서(나의 뜻 vs. 아버지의 뜻), 밤이 맞도록 그물을 던진 어부 베드로의 선택에서 그리고 아벨을 죽이려는 가인을 향한 메세지(죄가 너를 향하나 너는 죄를 다스릴지니라. 창 4장) 등에서도 엿볼 수 있다. 동기강화상담에서 주요 개념인 인간의 양가감정은 죄로 인하여 하나님과 멀어진 상태 즉, 하나님의 법과 죄의 법 사이에 끼여 갈등하는 바울의 고백(롬 7장)을 통해 극명하게 드러난다. 이를 통해 동기강화상담에서 보는 인간, 변화를 필요로 하면서 동시에 변화에 대한 양가감정, 딜레마를 지닌 인간존재(인간본질)에 대한 이해는 성경의 인간이 처한 상태와 같은 맥락임을 알 수 있다.

또한, 행동 변화에 대한 숙고를 이끌어낼 때 불일치가 조성되었다는 것을 성경에서 찾아볼 수 있다(예. 육체의 소욕(sinful nature)과 성령(Spirit) 간의 대적. 갈 5장). 기독교인들은 스스로 말씀에 비추어 자신의 현재 상태와 삶을 성찰하거나 공동체에서의 나눔을 통해 기준 및 푯대를 두고 인생 여정의 방향과 목표를 상기, 재정립하기도 한다. 이처럼 자신의 현재 행동과 추구하는 가치 및 행동 간의 불일치에 대한 인식을 통해 스스로 변화를 향해 나아가도록 하는 동기강화상담의 원리는 성경적 관점에 입각한 경건 활동의 원리와 상당 부분 유사하다고 볼 수 있다. 따라서 불일치감 만들기는 하나님이 가치 있게 여기는 것과 우리 안에 있는 육신의 정욕, 안목의 정욕, 이생의 자랑 간의 불일치를 보게 하는 즉, 하나님 자녀로서 현재 자신과의 진지한 대면을 하도록 안내하고 변화로의 동기를 강화시키는 원리로 적용될 수 있을 것이다.

동기강화상담에서는 변화에의 방향을 정하고 변화로의 동기를 유발, 계획하는 단계에서 내면의 불일치감뿐만 아니라 변화의 중요성과 자신감, 변화로 오는 유익과 대가를 탐색하게 하는 과정 또한 중요하게 다룬다. 이는 무모하거나 즉흥적인 결심이 아닌 변화의 이유와 이후의 실행 계획에 대해서도 구체적이고 현실적으로 숙고하도록 안내한다. 성경도 행동 변화에 대한 결단과 헌신을 위해 지불해야 할 비용을 세어 보는 자세(눅 14장 28-32절)를 요구한다. 왜 원하는가, 왜 필요한가, 감수해야 할 대가와 희생은 무엇이며 이를 통해 무엇을 얻고 추구하게 되는가에 대한 충분한 고려와 확신, 그 가치의 의미에 대한 성찰을 가르치고 있음을 본다. 이처럼 상담자는 내담자가 그들의 생각과 행동에 모순점을 추적하도록 돕지만, 이 같은 변화를 위한 불일치감을 일으킬 필요와 동시에 공감을 표현하는 이 두 원리 사이에서 균형을 이루는 민감성 또한 지니고 있어야 한다.

세 번째 동기강화상담의 원리는 저항과 함께 구르기(rolling with resistance)이다. Miller와 Rollnick(2013)은 부인이나 방어와 같은 저항행동은 공격이나 위협을 감지했을 때 나오는 자연스러운 반응으로 간주하며, 이전의 저항이라는 개념을 유지대화(sustain talk: 현재 행동 혹은 상태에 대한 우호적인 말)와 불협화음(discord)이라는 용어로 대체하여 이에 어떻게 반응할 것인지를 설명한다. 유지대화가 목표로 하는 행동이나 변화에 관한 것이라면 불협화음은 내담자와 상담자 간의 관계를 지칭하는 것이다. 화음이라는 것은 단음으로는 만들 수 없으며 적어도 두 음 이상일 때 가능한 것이다. 동기강화상담에서는 내담자가 저항을 보인다는 것은 내담자 본래의 속성이 아닌, 두 사람 간 협력적 관계에 이상이 있음을 알려주는 신호로 여기며, 상담자가 내담자의 저항에 어떻게 반응하느냐에 따라 유지대화와 불협화음의 정도가 달라지게 된다고 본다. 이 저항에 맞서지 않고 함께 구르는 방법으로는 다양한 반영적 경청(단순, 확대, 양면반영)과 초점 바꾸기, 관점 재구조화하기, 자율성 강조하기, 방향 틀어 동의하기, 나란히 가기 등의 전략적 반응이 있다(Miller & Rollnick, 2013). 또한 동기강화상담은 내담자의 변화단계에 맞게 접근하는 것을 중시한다. 자기 초월욕구 단계에 있는 자와 생존욕구 단계에 있는 자들에게 다른 접근을 해야 하듯이, 내담자를 옳은 방향으로 고치고자 하는 경향성을 제어하고 내담자의 저항에 맞서기보다 내담자의 위치에서 같은 방향으로 함께 움직이고 흘러가면서 변화의 방향으로 전환하는 지점을 만들어 내고자 하는 원리는 각 사람의 때와 성장 정도에 따라 기다리시며 일하시는 성령의 원리와 그 흐름이 같다고 볼 수 있다.

마지막 원리는 자기효능감 지지하기(supporting self-efficacy)로서, 이는 희망을 고취시키는 것이라고 할 수 있다. 자기효능감이란 어떤 특정 과제를 성취하고 성공시킬 수 있다는 자기 능력에 대한 신념을 말한다(신성만, 권정옥, 손명자, 2006). 사람들은 어떤 특정 상황이나 행동 변화에 대한 필요를 자각하더라도 그에 대한 희망이나 가능성을 느끼지 못한다면 변화를 위한 어떠한 노력이나 시도도 하지 않을 것이다. "할 수 있다"라는 믿음이 있을 때 "할 것이다"라는 결단과 행동으로 나아가게 되기 때문이다. 내담자의 변화 가능성에 대한 상담자의 믿음과 희망은 하나의 자기 예언 충족처럼 작용하여 결과에 강력한 영향을 주게 된다(신성만 외, 2006에서 재인용). 성경에서도 작은 일에 성공한 경험과 그것에 대한 인정, 지지가 그 행동을 유지 혹은 더 나은 행동으로 이끌어 가는 것을 볼 수 있다(살전 5장 11절, 마 25장 21절). 바울은 자신의 능력에 대한 믿음의 근원을 하나님께 두면서(빌 4장, 고후 12장) 변화를 결심하고 추구할 것을 말한다. 그것은 우리에게 그렇게 할 수 있는 능력이 있다는 전제하에서 희망을 가지고 촉구할 수 있는 것이며 동시에 우리 안에 있는 희망을 싹트게 하는 것으로 이해되어진다. 이것은 상담자의 내담자를 향한 태도, 인간관과도 관련이 있으며 그 외 조력 전문가들에게 있어서도 중요한 개념이다. 우리가 인간을 어떻게 바라보느냐는 우리가 그들에게 어떻게 다가갈지 그들과 어떤 상호 관계를 맺을지에 치명적인 영향을 미치기 때문이다.

6. 나오는 말

이상의 동기강화상담과 앞서 논하였던 동기균형이론은 중독자의 행동 변화에 있어 개인의 내면적인 동기를 변화시킬 효과적인 틀(frame)로 사용될 수 있는데 이 두 개의 틀은 다음과 같이 시너지를 낼 수 있다. 만약 중독자가 자율감의 부족감 문제를 경험하고 있다면 동기강화상담의 기본 원리 중 하나인 '저항과 함께 구르기'를 사용해 볼 수 있을 것이다. 즉, 중독자의 저항을 적절하게 다루어 줌에 따라 중독자 스스로 자신의 삶을 일구어 가는 자율감을 재경험할 수 있게 되는 것이다. 만약 중독자가 소속감의 부족을 경험하고 있다면 동기강화상담의 '공감 표현하기'를 사용해 볼 수 있을 것이다. 즉, 상담자의 공감으로 인해 중독자는 자신이 어딘가에 소속되어 있다는 느낌을 가질 수 있게 되며 이로써 소속감을 재경험할 수 있게 되는 것이다. 만약 중독자가 유능감의 부족을 경험하고 있다면 동기강화상담의 '자기효능감 지지하기'를 사용해 볼 수 있을 것이다. 즉, 상담자로부터 받는 자기효능감 지지는 중독자로 하여금 자신도 "무엇에" 대해 유능할 수 있다는 유능감을 재경험할 수 있게 되는 것이다. 끝으로 만약 중독자가 목표감의 부족감 문제를 경험하고 있다면 동기강화상담의 '불일치감 만들기'를 사용해 볼 수 있다. 즉, 중독자는 자신이 가치 있고 의미 있게 생각하는 미래의 모습을 위한 새로운 도전과 목표를 세우게 되고 이로써 목표감을 재경험할 수 있게 되는 것이다.

　기독교적 관점에서 중독은 하나님이 아닌 다른 대상을 주인으로 섬기는 것이다. 중독(addiction)의 어원이 "노예가 되다"라는 라틴어 addictus에서 비롯되어 있다는 것은 중독이 하나의 우상을 섬기는 것을 의미하는 것이기도 하다. 따라서 중독에서 벗어나는 것은 단순히 개인적·사회적 폐해를 줄이는 것 이상으로 한 영혼을 우상으로부터 구해내어 하나님께 속하게 하는 영적인 작업이기도 하다. 이러한 중독과 관련해서 동기균형이론은 중독의 원인에 대한 새로운 관점을 제공해줄 뿐 아니라 중독자를 재활시키는 과정에서 부족한 동기가 무엇인지에 따라 동기강화상담의 다양한 접근을 효율적으로 사용할 수 있게 한다는 점에서 의의가 있다.

참고문헌

권수영 (2007). 기독(목회)상담 어떻게 다른가요: 심리학과 신학의 만남. 서울: 학지사.

권수영 (2012). 서구 긍정심리학, 얼마나 긍정적인가? −실천신학적 전망−. 신학과 실천, 30, 337-403.

신성만 (2017). 중독행동의 이해를 위한 동기균형이론. 한국심리학회지: 중독, 2(1), 1-12.

신성만, 권정옥(2008). 알코올 중독자를 위한 동기강화상담. 한국 알코올 과학지, 9(1), 69-84.

유영권((2004). 칼 로저스(Carl Rogers)의 자기개념에 대한 비판적 연구−목회상담적 관점에서−. 한국기독교상담학회지, 7, 179-198.

정석환 (1998). 이야기 심리학과 목회상담. 연세대학교 한국기독교문화연구소. 4, 203-240.

홍지혜 (2012). 동기강화상담의 기독교상담에의 적용에 관한 연구. 고신대학교 대학원 석사학위논문.

Baard, P. P., Deci, E. L., & Ryan, R. M. (2004). Intrinsic Need Satisfaction: A Motivational Basis of Performance and Weil-Being in Two Work Settings. *Journal of applied social psychology, 34*(10), 2045-2068.

Bandura, A. (1997). *Self-efficacy: The exercise of control.* New York: Freeman.

Baumeister, R. F., & Leary, M. R. (1995). The need to belong: desire for interpersonal attachments as a fundamental human motivation. *Psychological bulletin, 117*(3), 497-529.

Berridge, K. C., & Robinson, T. E. (2016). Liking, wanting, and the incentive-sensitization theory of addiction. *American Psychologist, 71*(8), 670-679.

Bien, T. H. (2004). Quantum change and psychotherapy. *Journal of Clinical Psychology, 60*(5), 493-501.

Brooks, F., Arminio, J., & Caballero-Dennis, K. A. (2013). A narrative synthesis of addictions, surrender, and relapse: confirmation and application. *Alcoholism Treatment Quarterly, 31*, 375-395.

Browning, D. S. (1987). *Religious thought and the modern psychologies.* Philadelphia:

Fortress Press.

Burkley, E., & Burkley. M. (2017). *Motivation Science*. New Jersey: Pearson Education, Inc.

Cannon, W. B. (1932). *Homeostasis. The wisdom of the body*. New York: Norton.

Csillik, A. (2014). Positive motivational interviewing: activating clients'strengths and intrinsic motivation to change. *Journal of Contemporary Psychotherapy*, doi: 10.1007/s10879-014-9288-6.

Deci, E. L., & Ryan, R. M. (1985). The general causality orientations scale: Self-determination in personality. *Journal of research in personality, 19*(2), 109-134.

Deci, E. L., & Ryan, R. M. (2000). The "what" and "why" of goal pursuits: Human needs and the self-determination of behavior. *Psychological Inquiry, 11*, 319-338.

Deci, E. L., & Ryan, R. M. (2002). Overview of self-determination theory: An organismic dialectical perspective. In E. L., Deci & R. M. Ryan (Eds.), *Handbook of self-determination research* (pp. 3-33). Rochester, NY: University of Rochester Press.

Deci, E. L., & Ryan, R. M. (2008). Self-determination theory: A macrotheory of human motivation, development, and health. *Canadian Psychology/Psychologie Canadienne, 49*(3), 182-185.

Deci, E. L., Spiegel, N. H., Ryan, R. M., Koestner, R., & Kauffman, M. (1982). Effects of performance standards on teaching styles: Behavior of controlling teachers. *Journal of Educational Psychology, 74*(6), 852-859.

Doehring, C. (2013). New directions for clergy experiencing stress: connecting spirit and body. *Pastoral Psychology, 62*, 623-638.

Erikson, E. H. (1994). *Identity and the life cycle*. WW Norton & Company.

Fischer, R., & Boer, D. (2011). What is more important for national well-being: money or autonomy? A meta-analysis of well-being, burnout, and anxiety across 63 societies. *Journal of Personality and Social Psychology, 101*(1), 164-184.

Herman. D. C. (2007). *Motivational interviewing: operationalized agape?* North American Association of Christians in Social Work Convention.

Herman, K. C., Reinke, W. M., Frey, A. J., & Shepard, S. A. (2014). *Motivational interviewing in schools*. New York: Spring Publishing Company.

Heyman, G. M. (2010). *Addiction: A disorder of choice*. Harvard University Press.

Heyman, G. M. (2013). Addiction and choice: Theory and new data. *Frontiers in Psychiatry, 4*, 31.

Jones, S. L., & Butman, R. E. (1991). *Modern psychotherapies: A comprehensive christian appraisal*. Downers Grove, IL: InterVarsity Press.

Martin, J. E., & Sihn, E. P. (2009). Motivational interviewing: applications to christian therapy and church ministry. *Journal of Psychology and Christianity, 28*, 71-77.

Miller, W. R., & Rollnick, S. (2006). 동기강화상담: 변화준비시키기 (신성만, 권정옥, 손명자 역). 서울: 시그마프레스. (원저 2002년 출판).

Miller, W. R., & Rollnick, S. (2013). *Motivational interviewing: Helping people change* (3rd ed.). New York: Guilford.

Miller, W. R., & Rose, G. S. (2009). Toward a theory of motivational interviewing. *American Psychologist, 64*(6), 527-537.

Miller, W. R. (2000). Rediscovering fire: small interventions, large effects. *Psychology of Addictive Behaviors, 14*(1), 6-18.

Miller, W. R., & Thoresen, C. E.(2003). Spirituality, religion, and health: An emerging research field. *American Psychologist, 58*, 24-35.

Nestler, E. J. (2005). Is there a common molecular pathway for addiction? *Nature neuroscience, 8*(11), 1445-1149.

Orford, J. (2001). Addiction as excessive appetite. *Addiction, 96*(1), 15-31.

Przybylski, A. K., Rigby, C. S., & Ryan, R. M. (2010). A motivational model of video game engagement. *Review of General Psychology, 14*(2), 154.

Richardson, L. (2012). Motivational interviewing helping patients move toward change. *Journal of Christian Nursing, 29*, 18-24.

Rosengren, D. B. (2012). 동기강화상담 기술훈련: 실무자 워크북 (신성만, 김성재, 이동귀, 전영민 역). 서울: 박학사. (원저 2009년 출판).

Ryan, R. M. (1982). Control and information in the intrapersonal sphere: An extension of cognitive evaluation theory. *Journal of Personality and Social Psychology, 43*(3), 450-461.

Ryan, R. M., & Grolnick, W. S. (1986). Origins and pawns in the classroom: Self-report and projective assessments of individual differences in children's perceptions. *Journal of Personality and Social Psychology, 50*(3), 550-558.

Ryan, R. M., Patrick, H., Deci, E. L., & Williams, G. C. (2008). Facilitating health behaviour change and its maintenance: Interventions based on self-determination theory. *The European Health Psychologist, 10*(1), 2-5.

Ryan, R. M., Rigby, C. S., & Przybylski, A. (2006). The motivational pull of video games: A self-determination theory approach. *Motivation and Emotion, 30*(4), 344-360.

Sheldon, K. M., & Niemiec, C. P. (2006). It's not just the amount that counts: Balanced need satisfaction also affects well-being. *Journal of Personality and Social Psychology, 91*(2), 331-341.

Schumacher, J. A., & Madson, M. B. (2015). *Fundamentals of motivational interviewing: tips and strategies for addressing common clinical challenges.* New York: Oxford University Press.

Sheldon, K. M., & Schüler, J. (2011). Wanting, having, and needing: Integrating motive disposition theory and self-determination theory. *Journal of Personality and Social Psychology, 101*(5), 1106-1123.

Tillich, P. (1959). *Theology of culture* (Vol. 124). New York: Oxford University Press.

Williams, G. C., Freedman, Z. R., & Deci, E. L. (1998). Supporting autonomy to motivate patients with diabetes for glucose control. *Diabetes Care, 21*(10), 1644-1651.

Walter, S. T., Delaney, H. D., & Rogers, K. L. (2001). Addiction and health: A (not so) new heuristic for change. *Journal of Psychology and Christianity, 20*(3), 240-249.

White, W. (2012). The psychology of addiction recovery: an interview with William R. Miller, PhD. Posted at www.williamwhitepapers.com: published in abridged form in counselor (in press).

Williams, G. C., McGregor, H. A., Zeldman, A., Freedman, Z. R., & Deci, E. L. (2004). Testing a self-determination theory process model for promoting glycemic control through diabetes self-management. *Health Psychology, 23*(1), 58-66.

Yin, H. H. (2008). From Actions to Habits: neuroadaptations leading to dependence. *Alcohol Research & Health, 31*(4), 340-344.

제2부
물질중독

제**3**장
약물중독과 상담

박철형
(연세대학교 상담 · 코칭지원센터 책임연구원)

1. 약물 문제의 현실

이 장에서는 약물중독에 대해 이야기하고자 한다. 불법 또는 합법적 향정신성 물질로서의 약물 문제와 이 문제로 어려움을 겪고 있는 내담자를 보다 잘 이해하고 싶은 독자들, 그리고 기독교(목회)상담자들에게 약물에 관한 기본적인 정보를 소개한다. 한 걸음 더 들어가 상담자가 상담 또는 목회 현장에서 약물과 관련된 내담자를 만나게 될 때, 약물 문제와 관련하여 한국적 상황에서 숙고해 볼 만한 주제들을 다룰 것이다. 특별히 기독교(목회)상담자에게 필수적으로 요구되는 중독상담에서의 영성적 접근은 무엇인지도 고찰해 보고자 한다.

우선, 우리는 인간의 인지, 정서, 행동에 강력한 영향을 미치는 약물에 대해 알아야 한다. 만약 우리가 약물에 대한 객관적인 지식과 이해를 가지고 있지 못하면, 결국 막연하게 알고 있는 약물에 대한 이해를 가지고 내담자를 만나게 될 것이고, 이는 우리가 내담자의 있는 그대로의 모습을 보지 못하게 하는 큰 장애물로 작용하게 될 것이다. 일반적으로 우리가 상식 수준에서 이해하고 있는 약물에 대한 선이해들은 영화나 언론 보도 등 미디어를 통해 형성된다. 이러한 약물과 약물 사용자(내담자)에 대한 선입견과 편견으로 인해, 상담자가 내담자의 약물 문제에 대해 도덕적 판단을 우선하게 되면, 안타깝지만 그 중독상담은 실패하게 될 가능성이 매우 높다.

내담자의 현재 약물 문제가 어떻게 시작되었든지 간에, 내담자가 현재 특정 약물에 의존되어 자신과 가족, 삶의 중요한 영역들이 훼손된 상태와 중독자라는 심리사회적 낙인 속에서 상담이 시작되려면, 상담자에 의한 반복적인 판단과 평가보다 '나도 회복될 수 있을까?' '나도 다시 시작할 수 있을까?'라는 질문에 작은 '희망'을 함께 품을 수 있는 단 한 사람이 필요한 것이기 때문이다.

여기에서 다루는 '약물(drugs)'은 기본적으로 향정신성 물질을 의미한다. 주로 인간의 뇌를 통해 '정신에 작용하는 물질들(psycho-activate substances)'을 의미한다. 즉, 인간 뇌의 특정 부위에 주로 작용하여 신경전달물질과 관여된 인지, 정서, 감각, 생리, 행동을 자극, 진정(억제), 변화시키는 메커니즘을 나타내는 물질을 말한다. 소위 DSM(『정신질환의 진단 및 통계 편람』)에서 제시하는 '물질 사용 장애(Substance Use Disorder)'의 물질에 포함되는 약물들(drugs) 중 대표적인 것들을 살펴볼 것이다. 이 약물들을 AOD(Alcohol & Other Drugs)라고 하여 알코올과 다른 약물을 구분하여 부르기도 하는데, 여기에서는 알코올은 다루지 않는다.

약물의 사용은 아주 오랜 기간 동안 전 세계적으로 문제가 계속되어 왔다. UNODC(United Nations Office on Drugs and Crime)에 의한 조사에서 2012년 15~64세 사이에 적어도 한 번 이상 불법으로 물질을 사용한 적이 있는 사람이 1억 6천 2백만에서 3억 2천 4백만 명이 된다고 보고하고 있다. 이 조사에 포함된 "불법 물질"은 합성 마취제(opioids), 환각제(cannabis), 코카인 (cocaine), 다른 암페타민계 흥분제, 환각제(hallucinogen, ecstasy) 등이 있다. 이러한 정신에 영향을 미치는 물질을 사용한 사람의 상당수가 DSM-5 진단 명으로는, 물질사용장애(SUDs, Substance Use Disorders)라는 포괄적인 범주 의 질병으로 이어지게 된다. 물질사용장애는 물질 남용과 물질 의존, 중독까 지 포함하는 물질사용(불법약물, 처방된 약의 오용을 포함)과 관련되어 있는 문 제의 범위를 표현하는 데 사용되는 일반적인 용어이며, 세계보건기구(WHO) 의 ICD-10(International Classification of Diseases-10th revision) 코드에서는 '해 로운 사용(Harmful Use)' 그리고 '의존성 증후군(Dependence Syndrome)'이라 명시하고 있다(World Drug Report, 2014).

이 World Drug Report(2014) 조사에 따르면, 전 세계 15~64세 중 1천 6백 만에서 3천 9백만 명을 약물 남용자(problem drug users)로 정의할 수 있다고 보고하였으며, 여기에서 약물 남용자라 함은, 물질에 의존하는 사람들, 물질 을 주사하는 사람들, 오랜 기간 동안 마취제, 암페타민계, 즉 코카인 등을 복 용하는 사람들을 포함한다. 이처럼, 약물 남용자의 수는 엄청나다. 하지만 World Drug Report에서 UNODC 사무처장인 Yury Fedotov(2011)는 "특히 개발도상국에서 약물 남용의 예방, 치료, 돌봄, 지지를 위한 필요성은 거대하 지만, 이에 대한 적절한 조치 없는 상태는 계속되고 있다"고 언급하였다. 그 리고 이에 대한 주요한 이유로 적절한 치료 시설(기관)이 부족하다는 현실을 지적하였다. 이와 함께 우리가 생각해 볼 수 있는 약물 문제 분야의 시급한 개선을 위해서 전문적인 치료자들도 매우 부족한 점을 들 수 있는데, 한국사 회가 약물 사용에 대한 강력한 처벌과 통제 중심의 접근이 강조되어 왔으며, 치료와 재활을 위한 정책과 전문가를 찾아보기 어려운 현실이 이를 잘 보여 주고 있다.

한국사회의 현실은 어떠한가? 우리들은 연예인이나 유명 인사 또는 그 가 족들의 약물 사용 관련 보도를 종종 접한다. 2016년 연말에는 충격적인 기사

보도를 접하기도 했다. 화물 트럭 기사가 상습적으로 마약투약을 해오다 적발된 일에 대한 뉴스였다. 운전 중 졸음을 쫓고 조금이라도 더 일을 해서 돈을 벌기 위한 생계형 목적으로 흥분제 계열의 약물을 주사기로 투약해 왔다는 것이다. 아직도 많은 사람들이 한국을 이른바 '마약청정국'으로 알고 있고, 많은 수의 마약사범 적발 관련 뉴스가 보도될 때마다 머릿기사로 '마약청정국' 지위가 흔들린다는 표현으로 오해를 불러일으키기도 한다. 사실 한국은 꽤 오래 전에 마약청정국 지위를 이미 상실하였다고 볼 수 있다. 대검찰청 마약류범죄백서(2002)에 의하면, 이미 10년 이전에 마약류범죄계수가 마약청정국이라 명명할 수 있는 상징적 수치인 '20'을 넘어서면서 중국, 일본보다도 높은 수치를 보여 주기 시작했다. 이 마약류범죄계수가 '20'이 넘으면 마약류 유통 및 확산에 가속도가 붙어 사실상 처벌과 통제만으로는 억제가 어려운 단계로 접어들었다고 보기 때문이다. 물론 미국, 호주, 태국 등의 나라에 비해서는 매우 낮은 수치이지만 한국사회의 약물 문제와 관련한 문제들은 더욱 늘어날 가능성이 매우 높아졌다는 것을 분명한 사실로 받아들여야 한다. 더욱이 약물 사용으로 인한 문제를 가진 사람들을 도덕적, 법적, 또는 종교적 잣대로 그 책임과 죄를 명시하는 것만으로 문제를 억제하거나 해결할 수 없다는 뜻이기도 하다. 약물 사용에 대한 엄격함은 물론이고 동시에 치유와 회복을 위한 치료적 접근에 적극적인 관심을 가져야 하는 시대가 도래한 것이다.

그러므로 이 장에서는 기독교상담자들에게 약물과 의존 및 중독에 대한 기본적인 정보들을 제시하고자 한다. 그리고 더욱 중요한 목적은, 기독교상담자가 약물중독의 문제를 가지고 있는 사람들을 보다 잘 이해하여, 회복을 위한 치료와 돌봄, 그리고 지지가 필요한 한 사람의 내담자로서 바라볼 수 있도록 돕기 위한 기독교적 인간관을 확인하는 것이다. 이러한 관점은 전혀 새로운 것이 아니라, 바로 예수께서 보여 주신 삶을 통해 우리가 이미 알고 있는 것이다. 한 사회에서 낙인찍히고 소외당한 지극히 작은 한 사람과의 인격적인 만남을 통해 구원, 즉 거듭남과 삶의 회복을 그들 안에서 경험하게 하신 예수의 실천이 바로 그것이며, 기독교(목회)상담자는 이를 닮고자 하는 노력과 수고 안에서 약물중독자를 내담자로 만날 수 있는 것이다.

　약물 남용 및 중독의 문제와 관련해서 지식을 얻고자 한다면, 상당수의 번역서 및 국내 전문가들의 몇몇 저서들을 통해 확인할 수 있지만, 이와 관련한 전문적인 교육 기회를 접하기는 쉽지 않은 것이 사실이다. 한편, 미국 정부와 UN의 지원하에 운영되고 있는 Colombo Plan(아시아 태평양 국제 개발 협력 계획 기구)[1] 내 ICCE(International Centre for Credentialing and Education of Addiction Professionals)[2]에서는 UTC(The Universal Treatment Curriculum for Substance Use Disorders)라는 약물중독 치료를 위한 세계적으로 공신력 있는 교육과정을 제공하고 있으며, 수준별 자격증 인증 제도를 관리하고 있다. ICCE에서는 특별히 아시아 태평양 지역 국가와 아프리카 국가들의 전문적인 중독치료 전문가들을 양성하기 위해 적극적인 교육활동을 벌이고 있는데, 마침 본 필자도 2016년 8월, 서울대학교 간호대학에서 열린 UTC 교육을 이수하였고, 그해 10월에 말레이시아에서 개최된 컨퍼런스에 참가하여 자격증 (International Certified Addiction Professional I: ICAP I)을 취득한 바가 있다. 그러므로 이 장의 약물중독에 대한 다양한 정보는 이 과정에서 필자가 이수한 ICCE의 UTC 프로그램의 내용을 참조 및 인용하여 소개한다.

2. 약물 사용에 대한 이해

1) 약물의 체내 흡수 원리

향정신성 물질인 약물은 신체의 중추 신경 시스템(Central Nervous System: CNS)에 영향을 주고 사람의 행동이나 주변에서 어떤 일이 일어나는지에 대한

인식을 바꾸는 물질이다. 약물에는 불법 마약은 물론이고 합법적인 향정신
성 물질과 과 의료용 약물도 포함한다. 의료용 약물은 질병을 예방하고 치료
또는 어떤 사람의 신체적 또는 정신적 안녕을 확대하는 잠재력을 가지고 있
지만, 초초함이나 고통에서 벗어나고자 할 때마다 남용되고 신체적, 정신적
으로 의존될 수 있는 문제의 가능성도 가지고 있다.

인간의 뇌는 혈뇌 관문(Blood-Brain Barrier: BBB)이라고 부르는 막으로 보
호를 받는다. 이 보호막은 단지 특정한 생리적으로 허용된 화학 물질만을 통
과시킨다. 이 혈뇌 관문의 세포는 서로 단단히 눌려 있기 때문에 큰 분자 구
조를 가진 물질이나 수용성 물질은 이 보호막을 통과할 수 없다. 하지만 대부
분의 마약류와 향정신성 물질처럼 작은 분자 구조를 가진 물질과 지용성 물
질은 혈뇌 관문을 쉽게 통과하여 뇌 속으로 침투하여 뇌 기능에 직접적으로
영향을 미친다. 다만, 주요 정신 장애를 치료하기 위해 사용되는 정신과 약물
(예: 항 우울증 약)도 이러한 약물이지만 같은 즉각적인 쾌락의 효과를 주지 않
기 때문에 비교적 남용되는 물질은 아니다.

2) 약물의 일반적인 영향들

약물의 기본적인 특징은 인간의 감정이나 분위기, 사고, 판단, 감각 인식
및 행동을 변화시킨다는 것이다.

① 감정이나 분위기의 변화: 약물 사용에 따라 사용자는 사용 전보다 더 경
   계심을 느끼거나 더 편안함을 느끼거나 오히려 평소보다 우울함을 느
   끼거나 귀찮거나 화난 느낌을 경험하게 된다. 또는 자신이 사람들을 향
   해 사교적이라고 느끼거나 '행복감'을 느끼거나 스스로 성적(sexual)이
   라고 느끼거나 두렵다고 느낀다.
② 사고와 판단의 변화: 약물 사용에 따라 사용자는 성급하거나 폭주하는

사고(thoughts)를 경험하고 아무런 계획이나 결정을 하지 못하는 사고의 와해, 왜곡된 직관을 경험하기도 하고 오히려 반대로 머리가 좋아진 것 같은 집중력과 사고의 명확성이 증가하는 것을 경험하기도 한다. 또한 매우 편집증적 사고와 말도 안 되는 터무니없는 판단을 하기도 한다.

③ 감각 인식의 변화: 약물 사용에 따라 사용자는 감각기관을 통해 인식하는 정보의 왜곡을 환각, 환청의 형태로 경험하게 되고 심지어 온도와 통증에 대한 감각 인식에 변화를 경험하기도 한다.

④ 행동의 변화: 약물 사용에 따라 사용자는 급격히 감소되거나 또는 과도하게 증가된 행동을 하거나 무모한 위험을 감수하고 직접 위험한 행동을 보이며, 평소 개인적 가치에 전혀 일치하지 않는 행동을 보이기도 한다. 공격적이거나 폭력적인 행동을 보이거나 급격히 증가된 성적(sexual) 행동을 주로 나타내며, 때로는 반대로 성적 행동이 매우 감소되기도 한다.

이와 같이 약물 사용에 따라 인간의 감정, 사고와 판단, 감각 인식, 행동의 급격한 변화가 나타나며, 모두 부정적인 변화만 나타나는 것이 아니라 사용자 개인에게 지속적이지는 않지만 긍정적인 변화를 경험하게 된다. 이런 다양한 변화에 영향을 주는 것은 어떤 물질의 분류와 형태인지에 따라 달라질 수 있다.

3) 약물의 특징에 따른 일반적인 네 가지 분류 형태

일반적으로 약물은 중추신경계에 미치는 물질의 주요한 효과에 따라 다음과 같이 분류한다.

① 홍분제(각성제, 자극제, Stimulants): 중추신경계의 활동을 증가시키며, 심

장박동과 호흡을 증가시키고 흥분과 황홀감을 일으킨다. 대표적인 흥
분제로 코카인, 메스암페타민(필로폰과 유사한 화학적 형태)이 포함되며,
흡연을 통해 흡수되는 니코틴, 커피나 스포츠 음료 등에 함유된 카페인
도 흥분제로 분류되는 약물이다.

② 아편류(또는 마약류, Opioids or Narcotics): 중추신경계를 선택적으로 억
제한다. 이와 같이 억제하는 효과는 마취제와 같이 통증을 줄이고 수면
을 유도한다. 대표적인 아편류에는 모르핀, 헤로인이 있으며, 그 밖에
심한 통증 치료에 사용되는 약물도 포함된다. 인간 뇌의 아편 수용체에
서 활동하므로 아편류라고 부른다.

③ 억제제(진정제, Depressants): 중추신경계의 활동을 감소시킨다. 심장박
동과 호흡을 감소시키고 이완이나 졸음, 때때로 황홀감을 일으킨다. 대
표적인 억제제로 음주를 통해 흡수되는 알코올이 포함된다.

④ 환각제(Hallucinogens): 감각적 왜곡을 생생하고 다양하게 일으키며, 기
분과 사고를 현저하게 바꾸어 놓는다. 대표적인 환각제로 엑스타시가
포함된다.

앞의 분류에 따른 대표적인 약물 예시에서 알코올, 니코틴, 카페인은 모두
합법적인 물질이나 향정신성 물질에 포함된다. 이것이 의미하는 것은 합법
적인 물질이라고 해서 마약과 같이 금지된 불법 약물보다 더 안전하다는 의

〈표 3-1〉 약물의 주요 분류 형태 및 예시

흥분제 또는 각성제 (Stimulants)	아편류 또는 마약류 (Opioids or Narcotics)	억제제 Depressants	환각제 Hallucinogens
Cocaine	Heroin	Alcohol	LSD
amphetamine	Morphine	Barbiturates	Mescaline Peyote
Methamphetamine	Opium	Benzodiazepines	Ecstasy
Nicotine, Caffeine	Demerol	GHB; Rohypnol	Mushrooms

미는 아니라는 것이다. 역사적으로 알코올은 금주법 등으로 금지된 약물이었던 시대가 있었다. 또한 현재 포르투갈에서는 아편류 약물인 헤로인을 양성화해서 허용하고 있으며 네덜란드와 노르웨이와 같이 이른바 유럽의 선진국에서는 마약을 제한적으로 허용하여 관리하고 있기도 하다. 즉, 특정 약물의 합법성은 그 물질이 불법 물질보다 덜 유해하다는 것을 의미하기 보다는 일반적으로 그 사회의 전통, 문화 혹은 정치 종교적 요인에 의해 합법적으로 받아들여졌을 뿐, 해당 물질을 남용하거나 중독적으로 사용하게 될 경우 그 위험성은 결코 낮지 않다.

그리고 위의 분류에 포함되지 않은 약물들도 다수 있다. 어떤 약물들은 기본 분류에 꼭 들어맞지 않기 때문이다. 대표적인 예로, 대마초는 소량으로도 억제제가 될 수 있지만, 많은 분량이 되면 환각의 효과를 보일 수도 있다. 해리성 마취제는 환각 효과가 있는데, 동시에 억제제 혹은 흥분제 효과를 가지기도 한다. 본드와 스프레이 형태의 흡입제는 일반적으로 억제제 효과가 있는데 동시에 흥분제 혹은 환각 효과를 가지기도 한다.

4) 약물 사용 경로에 따른 효과

약물이 나타내는 특정한 효과는 복용 양과 복용 방법에 따라 크게 다르다. 약물을 사용하는 방법을 약물 사용 경로라고 부른다. 이때 향정신성 물질은 아홉 가지 경로를 통해서 몸 안으로 들어온다.

① 복용
② 가루 비강 흡입
③ 흡연
④ 기화 비강 흡입
⑤ 근육 주사

⑥ 피부 주사

⑦ 혈관 주사

⑧ 국부

⑨ 설하(혀 밑으로 녹여서 흡수)

약물 사용 경로는 향정신성 물질이 뇌에 얼마나 빠르게 도달하는가에 영향을 미치며, 뇌에 빠르게 도달할수록 그 효과는 더 크고 많이 나타나게 된다. 다양한 약물 사용 경로에서 가장 빠른 활성화 속도 순서는 다음과 같다. 흡연(7~10초) → 혈관 주사(15~30초) → 근육 또는 피부 주사(3~5분) → 점막 흡수(흡입, 직장 투여, 3~5분) → 복용(20~30분) → 피부 흡수(장기간 서서히)

5) 사용 진행

① 약물 사용에서 남용으로 그리고 의존으로 가는 진행 패턴은 일반적으로 향정신성 물질이 준 첫 번째 보상 경험에서 시작된다. 보상 경험은 일반적으로 또 다른 보상 경험을 추구하려는 결과를 가져온다.

② 만약 그 경험이 불쾌한 것이라면 그 경험을 반복하지 않을 가능성이 높다. 그러나 약물이 뇌에 작용하여 신체적(생물학적) 의존성이 강화되면, 다시 약물에 대한 갈망에 사로잡힐 수 있다.

③ 물질사용이 진행되면 일반적으로 다음과 같은 패턴을 따른다.

−실험적 사용

−상황적 · 간헐적 사용

−정기적 사용

−강박적 · 중독적 사용

3. 주요 약물에 대한 이해

Leslie Iversen(2006)는 그의 저서 '약물(Drugs)'에서 향정신성 약물에 대해 소개하고 있다.

　향정신성 약물의 시장 규모는 치료용 약물의 전 세계 연간 시장규모와 비교하여 최소한 10배 이상일 것이다. 선진국이든 후진국이든 사람들은 끊임없이 기분전환을 하고 싶어 한다. 잠을 쫓고 밤새 춤을 추기 위한 자극 제를, 불안감을 가라앉히기 위한 진정제를, 새로운 기분을 경험하고 일상의 문제를 잊기 위해 알코올을 찾는다. 문제는 향정신성 약물은 남용될 소지가 많다는 점이다. 향정신성 약물은 사용자를 너무 쉽게 약물에 의존하게 만드는 음흉한 면이 있기 때문이다. 이 의존 증상에는 '내성'과 '신체적 의존'이 대표적이다. 내성이란, 의도한 효과를 얻기 위해 약물의 양을 계속 늘려야 하는 현상이고, 신체적 의존이란, 약물 복용을 중단할 때 발생하는 메스꺼움과 구토, 발작, 두통 및 극심한 통증과 같은 신체적인 '금단 증상'의 원인 약물이 초래한 신체의 변화된 상태를 말한다. 그러나 내성이나 신체적 의존만으로 약물 의존도를 진단할 수는 없다. 의존은 정확하게 '정신적 의존'이라는 말로 정의될 수 있다. 약물에 의존하는 사람들은 일과 건강, 가족에게 분명히 해가 되는 줄 알면서도 약물을 과도하게 계속 사용하기도 한다. 그러나 사람마다 약물에 의존하는 정도가 다르고 또 약물마다 의존성이 다르기도 하다. 약물의 종류도 코카인과 헤로인, 니코틴과 같이 위험도가 높은 약물에서 알코올이나 대마초, 암페타민처럼 상대적으로 위험도가 낮은 약물까지 그 종류도 다양하다. 하지만 분명한 한 가지는 여러 향정신성 약물들이 인간에게 작용하는 1차적인 뇌의 부위는 제각각 다르지만, 뇌의 특정 부위에서 신경전달물질인 도파민을 분비하도록 촉진하는 기능은 같다. 약물이 초래한 도파민의 분비는 동물은 물론이고 인간이 약물 사용을 계속하도록 자극하는 중요한 신호인 것이다.

이처럼 약물 사용은 인간에게 중독의 가장 대표적인 증상인 '내성'과 '신체적 의존'과 '정신적 의존'을 일으킬 수 있다. 이러한 증상의 원인은 1차적으로 특정 약물이 사용자의 뇌에 작용하기 때문인데, 공통적으로 도파민 분비와 관련된 뇌 영역인 변연계에 영향을 미친다. 도파민 분비를 관장하는 뇌의 변연계는 '보상회로'라고 불리는데, 약물에 의한 내성과 금단 증상 등으로 나타나는 의존성과 약물을 다시 찾고자 하는 강한 욕구(갈망)를 일으킨다.

때문에 아무리 단호한 결심과 의지를 가진 사람이라 할지라도 뇌의 작용에 의한 의존성과 갈망을 극복한다는 것은 현실적으로 매우 어려운 일이다. 종종 중독 문제에 이해가 충분치 않은 상담자들은 중독 물질 또는 행동으로 인한 부정적 결과와 폐해에만 관심을 갖기도 한다. 그래서 "도대체 이렇게 해로운 것을 왜 끊지 못하느냐"고 다그치게 되는 함정에 빠지게 된다. 이러한 생각이 내담자에게 직접 표현되지 않는다 하더라도, 상담자의 머릿속에 자리 잡고 있는 것만으로도 내담자와의 관계 형성과 상담 진행의 어려움은 곧바로 찾아오게 된다. 오히려 우리는, 내담자가 아무리 부정적인 결과나 위험성이 예상된다고 하더라도 이를 감수하고 약물을 체내에 투여하게 되는 것은 약물에 의한 즉각적인 보상이 주어진다는 것에 주목하여야 한다. 때문에 상담자는 내담자가 약물 사용으로 인해 얻고 있는 것이 무엇인지를 함께 확인하고 인정할 수 있어야 한다. 약물이 가져다주는 보상은 다양하다. 즉각적인 쾌감을 얻는 것일 수도 있고, 금단증상의 극심한 고통에서 벗어나는 것일 수도 있고, 금단증상이 아니라 하더라도 심리사회적 또는 신체적 통증을 멈추게 해 주는 것일 수도 있다.

내담자가 약물 문제로부터 회복될 수 있도록 돕기 위해서는 내담자가 약물을 통해 어떠한 경험을 하는지 또는 해왔는지를 상담자는 이해할 수 있어야 한다. 이에 몇 가지 주요 약물에 대한 특징들을 살펴보고자 한다.

1) 아편류(마약류)

아편류·마약류는 양귀비의 천연 반합성 또는 합성 유도체이다. 아편은 식물의 반건조 수액이며 100% 천연물질이다. 헤로인은 가장 널리 남용되는 아편류이다. 헤로인이 원래 모르핀보다 부작용이 적은 효과적인 진통제를 찾기 위한 시도로서 개발되었지만, 모르핀보다 5~8배 더 강력하고 보다 빨리 작용하기 때문에 훨씬 중독성도 큰 것으로 드러났다.

아편류들은 여러 방법으로 투여할 수 있는데, 일반적으로 흡연을 통해 이용된다. 통증 억제를 위해 의료적으로 사용될 때, 일부 아편류들은 캡슐(slow-release capsules)을 통해 천천히 투여되거나 패치 형태로 투여되는데, 캡슐 형태로 투여되는 옥시톡신은 미국의 일부 지역에서 큰 문제가 되어왔다. 사람들이 캡슐을 깨고 내용물을 희석한 뒤 주사했다. 패치들도 잘라서 그 내용물을 먹거나 주사하는 식으로 남용이 되는 경우가 일부 발생했다.

아편류의 황홀 상태가 얼마나 지속되는지는 특정 약물에 따라 다르다. 헤로인의 효과는 일반적으로 3~4시간 동안 지속된다. 아편류의 주된 의료 용도는 진통제인데, 약물 투여로 얻게 되는 효과는 다음과 같다.

〈긍정적 효과〉
-물리적인 통증 억제 / 정서적 무감각 / 행복감을 동반한 희열 / 나른함 또는 진정 / 각성과 진정 상태의 반복 / 꿈을 꾸는 것 같은 상태
〈부작용〉
-메스꺼움 및 구토 / 혼란 / 숨이 참 / 변비 / 몽롱하고 시야가 흐려짐 / 현기증, 어지러움, 공중에 떠 있는 느낌 / 근육 경련, 근육 경직 / 발진, 두드러기, 가려움 / 구강 건조 / 불안 / 두통 / 식욕 감퇴 / 기억 상실

〈금단증상〉

－약물에 대한 강력한 갈망 / 초초함 / 심각한 근육, 관절 및 뼈 통증 / 근육 경련 / 발한 및 콧물 / 심박동 증가 / 기침 및 하품 / 동공 확대 / 불면증 / 메스꺼움 및 구토 / 심각한 떨림 및 소름이 동반된 발열 및 오한 / 발을 차는 행위

이러한 증상들은 약물 투여 후 빠르면 수 시간 내에 발생할 수 있고, 주요 금단증상은 마지막 투여 후 48~72시간에 발생하며, 일반적으로 1주일 정도 지나면 완화되지만, 수개월 동안 증상이 지속되는 사람들도 있다. 아편류로 인한 금단증상은 성인(건강이 아주 나쁘지 않다면)에게는 보통 의학적으로 위험하지는 않지만, 매우 고통스럽다. 따라서 이들 증상을 관리하기 위해 약물 요법을 통해 증상을 완화하는 것이 단순히 투여를 "중단"하는 것보다 성공적이라는 보고가 있지만, 한국에서는 금단증상 완화를 위한 약물 요법이 대부분 불법이거나 제한되어 있는 현실이다.

2) 흥분제(각성제, 자극제)

흥분제는 천연 상태로 그리고 합성을 통해 얻는다. 주로 페루의 안데스 산맥에서 자라는 코카 나무의 잎에서 코카인 알카로이드가 발견된 것이 그 기원으로 알려져 있다. 메스암페타민(Methamphetamine)은 합성 물질인데, 상업적으로 제조되는 암페타민은 정제나 캡슐 형태로도 사용한다. 코카인은 일반적으로 흰색 가루 물질로 사용하고 메스암페타민은 보통 흰색 또는 노란색에, 냄새가 없고 쓴 맛이 나며, 결정 분말 또는 덩어리의 형태를 하고 있다.

일반적으로 암페타민은 투여 후 4~6시간 정도 효과가 지속된다. 코카인은 상대적으로 작용 기간이 짧고 흡수가 빠른 약물인데 이는 일반적으로 작용 지속시간이 짧다는 것을 의미한다. 코카인 흡입으로 인한 황홀 상태는

15~30분 정도 지속될 수 있지만, 흡연으로 인한 황홀 상태는 5~10분에 불과할 수 있다. 이 같은 황홀 상태를 유지하기 위해, 코카인 사용자는 약물을 다시 투여해야 한다. 때문에 코카인은 상대적으로 짧은 기간 동안 매우 많이 투여되는 경우가 있어서 그 투여량이 크게 증가할 수 있다. 메스암페타민의 효과는 약 4~6시간 지속되는데, 흡연 시에는 8시간 이상 지속될 수 있다. 엑스터시는 주로 구강으로 투여한다.

홍분제인 암페타민은 의료용으로 사용이 시작되었는데, 기면증, 비만 및 주의력결핍 과잉행동장애(ADHD)의 치료에 처방되어 왔다. 코카인은 국소 마취와, 경우에 따라 코에 호흡관을 삽입할 때 콧구멍을 마취하거나, 수술 중에 눈이나 목구멍 마취, 그리고 만성 염증의 통증 제거를 위해 해왔다. 메스암페타민은 ADHD와 비만 치료에 사용되었다. 단, 엑스터시는 의료용으로 사용되지 않는다. 홍분제의 약물 투여로 얻게 되는 효과는 다음과 같다.

〈긍정적 효과〉
－희열 / 에너지 및 지구력 증가 / 말이 많아짐 / 정신적 각성도 증가 / 행복감 및 힘이 생기는 느낌 / 사회적 억제 해소 / 머리가 좋아짐, 능숙함 및 힘이 생기는 비현실적인 느낌 / 시각, 청각 및 촉각의 민감도 증가 / 성적 욕구 및 능력 증가(소량 투여 시)

〈엑스터시를 투여한 경우〉
－감정적으로 온화해지고 자신 및 타인에 대한 감정이입 증가 / 시간 인지 왜곡 / 과장된 감각 / 시각적 왜곡 및 환각

〈부작용〉
－동공 확대 / 체온, 심박동 및 혈압 증가 / 두통 / 동요 및 불면증 / 불안 및 홍분 / 복통 및 메스꺼움 / 식욕 감퇴 / 공격성 및 폭력성 증가 / 의주감: 피부에 벌레가 기어다니는 느낌 / 성적 반응 감소(높은 복용량에서) / 편집증 / 비강 흡입 시 후각 상실, 만성 코피, 음식 삼키는 데 대한 문제 발생,

만성 콧물 / 흡연 시 갈증, 기침, 목쉼

만성 메스암페타민 남용은 뇌의 기능에 큰 영향을 미친다. 뇌 활동에서 운동 수행 능력 감소 및 언어 학습 능력의 손상과 관련한 변화가 있음을 보여 주었다. 감정 및 기억과 관련된 뇌 영역에 심각한 구조적 및 기능적 변화도 관찰된다. 이러한 변화 중 일부는 메스암페타민 투여가 중단된 뒤에도 오랫동안 유지되며, 약물 사용 중단 약 2년 이상이 지난 뒤 일부는 복원된다.

금단증상은 흥분제의 복용량과 기간 및 빈도에 영향을 많이 받는다. 흥분제로 인한 금단증상은 매우 불편할 수 있지만 본질적으로 위험한 것은 아니며, 일반적인 금단증상의 패턴은 다음과 같다.

〈금단증상〉
- 과다 복용 직후: 몸에 힘과 의지가 매우 부족해지고 잠을 못 잠, 우울증
- 투여 중단 후 수일 내: 증상이 완화됨, 에너지가 회복됨
- 투여 중단 후 5~7일 및 수 주 또는 수개월 지속: 심각한 약물 갈망, 에너지 수준이 다시 떨어짐, 쾌감 상실(즐거운 감정이 부족해짐), 우울증 증가, 동기·적극성 상실, 생생한 악몽을 자주 꾼다, 불면증, 식욕 증대

3) 억제제(진정제)

억제제 범주에는 대표적으로 바르비투르(barbiturates), 벤조디아제핀(benzodiazepines) 그리고 알코올 등이 포함된다. 바르비투르는 원래 불안, 불면증 및 발작 이상을 치료하기 위해 합성되었지만, 현재 새로운 신약들이 그 자리를 차지하면서 이 같은 목적으로는 거의 사용되지 않는다. 바르비투르를 대체하기 위해 화학적으로 합성된 벤조디아제핀은 바르비투르에 비해 과잉 진정 효과 없이, 불안을 낮춰 주는 데 보다 효과적인 것으로 밝혀졌다. 또

한, 벤조디아제핀은 중독성이 덜 한 것으로도 간주되었고, 30종 이상의 벤조디아제핀이 존재한다.

억제제는 다양한 크기, 형상 및 색상의 정제 및 캡슐의 모양이며, 주로 경구 투여 방식으로 사용된다. 억제제의 약물 투여로 얻게 되는 효과는 다음과 같다.

〈긍정적 효과〉
-진정 / 불안감 해소 / 행복감 / 미약한 쾌감
〈부작용〉
-집중력부족 / 근육 약화 / 조율능력의 약화 / 어눌한 발음 / 어지러움 / 반응속도의 둔감 / 메스꺼움과 구토 / 판단력 저하 / 정신적 혼란 / 기억상실 / 감정의 둔화 / 만성적으로 억제제 사용 시 우울증을 완화하거나 발생 가능 / 알코올과 같은 다른 진정성 약물과 혼합됐을 경우 또는 과다복용 시 호흡기 곤란 초래
-억제제는 가장 많이 남용되는 약물이다. 또한 자극제를 사용하는 사람들은 종종 과도한 자극에서 '벗어나기' 위해서나 과다한 자극을 잠재우기 위해 억제제를 복용하곤 한다. 그러나 이러한 조합은 심장 관상동맥의 경련을 유발하여 심장에 손상을 줄 수 있다.
-헤로인 중독자들은 헤로인으로 금단증상을 완화하지 못할 때 종종 억제제를 이용한다.
〈금단증상〉
억제제의 금단증상은 주의 깊게 다루어야 한다. 대개 약물이 몸의 조직에 오래 머물러 있기 때문에 이러한 부분에서 의학적으로 상당히 위험하고 다루기 어렵다.
-강력한 갈망 / 두통 / 근육의 경련과 떨림 / 메스꺼움과 구토 / 불안감 / 안절부절못함 / 하품 / 급속한 심박수와 혈압 상승 / 근육 경련 / 불면증 /

환각 증상 / 치명적일 수도 있는 복합성 발작 및 쇼크
- 약물이 갑자기 중단되었을 경우에 최악의 증상들이 나타난다. 심각한 증상들을 피하기 위해서는 억제제를 시간이 지남에 따라 서서히(한 달에 걸쳐서) 줄여야 한다.

4) 환각제

대표적인 환각제는 페요트, 메스칼린, LSD가 있다. 페요트는 정신활성의 영역에 작용하는 작은 돌출융기들을 가진 무척추선인장이고, 가장 오래된 환각제로 알려져 있다. 메스칼린은 페요트에서 추출한 가장 강한 활성 환각 복합물이다. 메스칼린은 또한 실험실에서 화학적으로도 혼합될 수 있다. LSD(Lysergic Acid Diethylamide)는 리세르그 산에서 생산되며, 맥각균이나 호밀이나 다른 곡류에서 자라는 균류에서 발견된다. 처음 LSD가 합성되었을 때에는 의료용 흥분제로 사용하기에 적합할 것이라고 여겨졌으나 실제로 의학적으로 효용성이 없이 파티에서 기분전환용으로 주로 사용되고 있다.

페요트는 차로 끓여 내거나 씹어서 섭취할 수 있으며, 메스칼린이나 LSD는 캡슐 형태로 구강 섭취할 수 있다. 환각제의 정신활성 효과는 1시간 이내에 시작되어 최장 12시간 동안 지속되는데, 다음과 같은 다양한 효과를 보인다.

〈긍정적 효과〉
- 감각의 예민해짐을 경험(예를 들어 밝은 색깔, 시각적으로 뚜렷한 물체, 청각의 예민해짐, 미각의 활성화) / 생생한 공상과 왜곡된 시각 / 공간의 개조와 시간 지각 능력 향상 / 환희, 기쁨 / 몸의 왜곡된 감각(몸무게가 증가한 것 같다거나 감소한 것 같은 느낌) / 현실감각의 상실: 과거경험과 현재를 혼합시키려는 경향 / 경험, 물체, 사소한 생각들에 정신이 팔려 있는 경향 / 감정의 증대 / 공감각: 다른 감각들이 전이되는 경험: 사용자에게 색깔을

듣게 하거나 소리를 보게 하는 느낌을 준다 / 꿈같은 느낌 / 자기성찰 / 환각증상

⟨부작용⟩

- 강렬한 메스꺼움과 구토(페요트에 일반적으로 나타나는 증상) / 식욕억제 / 체온상승과 땀 분비 / 오한과 떨림 / 끔찍한 환각 체험 / 공포스러운 환각 / 혼란 / 소재의식 상실 / 편집병 / 흥분 / 우울증 / 공황상태 / 공포상태 / 집중, 주의, 생각, 초점을 맞추는 데 있어서 어려움 / 확장된 동공 / 체온의 상승 / 심박수 증가와 혈압상승 / 땀 분비 / 식욕의 감퇴 / 입 마름 현상 / 떨림 / 논리력, 판단력 손상으로 인해 상당히 위험한 행동을 유발 / 예민한 사람들에게서 나타나는 정신병의 악화나 중증 정신장애의 시작을 초래

- 약물 투여 당시 경험 및 특정 증상의 침습적 재현: 갑자기 경고 없이 일어나는데 LSD 사용 후 며칠 혹은 길게는 1년 후에까지 발생할 수 있으며, 종종 이러한 기습적인 침습현상이 지속되면서 상당한 스트레스가 되며 사회적으로, 직업 활동에 손상을 일으키고, 환각제로 인한 지속되는 지각력 장애의 상태를 유발하기도 한다.

- 예민한 사람에게는 편집증적 정신분열 상태와 같은 연속적인 정신착란 증세가 나타날 수 있다.

⟨금단증상⟩

- 특징적으로 환각제의 금단증상은 나타나지 않는 것으로 알려져 있다.

5) 흡입제

흡입제는 주로 청소년기에 남용되는 것으로 관찰되는데, 휘발성 용매(상온에서 증발하는 액체)로 분류되는 공업용 또는 가정용 접착제(본드), 페인트 시너, 니스 또는 페인트 제거제, 세탁용 액체, 가솔린, 그리고 라이터 휘발유와

같은 제품, 미술이나 사무용 수정액 등이 포함된다. 에어로졸(스프레이)로 분류되는 락카, 헤어용 스프레이, 에어로졸 컴퓨터 크리닝 제품, 그리고 식물오일 스프레이와 같은 제품이 포함된다. 가스를 포함하는 용제로 분류되는 부탄가스, 프로판가스, 휘핑크림 디스펜서, 냉장고 가스 등 가정용이나 상업적 제품들이 포함된다. 이처럼 흡입제의 종류와 형태는 다양하고 흡입 방법도 다음과 같이 다양하다.

① 용기에서 나오는 연기를 바로 흡입
② 입이나 코에 에어로졸 스프레이를 대고 뿌린다
③ 입안에 흡입제를 감싼 젖은 천을 물고 있기
④ 흡입제가 들어 있는 종이가방, 비닐봉투, 풍선 등의 기체를 흡입

흡입제에서 나온 향정신성 성분은 대개 몇 분 동안만 지속되기 때문에 사용자는 약물 반응의 시간을 늘리기 위해 몇 시간 동안 반복적으로 흡입을 시도하곤 한다. 마취제로 활용되는 흡입 형태로 투여되는 몇몇 물질(아밀 아질산염, 이산화질소 등)은 특정한 의학적 처치를 위해 사용되지만, 위에서 언급한 오남용되는 흡입제의 의학적 용도는 당연히 없으며, 사용자에게 다음과 같은 효과를 유발시킨다.

〈긍정적 효과〉
-미약한 쾌감 / 기분 좋은 어지러움 / 불안감의 완화 / 환각증상
〈부작용〉
-두통 / 혼란 / 메스꺼움과 구토 / 나른함 / 말투가 흐려짐 / 균형 능력의 상실 / 청각상실(락카, 본드, 페인트 제거제, 드라이 크리닝 화학물, 수정액 등) / 말단 신경장애나 사지떨림(본드, 가솔린, 휘핑크림 디스펜서 등) / 중앙신경계나 뇌 손상(락카, 본드, 페인트 제거제) / 뼈 골밀도 감소(가솔린) /

간과 콩팥 손상(수정액, 드라이 크리닝 화학물) / 혈중 산소 고갈(니스 제거제, 페인트 시너)

-높은 농도의 화학적 용매, 부탄, 프로판이나 에어로졸 스프레이 등을 흡입하는 경우 몇 분의 반복적인 흡입만 가지고도 심장 손상이나 죽음에 이르게 할 수 있는데, 이것은 젊고 건강한 사람이라도 예외가 없다.

-높은 농도의 흡입제는 폐에 있는 산소를 고갈시킴으로써 호흡곤란을 유발해 죽음에 이르게 할 수 있고, 사용자로 하여금 의식을 잃고 호흡을 중단하게 할 수 있다.

-종이가방이나 비닐봉투에서 흡입하거나 폐쇄된 공간에서 일부러 흡입하는 경우는 호흡곤란의 확률이 상당히 높아진다.

〈금단증상〉

-환각제와 마찬가지로 흡입제 역시 알려진 금단증상이 없는 것이 특징적이다.

6) 대마초(마리화나)

대마초(마리화나)는 가장 보편적으로 사용되는 불법 향정신성 약물이다. 아시아와 중동 지역에서는 수천 년 동안 의학용과 쾌락 추구 용도로 사용되었지만, 서구 사회에서는 1960~1970년대 이후가 되어서야 일반적으로 대마초를 쾌락 추구 용도로 사용하게 되었다. 대마초는 대마(카나비스, cannabis) 작물의 마른 잎이나 꽃머리를 일컫는다. 일반적으로 대마초는 궐련의 형태로 또는 파이프를 이용하여 피운다. 담배의 경우 흡연이 니코틴을 효과적으로 전달하는 방법인 것처럼 대마초의 경우도 흡연이 THC[3]를 뇌로 빠르게 전달하는 방법이다. 흡연 효과는 대부분 몇 분 안에 나타나며 2~3시간이 지나면 대부분 효과가 사라진다(Iversen, 2006).

대마초가 지니는 의료적 용도는 매우 제한적이긴 하지만, 병원 환자의 심

한 메스꺼움이나 통증을 감소시키거나 환자들의 식욕을 돋게 해 주기도 하는
데, 대마초가 가진 효과는 다음과 같다.

〈긍정적 효과〉
-신체의 진정과 침착성 / 과장된 기분 / 타인을 위한 감정이입의 증대 / 참
  신성의 증대: 일상적인 물건이 흥미로워 보임 / 기분 좋은 어지러움 / 시
  간지각과 감각의 변화 / 움직이는 물체의 분신이 보임 / 식욕의 증대
〈부작용〉
-심박수 증가와 혈압상승 / 눈의 충혈(눈의 점막에서의 혈류증가로 인한 현
  상) / 근육 운동의 조화와 협업의 둔화 / 깊이에 대한 인지 능력과 추적(무
  언가를 따라가는) 능력의 상실 / 폐질환과 기침 / 생각과 문제해결 능력 발
  휘가 어려움 / 당황 반응(두근거리는 가슴, 심한 불안과 공포, 땀 분비, 어지러
  움) / 호흡기 장애 및 폐질환(담배 흡연까지 하는 사람들에게는 더욱 심각함)
  / 마지막 복용 후 단기기억 상실증
-새롭게 배우는 능력에 문제가 며칠 동안 지속될 수 있다.
-과다 복용시, 민감한 사람들에게는 격렬한 정신착란 증세, 병적 우울증
  의 악화
-장기적인 복용시 의욕감퇴 증상을 유발: 기력이 빠지고 집중하기 어려워
  지고, 일하는 데 의욕이 감퇴하고, 다른 사회적 활동 등에 흥미를 잃는다.
〈금단증상〉
-갈망 / 성미가 급해짐 / 불면증(쉬지 않고 움직임) / 식욕감퇴
-금단증상은 약물 중단 후 하루 내에 시작되고, 2, 3일 정도 되었을 때 극
  에 달하고 1~2주 후에는 줄어들기 시작한다. 대마초의 금단증상은 신체
  적으로는 크게 위험하지 않고 의료적 조치를 필요로 하지 않는 것이 특
  징이다.

지금까지 주요 약물에 대해 살펴보았다. 여기에서 우리가 기억해야 할 것은 각각의 약물이 사용자에게 가져다주는 보상과 부작용, 그리고 금단증상이다. 중독상담에서는 그것이 무엇이며 내담자에게 어떻게 경험되어지느냐를 온전히 파악하고 이해할 수 있어야만 약물 의존 및 중독으로부터 회복 전략을 수립할 수 있다. 이제 이러한 이해를 바탕으로 약물 문제를 가진 내담자를 어떻게 만날 것인가를 생각해 보자.

4. 약물중독 상담의 현실

1) 약물중독 상담의 딜레마

한국에서 약물중독 문제를 가진 내담자를 상담실에서 만날 가능성은 매우 희박하다. 한국은 알코올(주류), 니코틴(담배), 카페인(커피, 차, 기능성 스포츠 음료) 등 합법적인 약물을 제외하고는 의료용 향정신성 물질을 포함한 마약 등의 약물에 대해 매우 엄격한 사법적 조치를 시행하고 있기 때문이다. 만약 대마초 투여 경험이 있는 내담자가 그것을 중단하고자 하는 의지를 가지고 상담자를 찾아왔다면, 그 상담자는 그 내담자에게 온전히 집중하여 상담을 진행하기에 어려운 상황에 처하게 된다. 내담자는 대마초를 투여한 일은 물론이고 소지하고 있는 것만으로도 범죄자가 되어 버리기 때문이다. 상담자는 내담자의 비밀보장 및 개인정보로서 민간정보를 보호하여야 하는 전문가 윤리를 지켜야 하지만, 비밀보장의 예외 사안인 범죄행위에 대해서 어떻게 조치해야 할지 윤리적 판단을 해야 하는 상황에 놓이게 되는 것이다. 이러한 내용을 내담자에게 아무리 잘 설명한다고 하더라도 그 내담자는 엄청난 불안을 느끼게 되고 다시는 상담자를 찾지 않게 될 것이다. 상담자가 범죄행위(마약사범)를 신고해야 하는 의무보다 내담자의 회복을 우선시하여 중독상담을 진행하고자 할 경우에도 딜레마 상황에 처하게 된다. 앞서 주요 약물들의 특성들에서 살펴본 것과 같이 약물 투여 중단으로 인한 금단증상의 완화를 위해 의료적 도움을 연계해 주고자 하여도 내담자는 자신의 불법적 행위인 약물 투약(또는 소지) 경험을 숨길 수 없기 때문이다.

상담자가 할 수 있는 최선은 내담자와 함께 이러한 딜레마 상황을 진술하게 나누어 상담자가 한국적 상황에서 약물중독 치료 진행이 어려움에도 불구하고 내담자의 회복에 깊은 관심을 가지고 있다는 점을 느낄 수 있도록 하는 것이다. 그리고 한국마약퇴치운동본부의 전화상담을 통해 비밀보장이 되면서 법적, 의료적 정보를 얻는 등의 자발적 변화 행동을 촉진하는 것을 목표로 상담을 진행하는 것이다. 이후 법적 문제와 의료적 해독치료가 선결된 이후 재발방지와 회복유지를 위한 중독상담이 가능하다. A.A.(익명의 알코올 중독자의 모임, Alcoholics Anymous)와 G.A(익명의 도박중독자의 모임Gamblers Anonymous)와 같은 자조모임은 상당히 활성화되어 있지만, N.A.(익명의 약물중독자의 모임, Narcotics Anonymous)이 한국에는 현실적으로 거의 존재하지 않는다는 점은 매우 안타까운 현실이다.

2) 약물중독의 신체적 의존 문제

주요 약물들의 신체적 의존을 일으키는 갈망과 금단증상을 확인하였다면, 이제는 내담자의 약물 투약 정지로 인한 증상에 주의를 기울여야 한다는 사실을 명확히 알게 되었을 것이다. 상담자는 반드시 갈망과 금단증상을 확인해야 한다. 이러한 신체적 증상을 호소하는 내담자는 상담자와의 언어적 상호작용만으로 극복하기란 불가능에 가깝다. 반드시 의료적 도움을 받을 수 있도록 조치해야 한다. 그렇지 않으면, 이 불편하고 고통스러운 증상을 제거할 수 있는 가장 쉬운 방법이 약물 재투여라는 사실을 상담자는 충분히 인식하여야 한다. 때문에 내담자가 어떠한 위험도 감수하면서 얼마나 쉽게 약물을 다시 추구하게 될 수 있는지도 이해할 수 있다.

3) 약물중독 상담의 현장의 변화

그러나 다행히도, 한국의 마약사범에 대한 사법 시스템에도 변화가 시작되었다. 오랜 시간 동안 유지해 왔던 처벌과 통제로 일관된 약물중독 문제에 대한 한계를 인식한 것이다. 구치소 및 교도소에도 심리치료 전문인력을 채용하고, 마약사범의 집행유예자들을 담당하는 보호관찰소[4]에서도 단지 약물 재사용 여부를 모니터링하는 것만으로는 이들의 재발(재범)을 예방하거나 재활에 큰 효과가 없다는 사실을 과감히 인정하고 보호관찰 기간 동안 상담전문가들과 협력하여 개인 및 집단상담을 제공하여 보다 안정적인 회복을 돕고자 하는 사업을 시범적으로 시작한 것이다. 하지만, 이제부터 시작이다. 약물중독 문제를 처벌만의 대상이 아닌 치료의 대상으로 이제 막 보기 시작한 것이다. 앞으로 약물중독이라는 어둡고 차가운 곳에도 점차 전문적인 역량을 갖춘 다양한 인력의 필요가 점차 늘어나게 될 것이다. 이러한 사회적 요구에 기독교(목회)상담자들이 응답할 수 있는 이웃사랑의 정신과 중독상담 실무 능력을 갖추어 나가야 하겠다.

5. 약물중독과 영성

스위스의 정신의학자인 Paul Tournier는, 중독의 12단계 영적치료 모델이 시작된 A.A.(Alcoholic Anonymous)의 모체가 된 옥스퍼드 그룹 운동을 통해 기독교 신앙의 전환점을 맞게 된 경험 이후, 자신의 의학적 관심을 기독교적 관점에서 돌아보게 된다. Tournier(2014)는 자신의 저서 '인생의 사계절'에서 인간의 영적 가치를 소개하고 있다.

성경의 입장에서 볼 때, 성령뿐만 아니라 인간의 신체 현상을 좌우하는 활력도, 인간의 심리를 움직이는 충동도 하나님이 주시는 생명의 수액이다. 인간은 자연의 일부이기에 자연의 법칙과 힘의 지배를 받는다. 그렇지만 인간은 '하나님의 형상대로' 지음 받았다는 점에서, 자연에 속한 존재이자 영적인 존재로 만들어졌다는 점에서 동물과 확연히 구별된다. (……중략……) 인간이 자연 세계와 영적 세계라는 두 세계에 동시에 속해 있다는 이중성은 여전히 우리가 헤아릴 수 없는 신비이다. (중략) 성경 어디에도 인간을 추상적으로나 교리적으로 다루는 부분은 없다. 성경은 사람들의 이야기를 들려준다. 중요한 것은 사람들의 인생 어느 순간에 일어나는 사건이다. 성경이 보여 주는 인간은, 인생을 살아가되 갈등의 한복판에서 힘과 열정에 사로잡혀 행동하는 인간이다. 그 인간들은 타인과 만나는 인간이며, 그 어떤 만남보다 인격적인 하나님과의 만남을 경험하는 인간이다. 그들이 만나는 하나님은 철학자들의 말처럼 멀리 떨어져 있는, 무한한 부동(不動)의 신이 아니다. 그분은 살아계셔서 행동하고 응답하시는 하나님, 세계의 역사와 개인의 역사에 모두 간섭하시는 하나님이다. (중략) 성경의 입장에서 보든 현대 과학의 입장에서 보든, 우리는 추상적이고 일반화된 한 사람을 만나는 것이 아니라 구체적이고 개인적인 사람을 만나게 된다. 그들은 언제나 '상황 속에' 있는 존재이며, 세계와 타인 및 하나님과 관계를 맺고 있다.

자연과학을 중시하는 의사이면서도 영적 세계를 포함하는 Tournier의 인간 이해는 우리가 약물중독 문제를 가진 내담자를 대할 때 이들의 영적 가치를 발견할 수 있게 하고 약물중독으로부터의 회복에 영적 통찰을 제공해 주는 관점이라고 할 수 있다. 자연법칙에 의해서만 지배받는 존재가 인간이라면, 약물에 의한 뇌의 작용, 즉 내성, 갈망, 금단증상과 같은 신체적 의존은 인간으로서 도저히 극복할 수 없는 것이다. 그러나 인간이 동물과 달리 영적 존재로서 자연 세계뿐만 아니라 영적 원천 즉, 하나님과의 관계 맺음이 가능하고 하나님으로부터 공급되는 힘의 지배권에 들어갈 수 있는 존재임을 인식하게 될 때 회복은 시작될 수 있는 것이다.

그렇다면, 기독교(목회)상담자들은 어떻게 약물중독 문제를 가진 내담자들의 영혼을 돌보고 회복의 조력자가 될 수 있을까? 뇌(신경)신학(neuro-theology) 분야의 권위자인 James B. Ashbrook(1995)은 그의 저서 '영혼의 돌봄(Minding the Soul: Pastoral Counseling as Remembering)'에서, 영혼은 경험 속의 의미를 표현하고, 의미를 만들어 가는 것이라고 했다. 때문에 영혼을 돌본다고 하는 것은 삶의 의미를 만들어 가는 과정의 경험이며, 그 의미를 만들어 가는 것은 뇌의 기억 속에 자리잡게 되어 한 인간의 삶에 강력한 영향을 미칠 수 있는 것이다.

기독교(목회)상담자들은 약물중독 문제를 가진 내담자들의 삶의 의미에 집중하여야 한다. 새로운 삶의 의미 없이 약물 투여를 중단하는 행동만으로는 자연 세계의 법칙 즉, 신체적 의존을 잠시 참아내는 한시적인 회복에 그칠 수밖에 없다. 우선 상담자는 내담자가 지금까지 약물에 의존하여 살아오면서 경험한 삶의 이야기 속에 담긴 행동, 인지, 감정부터 깊이 공감하여야 한다. 이 공감하기 과정은 상담자에게 매우 낯설고 불편한 경험이 될 수도 있겠지만, 예수께서 성육신(Incarnation)을 통해 인간의 낮은 삶을 친히 사셨던 것처럼 기독교(목회)상담자도 내담자의 삶을 공감해야 한다. 그리고 그들이 새로운 의미를 스스로 발견하고 경험할 수 있도록 조력해야 한다. 즉, 내담자 자신의 삶에 대한 새로운 의미, 변화 추구의 가치, 그리고 이를 어떻게 실현할 수 있을지에 대한 구체적인 목표와 계획을 수립할 수 있도록, 내담자가 스스로 영감(Inspiration)을 얻도록 협동하고 조력하는 동반자가 되어야 한다. 이렇게 기독교(목회)상담자와의 만남과 새로운 경험을 통해 의미를 발견하는 것은 지극히 영적 경험이다. 그것은 내담자 안에 하나님께서 부여하신 참 자기인 하나님의 형상(Imago Dei)을 발견하는 경험이기 때문이다. 필자는 중독

상담의 과정에서 만난 수많은 내담자들의 회복 경험 속에서 이러한 영적 변화를 목격해 왔다. 다시 말하면, 내담자가 살아있는 동안에는 어찌할 수 없는, 자신의 중독 경험으로 인해 영향 받는 자연 세계의 힘인 신체적 의존성이 끊임없이 유혹해 오지만, 오히려 이러한 한계를 겸손히 인정하면서도, 본래 그들 자신 안에 존재한, 타인으로부터 부여되거나 인정받기 위해 추구한 것이 아닌, 자신만의 자기실현의 의미를 발견하게 될 때 지속적인 회복의 여정을 걸어갈 수 있는 것이다.

이러한 회복의 원리는 수많은 알코올중독자들을 회복의 삶으로 새롭게 태어나게 한 A.A.의 12단계[5]에서도 분명하게 드러나 있다. 이 글을 읽는 독자는 다음의 12단계의 원리를 천천히 정독하면서 자신의 삶에 적용해 보자. 지금 이 순간에도 중독 문제를 떠나 새로운 회복의 여정을 출발하는 사람들이 존재한다. 12단계 영적 원리에 따라 약물에 의존하는 삶에서 신(神)과의 연결됨을 통해 영적 존재로 거듭나는 삶의 변화로 회복은 시작된다.

① 1단계: 우리는 알코올에 무력했으며, 우리의 삶을 수습할 수 없게 되었다는 것을 시인했다.
② 2단계: 우리보다 신(위대하신 힘)이 우리를 본 정신으로 돌아오게 해 주실 수 있다는 것을 믿게 되었다.
③ 3단계: 우리가 이해하게 된 대로, 그 신의 돌보심에 우리의 의지와 생명을 맡기기로 결정했다.
④ 4단계: 철저하고 두려움 없이 우리 자신에 대한 도덕적 검토를 했다.
⑤ 5단계: 우리의 잘못에 대한 정확한 본질을 신과 자신에게, 그리고 다른 어떤 사람에게 시인했다.
⑥ 6단계: 신께서 이러한 모든 성격상 결점을 제거해 주시도록 완전히 준비했다.
⑦ 7단계: 겸손하게 신께서 우리의 단점을 없애 주시기를 간청했다.

⑧ 8단계: 우리가 해를 끼친 모든 사람의 명단을 만들어서 그들 모두에게 기꺼이 보상할 용의를 갖게 되었다.

⑨ 9단계: 어느 누구에게도 해가 되지 않는 한 할 수 있는 데까지 어디서나 그들에게 직접 보상했다.

⑩ 10단계: 인격적인 검토를 계속하여 잘못이 있을 때마다 즉시 시인했다.

⑪ 11단계: 기도와 명상을 통해서 우리가 이해하게 된 대로의 신과 의식적인 접촉을 증진하려고 노력했다. 그리고 우리를 위한 그의 뜻만 알도록 해 주시며, 그것을 이행할 수 있는 힘을 주시도록 간청했다.

⑫ 12단계: 이러한 단계들의 결과, 우리는 영적으로 각성되었고, 알코올중독자들에게 이 메시지를 전하려고 노력했으며, 우리 일상의 모든 면에서도 이러한 원칙을 실천하려고 했다.

A.A. 모임의 회원들은 각자의 특별한 날을 기념하는 행사가 있다. 바로 생일잔치이다. 어느 누구나 생일은 특별한 날이고 축하받는 날이지만, 회복자들에게 이 모임에서의 생일은 주민등록상의 날짜가 아니다. 즉, 이 땅에 생물학적으로 태어난 날이 아닌, 바로 단주(斷酒)를 시작한 날이 이들이 다시 태어난 새로운 생일이다. 즉, 알코올이라는 약물에 신체적, 정신적으로 의존되어 있던 자연계에 속한 존재로서의 한계를 겸손히 시인하고 인정하고, 동시에 하나님의 위대한 힘에 의존하여 회복의 여정을 시작한 영적 존재로 다시 태어난 것이다.

후주

1) http://www.colombo-plan.org 참조
2) http://colombo-plan.org/icce 참조
3) 델타9-테트라히드로칸나비놀(∆9-terahydrocannabinol): 1970년대, 예루살렘의 히브리대학 라파엘 메콜람 연구팀에서 화학 감지 연구를 실시하여 증명한 대마 작물의 향정신성 근원 성분
4) 현재는 '준법지원센터'라는 명칭을 병행하여 사용하고 있으며, 마약사범을 대상자로 하는 경우 정기적 또는 불시 약물 검사로 재발(재범)여부를 모니터링 하는 일이 주요 사업이었다.
5) 출처: http://www.aakorea.org

참고문헌

김동기 (2013). 종교행동의 심리학적 이해. 서울: 학지사.

박상규, 강성군, 김교헌, 서경현, 신성만, 이형초, 전영민(2017). 중독의 이해와 상담실제 (제2판). 서울: 학지사.

박철형 (2014). 단도박중인 도박중독자 배우자의 변화 경험에 관한 연구. 연세대학교 연합 신학대학원 박사학위논문.

주일경 (2011). 약물재활복지학개론. 서울: 홍영사.

한영호 (2006). 선물:미주 한인 마약퇴치본부 사례집. 서울: 예영커뮤니케이션.

Bucher, A. A.(2013). 영성심리학: 영성에 관한 간학문적 대화 (이은경 역). 서울: 동연.

Fisher, G. I., & Harrison, T. (2010). 물질남용의 예방과 치료: 사회복지사, 상담가, 치료사, 상담교사를 위한 지식 (장승옥, 최현숙, 김용석, 정슬기 역). 서울: 한국음주문화연구재단.

Iversen, L. (2006). 약물이란 무엇인가 (김정숙 역). 서울: 동문선.

McMinn, M. R., & Phillips, T. R. (2006). 영혼돌봄의 상담학 (전요섭 외 역). 서울: 기독교문서선교회.

Tournier, P. (2014). 인생의 사계절 (박명준 역). 서울: 아바서원.

Ashbrook, J. B. (1995). *Minding the soul: Pastoral counseling as remembering.* Mineapolis, MN: Augsburg Rotress.

International Centre for Credentialing and Education fo Addiction Professionals (2015). *The Universal Treatment Curriculum for Substance Use Disorders(UTC) Curriculum1* Sri Lanka: Colombo Plan.

제3부

행위중독

제**4**장

미디어중독과 영성

김영경
(한국열린사이버대학교 상담심리학과 교수)

1. 미디어중독 현상

1) 미디어중독 개념

Goldberg(1996)가 인터넷 과다사용의 결과가 중독의 진단 기준과 유사함을 언급하면서 미디어에도 '중독'이라는 개념이 사용되기 시작했다. 미디어중독은 오랫동안 독보적인 자리에 있던 기존의 TV매체에서 인터넷이나 스마트폰 중심으로 이동하게 되면서 이에 대한 관심이 급증하고 있다. 최근 미국정신의학회(American Psychiatric Association)에서도 DSM-5의 '추가 연구가 필요한 진단적 상태'에 '인터넷게임장애'를 포함시켜 이에 대한 지속적인 관심과 연구의 필요성을 인정하고 있다.

김봉섭(2006)은 미디어중독이란 인터넷과 스마트폰 과다사용으로 정신적,

신체적으로 의존할 뿐 아니라 조절이나 통제를 못하여 심리적, 신체적, 사회적으로 문제를 일으키는 것으로 정의한다. 최연(2012)은 미디어중독을 미디어에 대한 이용자의 과도한 사용으로 정신적 신체적인 의존뿐 아니라 개인의 조절 및 통제능력 상실로 심리적, 신체적, 사회적 문제를 야기시키는 현상으로 보았다. 미디어중독을 대표하는 인터넷중독과 스마트폰중독 개념을 살펴보면, 먼저 인터넷중독은 인터넷 과다사용으로 인터넷 사용에 대한 금단과 내성을 지니고 있으며, 이로 인해 이용자의 일상생활에 장애가 유발되는 상태이다(한국정보화진흥원, 2011). 휴대전화중독은 Golberg의 인터넷 중독 진단에 근거하여 정의되고 있기에 스마트폰중독의 정의도 이에 준하고 있다.

인터넷을 기반으로 한 전자기기의 발전과 확산으로 디지털기기를 포함하는 '디지털 미디어 강박증(digital media compulsion)' 또는 '전자 미디어의 병리적 사용(pathological use of electronic media)'과 같은 용어들이 생성됨을 볼 때 미디어중독이 단지 인터넷중독만의 문제는 아닌 듯하다(Bowen & Firestone, 2011). 미디어중독은 미디어 자체가 가지고 있는 특징이 중독에 영향을 미치는 부분이 있다. Young(1997)은 ACE모델을 제시하면서 인터넷 자체 특성인 익명성(anonymity), 편리성(convenience), 접근가능성(accessibility), 통제감(control), 흥미감(excitment) 등이 인터넷의 가상현실 속으로 빠져들게 한다고 보았다. 특히, 스마트폰은 PC보다 접속뿐 아니라 휴대성이 용이하여 접근성이 뛰어나며, 다양한 어플리케이션 사용 등으로 한층 높은 재미까지 더해져 PC보다 중독 가능성이 더 높다고 할 수 있다. 이와 같은 미디어 기기들의 특성으로 인터넷과 스마트폰 같은 미디어를 과의존하게 되어 금단과 내성을 지니고, 일상생활 장애가 발생할 때 미디어중독이라고 할 수 있다.

미디어중독은 알코올과 같은 약물 이외에도 도박, 성행위 등 다른 중독 위험에도 노출되기 때문에(김영경, 2012a, 2012b, 2013a, 2013b; Griffiths, 1999; Marshall, 2005) 미디어매체를 처음 접할 때 올바른 사용습관을 갖게 하는 것은 중요하다. 특히, 청소년의 경우 미디어 자극에 지나치게 노출될 때 주의력 결핍과잉행동장애(ADHD) 등을 일으킬 수 있기에 때문에 더욱 주의가 필요하다(Sheeber et al., 2009).

2) 미디어중독 실태

김동일 등(2012)은 PC 기반으로 한 인터넷 사용이 스마트폰 도입으로 중독 현상이 어떻게 나타나는지 연구한 결과, 인터넷 사용에 있어서 문제가 없는 일반 사용자이지만 스마트폰을 중독적으로 사용하는 사람이 성인(58%)에 비해 청소년(80%)에게서 높게 나타났다. 또한, 스마트폰 사용 이후 인터넷 사용 시간 감소여부에서 '감소했다'는 응답을 한 청소년은 66.1%로 성인의 44.8%에 비해 높게 나타난 것을 볼 때, 스마트폰이 인터넷을 대체하는 매체로 사용될 경향성을 보이고 있다. 새로운 미디어가 소개되었을 때 20대는 이를 신속하게 받아들이면서도 서로 다른 미디어의 특성을 보완적으로 이용하는 경향을 보이나 10대는 기존의 미디어에 비해 새로운 미디어의 이용에 주로 치우치는 모습을 볼 때 이를 짐작할 수 있다(손승혜, 2005). 이러한 경향성은 한국정보화진흥원에서 실시한 실태조사에서도 드러나고 있다.

한국정보화진흥원(2015)의 조사에 의하면 인터넷 과의존위험군은 6.8%로 2014년(6.9%) 대비 하락하였으나, 스마트폰 과의존위험군은 16.2%로 2014년(14.2%) 대비 높게 나타났을 뿐 아니라 인터넷 과의존위험군을 계속 앞서고 있음을 볼 때 스마트폰중독이 인터넷중독을 대체하였음을 확인할 수 있다. 미래창조과학부와 한국정보화진흥원(2016)은 인터넷 이용 환경 변화를 고려하여 인터넷 및 스마트폰 개별척도를 '스마트폰 과의존 척도'로 통합하여 실태조사를 실시하였다. 그 결과, 스마트폰 과의존위험군은 17.8%로 2015년(16.2%) 대비 소폭 상승하여 증가세는 둔화되었다. 연령별로 청소년(만 10~19세)은 30.6%로 2015년(31.6%)보다 감소한 반면, 유아동(만 3~9세)은 17.9%, 성인

(만20세~59세)은 16.1%로 전년 각 12.4%, 13.5% 대비 증가하였다. 특히 청소년의 경우 중학생이 34.7%로 가장 높았고, 그 다음이 고등학생(29.5%), 초등학생(23.6%) 순이었다. 2016년 처음으로 조사한 60대 위험군은 11.7%로 나타났다.

스마트폰 과의존위험성에 대한 부모-자녀 간 상관성에서는 부모가 중독 위험군인 경우, 유아동 자녀가 위험군에 속한 비율은 23.5%, 청소년 자녀가 위험군에 속한 비율은 36%로 높게 나타났다. 부모의 68.1%가 유아동자녀의 스마트폰 이용이 불필요하다고 응답하였으나, 유아동자녀의 스마트폰 이용경험률은 67.7%이었다. 위험군 유아동의 부모가 자녀의 스마트폰 이용을 허락하는 이유로 '오락 · 재미'가 46.7%로 가장 많고, '나의 시간이 필요해서(34.2%)'가 뒤를 이었다. 위험군 유아동자녀가 스마트폰을 이용하는 동안 양육자는 집안일(64.8%), 휴식(62.5%), 타인과 대화(44.2%) 등을 주로 하는 것으로 나타나 양육자의 주의가 필요하다(한국정보화진흥원, 2016).

이정림, 도남희, 오유정(2013)의 영유아 스마트폰 사용실태 파악에 의하면 유아가 68.4%로 영아 34.9%보다 더 많이 사용하는 것으로 나타났다. 스마트미디어 최초 이용시기에서는 영아 0.84세, 유아 2.86세로 나타나 컴퓨터 이용시작 시기(영아 1.05세, 유아 2.79세)보다 더 일찍 시작하는 것으로 보고하였다. 박소영(2015)이 유아대상 연구에 의하면 스마트미디어 사용 시작 시기로 만 3세가 29.3%로 가장 많았고, 그 다음이 만 2세(24.1%)였다. 스마트미디어 사용 이유는 자녀의 재미와 흥미를 위해서가 51.7%로 가장 높고, 자녀 통제, 자녀의 학습 및 정보습득 등이 그 다음을 이었다. 영유아에게 처음 스마트폰을 접하게 한 사람은 부모, 특히 어머니인 것으로 나타났다(박소영, 2015; 이정림 등, 2013). 그 외 손위형제에게 배우고 함께 이용한다는 보고도 있다(박소영, 2015; 임선영, 2013). 특히 스마트미디어를 영유아 모두 '시간에 관계없이' 이용하는 상황(영아 47.4%, 유아 35.8%)으로 나타나 우려되는 바가 크다. Cordes & Miller(2000)에 의하면 어릴 때 스마트미디어에 장시간 노출될수록,

사회성 결여, 주의집중 저하 등의 문제가 발생할 가능성이 높다는 보고를 볼 때 주의가 필요하다.

스마트폰 주이용 콘텐츠로는 메신저(94.5%) 이용이 가장 많았고, 게임(81.3%), 웹서핑(73.7%), SNS(65%) 순으로 나타났다. 부작용이 우려되는 콘텐츠로는 게임(35.4%)이 가장 높게 나타났고, 그 다음이 메신저(24%) 순으로 조사되었다. 스마트폰 순기능 조사에서는 지식역량강화(56.1%), 가족 및 친구 관계 돈독(54.7%), 사회참여 및 공헌활동(44. 7%)으로 나타났다(한국정보화진흥원, 2016). 미디어기기가 대중화되면서 중독심각성에 대한 우려의 목소리가 높지만 거의 모든 생활 속에 깊이 들어와 있기 때문에 차단하는 것은 불가능하다. 오히려 미디어기기의 순기능을 강화시켜 실생활에서 유용하게 사용할 수 있는 방안 모색이 필요하다.

3) 미디어중독 증상

미디어중독 증상은 내성, 금단현상, 일상생활장애, 가상세계지향성, 신체적 증상으로 설명된다(신광우, 김동일, 정여주, 2011). 먼저, 내성이란 약물의 반복복용에 의해 약효가 저하되는 현상으로 미디어기기를 이용함에 있어서도 이전과 동일한 만족을 얻기 위해서 더 오랜 시간과 더 강한 자극을 갈망하게 되면서 과의존상태에 빠져들게 한다. 한 연구에 의하면(김영경, 2012a, 2012b), 청소년의 인터넷중독이 도박중독에도 영향을 미치고 있다는 보고를 볼 때, 더 빠르고 강한 자극을 제공하는 도박에 매료되어 중독성이 더 심각해질 수 있다. 금단현상은 특정 약물이나 행위에 대해서 충동적이고 습관적으로 하던 것을 중단할 경우 나타나는 증상이다. 예를 들면, 불안, 우울, 초조감에 시달려 안절부절못하다가 인터넷이나 스마트폰을 이용하는 순간 이러한 증상이 사라지는 것을 말한다. 내성과 금단현상으로 인해 계속해서 미디어기기를 지나치게 사용하게 되어 가정, 학교, 작장 등에서 문제를 일으키는 일상생활장애 증상도 주요한 증상이다. 특히, 학교성적이나 업무능률이 떨어짐으로 인해 주변사람들로부터 지적을 받는 일이 많아져서 스트레스를 받게 되고 이러한 스트레스를 해소하기 위한 수단으로 미디어를 과의존하게 되어 계속 악순환이 되고 있다. 가상세계지향성은 현실 속에서 생활과 대인관계의 어려움으로 가상세계에서의 만남을 더 친밀하고 편하게 생각하여 관계를 맺는 형태이다. 특히, 가상과 현실을 구분하지 못하여 실생활에서 비행이나 범죄를 저지를 수도 있다(이형초, 안창일, 2002).

미디어중독으로 인한 신체적 증상으로는 수면장애를 유발하는 스마트폰 블루라이트, 현실세계의 느리고 약한 자극에는 반응을 하지 않는 팝콘 브레인, 목과 손목의 통증을 호소하는 거북목증후군 · 손목터널증후군 등이 보고되고 있다. 한국정보화진흥원(2015)에서 미디어중독으로 인한 문제경험을 조사한 결과에서도 신체적 불편함으로 수면장애(32%)가 가장 높았고, 그 다음은 '안구건조증, 시력약화' '목, 손목, 허리통증' '디지털 치매' 순이었다. 심리적 불편함으로는 분노가 28.3%로 가장 높았고, 이어서 짜증, 불안, 우울 등의 순으로 나타났으나, 2016년 조사에서는 외로움(36.4%), 불안(28.1%), 우울(25.9%), 분노(24.2%) 순으로 나타났다. 그 외 성격은 충동성(46.7%), 예민함(36.8%), 비정직성(30,9%) 순으로 나타났고, 인지 측면에서는 미디어를 통해 스트레스를 해소하는 경향성이 높았고(54.1%), 자기존중감이 낮게 나타났다. 일상경험에서는 스트레스(53.3%), 여가활동 부족(48.3%), 생활에 불만족(44.9%) 순으로 조사되었다. 미디어중독으로 걱정되는 영역은 성격(심리적)문제가 22.5%로 가장 많았고, 신체적 문제(19.3%), 가족관계 문제(15.9%) 순으로 나타났다. 도움이 필요한 영역에서도 성격(심리적)문제가 22.5%로 가장 높아 걱정되는 영역과 일치한 결과를 보였다(한국정보화진흥원, 2016).

2. 미디어중독 원인

　미디어중독의 원인에 대한 연구가 연구초기에는 개인적 요인에 집중되어 왔으나(강주연, 2012; 이민석, 2011), 체계적 관점에서 환경적 요인에 대한 관심이 증가하게 되면서 다차원적 관점이 중요하게 되었다. 특히, 인간의 신체적, 정신적, 사회적 측면 뿐 아니라 영적인 측면을 포함한 전인적 관점에서 인간 이해의 중요성이 부각되면서 영성이 핵심으로 주목받고 있기 때문에 영적 요인까지 포함하여 살펴보고자 한다(김영경, 2007; Myers, Witmern & Sweeney, 1997).

1) 개인적 요인

　미디어중독에 영향을 미치는 개인적 요인 중에서 스트레스가 주요한 변인으로 연구되고 있다(김영경, 2012a, 2012b, 2013a, 2013b; 박훈미, 2013). 스트레스는 중독 및 중독재발과 관련된 위험요인 중에 하나이기도 하다. 물론, 미디어매체가 외로움, 분노, 좌절감과 같은 부정적 정서와 스트레스를 감소시키기 위한 수단으로 사용된다는 보고도 있다(Douglas et al., 2008). 특히 청소년은 성인에 비해 스트레스에 대한 대처 능력이 약하여 충동적이고 부적응적인 방법으로 스트레스를 표출할 위험이 높다(함진선, 현명호, 임영식, 2006). 한편, 스트레스 완충모델에 의하면 스트레스를 경험하는 모든 사람이 부적응을 경험하는 것이 아니고, 개인이 어떻게 지각하고 대처하느냐에 따라 다른 결과를 초래하기에(Coyne, Aldwin & Lazarus, 1981; Gore & Edenrode, 1994) 스트레스 자체보다는 스트레스에 영향을 미치는 개인 특성과 같은 다른 요인에 대한 연구의 필요성이 부각되고 있다.

　개인적 특성으로는 낮은 자존감과 정체감에 대한 불만(Young & Rogers,

1998), 우울, 충동성, 공격성과 같은 정서적 특성(권재환, 2010; 박승민, 송수민, 2010; 이해경, 2002), 낮은 자기통제력, 거절민감성, 내현적 자기애 등이다(류경희 홍혜영, 2014; 심보현, 2013; 이경미, 김완일, 2014; Yeo, 2013). Young 등(1998)은 자아존중감이 낮을수록 사이버 공간을 통해 자존감을 충족시킨다고 보았다.

미디어중독이 다문화 가정에서도 많이 나타나고 있는데 다문화 청소년들의 미디어중독 실태를 연구한 최연(2012)의 보고에 의하면 다문화 청소년들의 미디어중독 원인 중 개인적 요인은 정체성 혼란과 중도출입국 등이었다. 여러 가지 환경적 요인과 겹쳐 적응에 어려움을 겪으면서 반복적으로 출입국을 하게 되어 어느 한쪽에도 정착하지 못한 채 정체성 혼란이 더 가중되어 미디어중독으로 빠져들게 되는 것으로 사료된다.

2) 환경적 요인

미디어중독에 영향을 미치는 환경적 요인으로 크게 가정요인과 지역사회 요인으로 나눌 수 있고, 청소년 경우에는 또래관계도 중요한 환경적 요인으로 영향을 미치고 있다. 먼저, 가정요인은 부모의 양육태도, 부모의 지지, 부모의 스트레스 정도, 부모-자녀 간 의사소통 등이다(김수연, 2012; 류진아, 2003; 박훈미, 2013; 우임덕, 2013; 우정애, 김성봉, 2014; 정은경, 2008). 오현희와 김현진(2014)은 청소년의 경우, 부모의 애착이 개인의 심리적 문제에 영향을 미침으로써 청소년의 중독에 직접적인 영향을 미칠 가능성이 크다고 하였다. 특히, 청소년들이 부모로부터 독립하고 싶어 하는 욕구로 인해 부모-자녀관계가 소원해지고, 이를 회피하거나 자신의 존재감을 확인하기 위해 소통의 매체인 인터넷과 스마트폰에 빠져들게 되는 것으로 보았다. 유아대상 연구에 의하면(나용선, 2013; 박소영, 2015), 어머니의 양육스트레스, 양육행동의 과보호·허용, 스마트미디어중독이 유아의 스마트미디어중독에 정적 영향을 미치는 것으로 나타났다. 이 중 가장 큰 영향을 미치는 변인은 '어머니의 스마트미디어중독'이었다. 한 조사에 의하면(한국정보화진흥원, 2016), 부모가 위험군인 경우 유아동도 위험군에 속한 비율이 23.5%로 부모가 일반사용자군이면서 유아동이 위험군에 속한 비율(17.3%)보다 높게 나타났고, 청소년의 경우에서도 36%(일반사용자군 부모의 청소년자녀 29.7%)로 높게 나타남을 볼 때 부모의 중독성이 자녀에게 미치는 영향이 크다 할 수 있다. 스마트미디어 사용하는 유아의 위험사용자군이 7.3%인데 위험사용자군의 사용시기가 더 빨랐고, '가정 내 규칙의 유무'에 있어서는 위험사용자군의 규칙이 적은 것을 볼 때, 미디어중독을 예방하기 위해서는 가정에서 부모의 역할이 중요하다.

　한국정보화진흥원(2015) 조사에 의하면 인터넷의 경우, 한부모 가정(13.6%), 다문화 가정(14.1%), 맞벌이 가정(13.8%) 청소년들이 각각 높게 나타났고, 스마트폰의 경우에서도 한부모 가정(33.4%), 다문화 가정(32.8%), 맞벌이 가정(32.4%) 청소년의 스마트폰 과의존위험군이 높게 나타났으나, 이를 가족유형별로 낙인화하지 않도록 주의가 필요하다. 가족유형에 따른 결과이기보다 앞에서 언급한 것처럼 부모의 양육태도, 의사소통, 애착관계 등이 더 큰 변수로 작용하고 있기 때문에 이에 대한 해결방안을 모색하기 위한 접근이 더 필요하다. 한국정보화진흥원(2012)의 조사에 의하면 인터넷중독 회복을 위해서 가장 중요한 역할을 해야 하는 주체로 본인(88.1%)과 가족(73.7%)으로 나타난 결과를 볼 때, 가정환경의 중요성을 가히 짐작할 수 있다.

　환경적 요인에서 간과할 수 없는 부분이 지역사회 요인이다. 청소년들의 경우 낮은 사회적 지지와 사회적 고립으로 미디어중독에 더 노출될 가능성이 높다는 보고가 있다(전춘애, 박철옥, 이은경, 2008; 전호선, 2016; 조남근, 양돈규, 2001). 특히 미디어 사용에 대한 지역사회의 허용적 분위기와 접근성, 지역사회의 해체 빈곤, TV매체에서 방송되고 있는 게임방송이나 광고 등은 미디어중독에 가장 영향력 있는 예측변수로 보고되고 있다(권윤희, 2005; Derevnsky,

Sklar, Gupta, & Messerlian, 2010; Hogan et al., 2003; Kirby & Fraser, 1997).

환경적 요인으로 청소년들에게 있어서 또래관계는 중요하다. 또래관계가 미디어중독에 영향을 미친다는 연구도 있지만(박훈미, 2013; 배주미, 조영미, 정혜연, 2013) 미디어중독에 영향을 미치지 않는다는 연구도 있다(전호선, 2016; 정명진, 2013). 이는 또래관계가 원만하지 않아 사이버상에서의 소통을 위해 미디어중독에 빠지기도 하지만, 오히려 미디어를 이용한 소통이 또래관계를 유지하고 강화시키기에 또래집단과 상호작용을 많이 할수록 스마트폰을 더 많이 사용하게 되어 미디어중독 가능성이 높다는 것을 의미한다.

3) 영적 요인

중독에서 영성 및 종교의 영향에 관한 연구들이 진행되어 왔으나(김영경, 2012b; 이상훈, 신성만, 2011; Hodge, Andereck, & Montoya, 2007; Petry, Lewis, & Ostvik-White, 2008), 미디어중독에 있어서는 연구가 미흡하다(김영경, 2013a, 2017; 박명준, 2013; 신성만, 김주은, 오종현, 구충성, 2011). 박명준(2013)에 의하면 청소년의 영적 안녕감이 낮을수록 미디어 중독이 높게 나타나고, 미디어중독 청소년과 비중독 청소년을 변별할 수 있는 변인인 것으로 보고하였다. 의대생을 대상으로 한 연구에서는(김영경, 2013a) 영적 안녕이 낮을수록 인터넷 중독이 높게 나타났고, 스트레스와 인터넷중독과의 관계에서 영적 안녕이 부분매개 하는 것으로 나타났다. 청소년의 스마트폰중독과 영적 안녕과의 연구에서도(김영경, 2017) 영적 안녕이 낮을수록 스마트폰중독이 높게 나타났고, 가족기능과 스마트폰중독과의 관계에서 영적 안녕이 부분매개 하는 것으로 나타났다. 이러한 연구 결과들을 볼 때, 미디어중독에 대한 영성의 영향과 역할에 대한 연구가 지속되어야 한다.

3. 미디어중독 상담

1) 미디어중독 상담

한국정보화진흥원(2015)의 조사에 의하면 미디어중독 해소를 위한 효과적 정책으로 '학교파견 상담 프로그램 운영'이 31.1%로 가장 높게 나타났고, 다음으로 '상담기관 운영 및 지정(30.8%)' '상담치료 프로그램 운영(23%)' 등이 뒤를 이었다. 미디어중독으로 의심 혹은 진단을 받은 경험자들이 과다사용을 줄이기 위해 가장 도움이 되었던 방법은 '교육 및 상담(68%)'이었으며, 그 다음으로 자신의 의지, 가족이나 친구 등 주변 도움 순으로 나타났다. 중독에서 회복되기 위해 자신의 의지도 필요하지만, 중독의 특성과 증상을 볼 때 자신의 의지만 갖고 벗어날 수 없기 때문에 상담적 개입이 중요하다. 특히 미디어중독은 유·아동뿐 아니라 다문화, 북한이탈주민, 청소년부터 노인에 이르기까지 다양하게 나타나고 있기 때문에 대상별 특성을 고려한 맞춤식 상담 프로그램 개발이 시급하다. 모든 상담영역이 그러하지만, 한 명의 중독 상담 전문가를 양성하기까지 오랜 시간이 소요되고, 중독자들은 계속해서 증가하고 있기에 이 문제를 해소하면서 효과적인 접근을 위해 대상별 맞춤식 미디어중독 예방 및 회복 집단상담 프로그램 연구 개발이 필요하다.

2) 미디어중독 예방

예방정신의학분야에서는 예방을 3가지로 분류하여 설명하고 있다. 1차 예방은 질병자체가 발생하지 않도록 하는 적극적 예방이고, 2차 예방은 질환이 이미 발생한 개인에게 더 이상 진행되기 전 조기에 발견하여 치료하는 예방법이다. 3차 예방은 사회적 역할을 다시 할 수 있도록 하는 재활치료가 대표적이라 할 수 있겠다. 미디어중독자들의 회복을 위한 상담적 개입방안 모색도 중요하지만, 중독 이후 회복까지 많은 시간과 에너지가 소모되기 때문에 1차 예방에 대한 관심과 필요성이 부각되고 있다. 특히, 한국정보화진흥원(2015)의 조사에 의하면 미디어중독 예방교육 경험자들의 72.4%가 도움이 된다고 응답하여 긍정적 평가를 받았다. 대부분의 예방교육이 그러하지만, 미디어 사용으로 인한 폐해 등을 강조하여 미디어 사용을 자제시키는 것에 중점을 두고 있다. 그러나 현실적으로 미디어 자체를 사용하지 않을 수 없기 때문에 부정적인 측면을 드러내기보다 올바른 미디어교육으로 오히려 능동적이면서 긍정적으로 제대로 사용할 수 있는 방안 모색이 필요하다. 미디어중독 예방교육이 미디어에 대한 올바른 이해뿐 아니라 더 나아가 주체적으로 창조 및 활용할 수 있는 능력을 기르는 교육으로 진행된다면 훨씬 더 현실적이고, 효과적일 듯하다.

미디어중독을 줄이기 위한 방법으로 고위험군은 주변도움이 48.9%로 가장 높게 나온 결과를 볼 때(한국정보화진흥원, 2016), 미디어중독 예방을 위해서 가족뿐 아니라 친구 더 나아가 지역사회의 협조가 필요하기 때문에 이들에 대한 예방교육이 선행되어야 한다. 여성 중독자를 대상으로 한 Turner, O'dell, & Weaver(1999)의 연구 결과에 의하면 대상자들 중 3분의 2가 종교인들이 그들의 중독을 이해할 수 없기 때문에 교회가 도와줄 수 없다고 보고하였다. 이러한 결과를 볼 때, 교인들의 예방뿐 아니라 중독자들의 치유와 회복을 위해서 일반 교인들을 대상으로 중독에 대한 이해와 예방교육이 필요하다.

3) 미디어중독 보호요인

Kirby 등(1997)은 보호요인이란 위험요인을 감소시키는 데 도움을 주는 내·외적 힘으로 정의하였다. 즉, 보호요인은 문제행동의 발생 가능성을 낮추는 역할을 한다. 일반적으로 보호요인이 위험요인의 부재나 위험요인의 반대편에 위치한 요인으로 정의되곤 하는데 이상준(2015)은 개념적으로 다르게 다루어져야 한다고 하였다.

　일반적으로 보호요인 중 개인적 요인은 신체적 건강상태, 자아존중감, 통제감, 발랄한 기질, 자아정체감, 자기효능감, 자아탄력성, 긍정적 가치관, 지성 등이고, 환경적 요인은 가족유대, 사회적지지, 예방을 위한 지역사회의 적극적 개입, 지역사회와의 유대 등으로 나타났다(구본용 등, 2005; 김영경, 2013b; 유성경, 이소래, 송수민, 2000; Garmezy, 1993; Hogan et al., 2003). 특히, 영성이 중독 회복에 있어서 주요한 역할을 해오면서(Corcoran & Nichols-Casebot, 2004) 미디어중독 보호요인들 중 하나로 주목받고 있기 때문에 이에 대한 지속적인 연구가 필요하다.

4) 미디어중독 보호요인으로써의 영성

　Hawks, Hull, Thalma, & Richins(2005)는 인간의 전인적 안녕의 구성요소로서 영성의 중요성을 인식하였고, 영적 안녕과 심리적 건강 간에 중요한 관련이 있음을 보고하였다. 영성과 종교는 건강뿐 아니라 중독과도 관련 있다는 사실에 관심이 증가하고 있다(Booth, & Martin, 1998). 영성은 신성한 또는 초월적 존재와 관련짓는 개인적, 실존적 또는 관계적 개념으로 정의하고, 종교는 조직적 또는 구조적 개념으로 정의하는 경향이 있다(Hodge et al., 2007). 종교는 절제행동을 지지해 주고 유지하도록 하는 영성을 강하게 하는 자원이면서 공동체를 제공해 주는 역할을 한다. 종교생활을 통해 종교 모임에 회원이 되고, 정기적인 예배에 참석하는 사람들이 중독과 관련성이 낮다는 보고가 있다(Miller, & Bogenschutz, 2007).

　영성과 관련하여 가장 보편적으로 사용되는 개념이 Ellison(1983)의 영적 안녕이다. Ellison에게 있어서 영적 안녕은 인간의 전인성을 회복시키는 하나님, 자신, 환경과의 관계에서 긍정적인 삶의 태도를 의미한다. 그는 영적 안녕을 두 가지 차원으로 구분하여 설명하고 있다. 첫 번째는 하나님과의 관계에서의 안녕을 의미하는 수직적 차원의 '종교적 안녕(religious well-being)'이고, 두 번째는 삶의 목적과 만족을 의미하는 수평적 차원의 '실존적 안녕(existential well-being)'이다. 이처럼 영성은 종교뿐 아니라 삶의 의미와 목적성과도 관련이 있기 때문에 삶의 의미와 방향성을 상실한 채 살아가고 있는 현대인들에게 영성은 중요한 역할을 할 것으로 사료된다. 특히, 영성의 한 축인 삶의 의미와 목적을 추구하는 실존적 안녕이 높은 청소년의 경우 문제 상황에 적게 빠짐을 볼 때, 의미 있는 보호요인이라 할 수 있다(박지아, 유성경, 2003). 또한, 중독 회복에 있어서 어려움을 겪게 되는 것이 바로 재발 때문인데 재발 시 성공적인 회복을 경험한 사람들에게서 영성이 중요한 역할을 하고 있고(Jaruisewicz, 2000), 치료 동안 회복과 변화를 시도하려는 노력을 함에 있어서도 영성이 중요한 역할을 하고 있다(Flynn et al., 2003).

미디어중독에 있어서도 보호요인으로서의 영성에 관한 연구가 진행되었는데 신성만 등(2011)은 영적 안녕 중에서 실존적 안녕만을 선택하여 인터넷중독과의 관련성을 연구한 결과, 실존적 안녕이 높을수록 인터넷중독이 낮은 것으로 보고하였다. 의대생을 대상으로 한 김영경(2013a)의 연구에서는 스트레스로 인해 인터넷중독 문제를 경험하고 있는 의대생을 상담함에 있어서 영적 안녕에 초점을 두어 개입할 때 더 효과적일 수 있음을 밝혔다. 영적 안녕이 부정적인 스트레스 상황에서도 의미와 희망을 갖도록 돕는 내적자원의 역할을 하기 때문에(Georgel et al., 2000; Howden, 1992) 영성의 활용방안을 모색할 필요가 있다.

박명준(2013)에 의하면 청소년의 영적 안녕이 미디어중독 청소년과 비중독 청소년을 변별할 수 있는 변인인 것으로 보고하였다. 김영경(2017)의 연구에서도 스마트폰중독에서 영적 안녕이 보호요인으로서의 역할이 가능하며, 특히 삶의 의미와 목적성을 찾고자 하는 청소년에게 실존적 안녕에 초점을 둔 상담적 개입이 효과적일 수 있음을 보고하였다. 영성이 예방과 건강한 행동을 위해서 뿐만 아니라 자신의 성장과 발달을 위한 기초가 됨을 보고한 연구(Amaro et al., 2010)를 볼 때, 성장기 청소년들에게 있어서 주요한 보호요인의 역할을 할 것으로 사료된다.

미디어중독과 영성에 관한 연구가 아직은 초기단계이기 때문에 영성 차원 중 신념, 가치, 하나님과의 관계, 영적 공동체와의 관계 등이 미디어중독 예방, 치유 및 회복에 있어서 관련성과 영향력 등에 대한 연구가 부족하다. 이러한 기초연구뿐 아니라 이를 근거로 효과적인 개입을 위한 프로그램 개발 연구가 필요하다.

4. 미디어중독 상담 실제

[사례] 웃고 있는 아이들이 좋아요 [1]

대학교 3학년인 A군은 회사원인 아버지, 교육관련 업종에 종사하는 어머니와 함께 살고 있으며, 학교와 교회에서 모두가 인정하는 밝고 성실한 기독청년이다. 그러나 귀가하면 자기 방에 들어가 혼자 시간을 보낸다. 이는 A군만이 아니라 직장일로 지친 부모님도 동일하다. 결혼 초부터 맞벌이를 한 부모는 A군이 원하는 것은 대부분 제공해 주었으나 A군의 기억 속에는 부모님과 함께한 즐거운 추억이 거의 없다.

중학교 때부터 밤마다 유아들이 출연하는 인터넷 TV방송을 즐겨보던 A군은 해맑게 웃는 아이들의 모습을 보면 너무 사랑스러워 안고 싶은 충동에 자위를 한다. A군은 혼자만의 비밀을 간직한 채 자신의 이중성으로 인해 죄책감에 시달리고 있다.

자신의 이중성을 감추기 위해 또, 부모와 주변인들로부터 인정받기 위해 하루에 2~3시간만의 수면으로 학교와 교회가 요구하는 과업을 수행했던 A군은 시간이 지남에 따라 몸도 마음도 서서히 지쳐 가고 있다. 학교 성적은 떨어지기 시작했고, 수업과 예배시간에는 졸기 일쑤이며, 이러한 행동에 대해 부정적인 피드백을 받지 않으려고 가혹할 정도로 자신을 더 바쁘게 몰아붙인다.

1) 사례분석

(1) 맞벌이 가족의 특징

경제적 부담 해소와 여성들의 사회진출에 대한 욕구가 증가하면서 맞벌이 가정이 늘고 있다. 맞벌이 가정 부부가 양육과 가사 분담을 효율적으로 할 때 경제적인 안정과 더불어 자녀들에게는 독립심과 함께 복합적인 역할을 담당하는 부모의 모습을 통해 양성 모두를 유능하게 지각하는 긍정적인 측면이 있다(Hoffman, 1989). 그러나 역할 분담이 효율적으로 이루어지지 않아 갈등이 발생할 경우, 이에 대한 피해는 자녀가 고스란히 받게 된다.

부부간의 역할 평등과 자녀 양육에 아버지의 참여가 늘어나고 있지만 자녀의 주된 양육자는 대개의 경우 어머니이다(김유숙, 2011; 정옥분, 2013). 자녀 양육에 무관심한 아버지와 직장과 가사로 지친 어머니로 인해 자녀들은 방치될 수 있다. 방임적인 부모 밑에서 자란 자녀들에게 나타나는 특징으로는 충동적이고, 공격적이며 자아존중감이 낮다. 사회적으로는 미성숙하고, 학업 성적도 떨어지는 것으로 나타난다. 특히 어머니의 취업에 대한 태도가 긍정적일수록 자녀에게 좋은 역할 모델이 되는 반면, 직장과 가사 일 사이에서 심리적 갈등을 겪으며 자녀 양육에 대한 죄책감을 갖게 될 때 자녀에게 부정적인 영향을 미칠 가능성이 높아진다(송명자, 2011 재인용).

(2) 사례 A 맞벌이 가족의 역동

부모의 원가족의 경제적 어려움으로 인해 어려서부터 고생한 A군의 부모는 자녀에게만큼은 경제적 고통을 되물림 하지 않기 위해 결혼 초부터 맞벌이를 했다. 직장 일로 서로 지쳐 있는 이들에게 집안일은 부부갈등의 원인이 되었다. A군이 태어나면서 육아까지 겹쳐 역할 분담이 되지 않은 상태에서 A군의 양육은 거의 어머니의 몫이었고, 이로 인해 어머니의 스트레스는 극심한 상태에 이른다.

A군은 주말조차도 부모님과 얼굴을 마주하며 함께 시간을 보내기가 어렵다. 부모님은 밀린 집안일과 직장일로 지친 몸과 마음을 쉬기에도 부족하다. 어쩌다 가족이 한자리에 모이면 A군의 교육문제로 부모님들의 언성이 높아지면서 다투었고, 그럴 때마다 A군은 자기 방으로 들어가 동화책을 읽거나 블록 쌓기를 하며 보낸다. 싸움이 끝나고 나면 하나같이 A군에게 와서 "무시당하지 않으려면 공부 열심히 해라." "네가 우리 집안을 일으켜 세워야 한다."며 부담을 주었다. 맞벌이로 인해 경제적으로는 풍요로웠지만 늘 외로웠던 A군이 그리워하는 것은 어릴 적 자신을 만져 주고 품어 주었던 부모의 따뜻한 손길이다.

가문의 명성을 회복시켜야 하는 과업 수행의 도구로 여겨져 온 A군은 한 인격체로 존중받은 경험이 거의 없기 때문에 자존감이 낮고, 관계 맺기를 주저하면서도 칭찬과 인정에는 늘 목말라한다. A군은 잠을 줄이면서까지 과업 수행을 하여 성과를 올리고 있지만 이는 유기불안에 대한 방어기제인 승화의 한 형태로 보여진다. 이 또한, 학년이 올라갈수록 학업 스트레스가 가중되어 목표에 도달하지 못하게 되면 불안이 심각하게 표출되었다.

불안과 스트레스로부터 안식을 얻기 위해 A군이 선택한 방법은 안전한 사이버 공간에서 아이들이 등장하는 웹툰이나 TV를 보면서 하는 자위행위이다. 성인인 A군이 아이들에게 어릴 적 자신을 투사하여 자위행위로 위안을 받고 있는 듯하다. 기독인 A군은 자신의 행동에 대한 죄책감과 함께 성실한 기독청년으로 알고 있는 교회 공동체 내에서 자신의 이중성이 알려지는 것에 대한 두려움으로 전전긍긍하며 자신을 더욱더 혹독하게 율법 속에 생활하도록 몰아가고 있다.

　A군 존재 자체보다 A군이 이루어 낸 성과에 따라 부모의 반응이 결정되다 보니 신앙에 있어서도 자신이 무엇인가를 해야만 하나님의 사랑을 받을 수 있다고 생각함으로 율법에 얽매여 하나님을 인격적으로 만나지 못하고 있다. A군은 하나님이 자신에게 곧 징계를 내리실 것이며 그 방법만이 자신의 이중적인 삶을 그만둘 수 있는 유일한 방법이라며 두려워하고 있다. A군에게 있어서 영성은 미디어중독에서 회복시키는 보호요인으로 작용하기보다 오히려 스트레스 원으로 작용하여 중독을 더 가중시키고 있는 듯하다.

(3) 상담적 개입

　A군의 상담은 10회기 단기상담으로 진행되었다. A군의 주호소문제는 가족문제가 제일 심각하고, 인터넷 게임도 많이 하는데, 웹툰이나 인터넷TV를 통해 남자아동에 대한 성적욕구는 죄라고 생각하지만 만성화되어 둔감한 것 같다고 하였다. A군은 인터넷 게임이나 성적욕구 등이 가족관계에서 기인된 것 같다며 가족에 초점을 맞추어 상담하길 원했고, 단기상담으로 진행되기 때문에 합의된 목표는 가족에 대한 관심갖기인데 이를 확인하는 목표로는 '가족에게 통화하고 싶어서 전화 걸기'로 잡았다. 상담목표를 달성하기 위한 개입전략으로 Neuger(2002)와 White(2010)의 이야기치료 기법을 활용하였다.

　Neuger(2002)의 5R은 문제에 가려 잊고 있던 경험들과 내담자의 이야기를 지지해 주는 대항이야기 찾기인 기억하기(Rembering), 이야기의 내용을 정확하고 진실되게 받아들이고, 그 내용을 새로운 시각으로 바라보고 의미를 부여하는 재구조화(Reframing), 지금까지 올바른 가치로 여겼던 것을 뒤집는 번복하기(Reversing), 새로운 방향과 선택들을 생각해 내도록 상상하기(Re-imagination), 마지막으로 새로운 이야기 만들기(Restorying)이다. A군은 중학교 이전 기억이 잘 떠오르지 않고, 기억하는 장면도 혼자 놀았던 기억이었으나 상담이 진행되면서 어릴 적 찍었던 사진들과 주변 사람들로부터의 이야기를 통해 자신이 호기심 많고, 활발하고, 만들기를 좋아하는 아이였음을 기억하고, 친구가 없어서 혼자 논 것이 아니라 조립하는 것을 즐겨해서 혼자만의 시간을 갖게 된 것이고, 다양한 호기심으로 실험하는 것을 좋아한 아이로 자신에 대한 새로운 의미를 부여하였다. 이를 기반으로 새로운 방향과 선택을 위한 상상하기와 새로운 이야기 만들기를 좀 더 견고하게 하기 위해 White(2010)의 다시쓰기 대화(re-authoring conversation) 기법을 적용하였다.

　White(2010)의 다시쓰기 대화는 '행동영역'과 '정체성영역'으로 설명되는데 '행동영역'은 이야기의 재료이자 이야기 주제를 이루는 사건, 상황, 시간, 줄거리를 의미하고, '정체성영역'은 지향 상태, 가치, 내면상태, 깨달음, 교훈, 지식 등을 의미한다. 행동영역과 정체성영역은 지금은 간과되고 있으나 의미 있는 삶의 이야기들에 내담자가 의미를 부여하여, 더 이상 주변의 이야기가 아니라 자기 삶의 주요한 이야기로 새롭게 써나갈 수 있도록 하는 기초를 만들어 준다. 이를 위해 A군에게 사용된 질문들은 다음과 같고, 이 질문들을 도식화하면 [그림 4-1]과 같다.

① 남자아이들이 나오는 웹툰이나 인터넷 TV를 보면서 따뜻한 가족을 떠올렸다고 했는데 이를 볼 때 A군이 소중하게 여기는 것은 무엇이라고 생각하세요? 이 질문은 정체성영역에 해당되는 것으로 자신을 괴물로 생각하는 관점을 다른 시각에서 볼 수 있도록 하였다.
② 그렇게 생각할 만한 또 다른 이야기가 혹시 있을까요? 이 질문은 행동영역 질문으로 따뜻함을 소중하게 여기는 또 다른 이야기를 떠올리게 함으로써 새로운 관점을 재확인하고, 견고하게 한다. 이 질문을 통해 A군은 어릴 적 새로운 것을 조립하거나 새롭게 알게 된 것이 있으면 친구들에게도 알려줘서 함께했던 기억을 떠올렸다.
③ A군이 그런 일을 한 것을 보면 어떤 사람이라고 생각이 드세요?(정체성영역) A군은 이 질문을 통해 자신이 창의적이고, 새로운 것을 좋아하면

서 함께 나누는 것을 즐겨했던 아이임을 깨닫게 되었다. 이러한 재능이 하나님께서 자신에게 준 귀한 달란트라는 생각을 갖기 시작했다.

④ 이런 자신의 모습을 통해 볼 때, 앞으로 어떤 일을 할 수 있을 것 같은가요? 이 질문은 미래의 새로운 이야기를 상상하게 하는 행동영역 질문이다. A군은 잊고 있었던 친구들, 자신을 보살펴 주고, 지지해 주었던 학교와 교회 교사들을 만나 자신의 기억들을 확인하고 싶다고 했다.

⑤ 만약 그렇게 한다면 어떤 생각(지향점)에서 하게 된 것일까요? 이 질문은 정체성영역으로 미래를 향한 자신의 지향점을 다시 한 번 더 점검하게 한다. A군은 그동안 부모에게 돌봄 받지 못해 괴물이 되었다는 생각에서 벗어나 부모 또한 아픔이 있는 존재로 이해하게 되었다. 더 이상 부모를 원망하면서 자신의 시간을 허비하기보다 자기 삶의 이야기를 새롭게 써 나갈 계획을 세웠다.

　A군은 방학 동안 자신이 태어난 곳에서부터 성장한 지역까지 순차적으로 여행을 하면서 어릴 적 놀았던 놀이터, 유치원, 학교, 교회 등을 방문하고, 연락방법을 총동원하여 만나고 싶었던 사람들을 만나면서 자신의 정체성을 확인하고 점검하는 시간을 갖고 돌아왔다. 그들과의 만남이 A군에게는 일종의

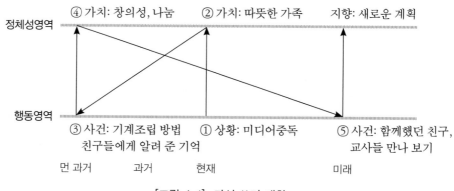

[그림 4-1] 다시 쓰기 대화

정의예식(definitional ceremony)으로 자신의 정체성을 견고히 하는 의식과 같은 역할을 한 것으로 사료된다. A군은 이 상담을 통해 미디어중독이 완전히 사라진 것은 아니지만 자신뿐 아니라 부모님을 허용해 주고, 이해하게 되었고, 자신의 달란트가 쓰임받을 수 있도록 훈련하면서 자신의 이야기를 계속 써 보겠다며 상담을 종결하였다.

후주

1) 본 사례는 내담자 보호를 위해 개인적 정보와 기타 내용을 일부 각색한 것이다. 혹, 주위에서 본 사례와 유사한 사람을 만났을 때, 동일 인물로 생각하지 않기를 바란다.

참고문헌

강주연 (2012). 직장인의 스트레스와 스트레스 대처방식, 충동성이 스마트폰 중독에 미치는 영향. 가톨릭대학교 대학원 석사학위논문.

구본용, 금명자, 김동일, 김동민, 남상인, 안현의, 주영아, 한동우 (2005). 위기(가능) 청소년지원모델 개발연구. 서울: 국가청소년위원회.

권윤희 (2005). 청소년의 인터넷 게임중독 예측모형 구축. 계명대학교 대학원 박사학위논문.

권재환 (2010). 국내 인터넷 중독 연구동향, 청소년학연구, 15(3), 59-86.

김동일, 이윤희, 이주영, 김명찬, 금창민, 남지은, 강은비, 정여주 (2012). 미디어 이용 대체 · 보완과 중독: 청소년과 성인의 인터넷 및 스마트폰 사용 형태를 중심으로. 청소년상담연구, 20(1), 71-88.

김봉섭 (2006). 디지털 기기 의존증의 가능성에 대한 탐색적 연구: 미디어 측면에서의 접근. KADO 이슈리포트, 3(6) 통권 30호. 서울: 한국정보화진흥원.

김수연 (2012). 청소년이 지각한 부모의 양육태도 및 심리적 욕구와 인터넷 중독 간의 관계. 단국대학교 대학원 석사학위논문.

김영경 (2007). 중년기 교인들의 목회상담을 위한 전인적 안녕 모형. 연세대학교 대학원 박사학위논문.

김영경 (2012a). 청소년의 스트레스가 현재 도박행동과 미래 도박행동 가능성에 미치는 영향: 인터넷중독과 비합리적 도박신념의 매개효과. 한국심리학회지: 상담 및 심리치료, 24(1), 175-195.

김영경 (2012b). 청소년의 도박행동에 미치는 영향에 관한 연구. 한국기독교상담학회지, 23(2), 31-55.

김영경 (2013a). 의대생의 스트레스와 알코올 중독, 인터넷 중독 및 도박중독과의 관계: 영적 안녕의 매개효과. 상담학연구, 14(1), 97-114.

김영경 (2013b). 청소년의 스트레스와 인터넷 중독 및 도박행동과의 관계: 자기효능감과 자아탄력성의 조절효과 검증. 한국청소년연구, 24(1), 127-156.

김영경 (2017). 고등학생의 가족기능과 스마트폰 중독의 관계: 외로움과 영적 안녕의 매개효과. 한국기독교상담학회지, 28(1), 43-69.

김유숙 (2011). 가족상담(2판). 서울: 학지사.

나용선 (2013). 부모 양육태도가 유아 스마트폰 중독에 미치는 영향: 어린이집 이용 유아를 중심으로. 한국유아교육보육행정연구, 17(3), 32-53.

류경희, 홍혜영 (2014). 중학생의 외현적, 내현적 자기애와 스마트폰 중독 간의 관계: 공격성의 매개효과. 청소년학연구, 21(8), 157-183.

류진아 (2003). 청소년의 인터넷 중독에 영향을 미치는 생태체계 변인. 숙명여자대학교 대학원 박사학위논문.

박명준 (2013). 청소년의 미디어를 통한 중독행동과 영적 안녕감 및 사회적지지 간의 관계: 인터넷 게임, 스마트폰, 사이버섹스를 중심으로. 한동대학교 대학원 석사학위논문.

박소영 (2015). 유아의 스마트미디어 사용실태 및 과다사용에 영향을 미치는 변인 연구. 가톨릭대학교 대학원 박사학위논문.

박승민, 송수민 (2010). 청소년의 인터넷 과다사용에 미치는 개인적, 환경적 영향 요인 연구. 인간이해, 31(2), 251-266.

박지아, 유성경 (2003). 적응 유연성과 영적 안녕 및 부모 애착간이 관계. 한국심리학회지: 상담 및 심리치료, 15(4), 765-778.

박훈미 (2013). 청소년의 스마트폰 중독에 영향을 미치는 요인에 관한 연구. 중앙대학교 대학원 석사학위논문.

배주미, 조영미, 정혜연 (2013). 초등학생 인터넷중독 위험군 유형 분석. 한국청소년연구, 24(2), 233-259.

손승혜 (2005). 디지털 미디어 시대의 매체간 경쟁과 수용자 선택. 한국언론학회 학술대회 발표논문집, 193-198.

송명자 (2011). 발달심리학. 서울: 학지사.

신광우, 김동일, 정여주 (2011). 스마트폰 중독 진단척도 개발 연구. 서울: 한국정보화진흥원.

신성만, 김주은, 오종현, 구충성 (2011). 청소년의 실존적 영적 안녕감과 인터넷 중독의 관계: 자아존중감과 우울의 매개효과. 상담학연구, 12(5), 1613-1628.

심보현 (2013). 청소년의 거절 민감성 및 부모-자녀 의사소통과 스마트폰 중독의 관계. 홍익대학교 대학원 석사학위논문.

오현희, 김현진 (2014). 중고등학생이 지각하는 부모애착과 인터넷 및 스마트폰 중독의 관계에서 가족의사소통의 매개효과 분석. 한국청소년연구, 25(4), 35-57.

우임덕 (2013). 아동이 지각한 부모의 양육태도와 부모-자녀간 의사소통이 스마트폰 중독에 미치는 영향. 경북대학교 대학원 석사학위논문.

우정애, 김성봉 (2014). 인터넷, 스마트폰 중독 성향 자녀를 둔 어머니의 스트레스에 관한 현상학적 연구. 상담학연구, 15(2), 865-885.

유성경, 이소래, 송수민 (2000). 청소년 비행예방 및 개입전략 개발을 위한 기초연구: 비행수준별, 유형별 위험요소 및 보호요소분석. 서울: 한국청소년상담원.

이경미, 김완일 (2014). 부모-자녀간 의사소통과 스마트폰 중독과의 관계에서 내현적 자기애의 매개효과. 상담학연구, 15(6), 2627-2644.

이민석 (2011). 스마트폰 중독에 영향을 미치는 요인 연구. 연세대학교 대학원 석사학위논문.

이상준 (2015). 청소년의 스마트폰 중독 및 스마트폰 게임중독에 따른 보호요인과 위험요인의 비교연구. 청소년복지연구, 17(2), 55-79.

이상훈, 신성만 (2011). 알코올 의존자들의 영성의 변화가 중독재활에 미치는 영향-DAYTOP치료공동체 모델을 중심으로. 한국기독교상담학회지, 22, 253-274.

이정림, 도남희, 오유정 (2013). 영유아의 미디어 매체 노출실태 및 보호대책. 서울: 육아정책연구소.

이해경 (2002). 인터넷상에서 청소년들의 폭력게임 중독을 예측하는 사회심리적 변인들. 한국심리학회지: 발달, 14(4), 55-79.

이형초, 안창일 (2002). 인터넷게임 중독의 진단척도 개발. 한국심리학회지: 건강, 7(2), 211-239.

임선영 (2013). 가정에서 유아 스마트폰 사용실태와 어머니의 허용과 인식: 계양구 유아를 대상으로. 중앙대학교 대학원 석사학위논문.

전춘애, 박철옥, 이은경 (2008). 청소년의 인터넷 중독 관련 변인 탐색 연구. 상담학연구, 9(2), 709-726.

전호선 (2016). 개인내적 요인, 가정환경 요인, 사회환경 요인이 청소년 스마트미디어 중독에 미치는 영향: 사회불안의 매개효과. 계명대학교 대학원 박사학위논문.

정명진 (2013). 청소년의 자기조절능력과 또래동조성이 스마트폰 중독에 미치는 영향 요인에 관한 연구. 대구대학교 대학원 석사학위논문.

정옥분 (2013). 아동발달의 이해. 서울: 학지사.

정은경 (2008). 청소년이 지각하는 부모의 양육태도와 심리적 안녕감이 인터넷 중독에 미치는 영향. 한양대학교 대학원 석사학위논문.

조남근, 양돈규 (2001). 청소년이 지각한 사회적 지지와 인터넷 중독 경향 및 인터넷 관련 비행 간의 관계. 한국심리학회지: 발달, 14(1), 91-111.

최연 (2012). 다문화가정 청소년의 미디어중독 현상과 미디어교육 방안 연구: 다문화가정 부모와 다문화교육 전문가와의 FGI를 중심으로. 중앙대학교 대학원 박사학위논문.

한국정보화진흥원 (2011). 소셜미디어 부작용 유형 분석 및 대응방향. IT 정책연구시리즈, 16.

한국정보화진흥원 (2015). 2015년 인터넷 과의존 실태조사. 미래창조과학부.

한국정보화진흥원 (2016). 2016년 인터넷(스마트폰) 과의존 실태조사. 미래창조과학부.

함진선, 현명호, 임영식 (2006). 스트레스, 중요타인의 흡연 및 흡연에 대한 신념이 청소년 흡연행동에 미치는 영향. 한국심리학회지: 건강, 11(1), 191-207.

Amaro, H., Magno-Gatmaytan, C., Melendez, M., Cortes, D. E., Arevalo, S., &

Margolin, A. (2010). An uncontrolled prospective pilot study of spiritual self-schema therapy with Latina women. *Substance Abuse, 31*, 117-125.

Booth, J., & Martin, J. E. (1998). Spiritual and religious factors in substance use, dependence, and recovery. In Koenig H. G. (Ed.). *Handbook of religion and mental health* (pp. 175-200). San Diego: Academic Press.

Bowen, M. W., & Firestone, M. H. (2011). Pathological use of electronic media: case studies and commentary. *Psychiatric Quarterly, 82*(3), 229-238.

Cordes, C., & Miller, E. (2000). *Fool's gold: a critical look at computers in childhood.* College Park.

Corcoran, J., & Nichols-Casebot, A. (2004). Risk and resilience ecological framework for assessment and goal formulation. *Child and Adolescent Social Work Journal, 21*, 211-235.

Coyne, C., Aldwin, C., & Lazarus, R. S. (1981). Depression and coping in stressful episodes. *Journal of Abnormal Psychology, 90*, 439-447.

Derevnsky, J., Sklar, A., Gupta, R., & Messerlian, C. (2010). An empirical study examining the impact of gambling advertisements on adolescent gambling attitudes and behaviors. *International Journal of Mental Health Addiction, 8*, 21-34.

Douglas, A. C., Mills, J. E., Niang, M., Stepchenkova, S., Byun, S., & Ruffini, C. (2008). Internet addiction: meta-synthesis of qualitative research for the decade 1996-2006. *Computers in Human Behavior, 24*, 3027-3044.

Ellison, C. W. (1983). Spiritual well-being: Conceptualization and measurement. *Journal of Psychology and Theology, 11*, 330-340.

Flynn, P. M., Joe, G. W., Broome, K. M., Simpson, D. D., & Brown, B. S. (2003). Looking back on cocaine dependence: reasons for recovery. *American Journal on Addictions, 12*(5), 398-411.

Garmezy, N. (1993). Children in poverty: resilience despite risk. *Psychiatry, 56*, 127-136.

Georgel, L. K., Larson, D. B., Koening, H. G., & McCullough, M. E. (2000). Spirituality and health: what we know, what we need to know. *Journal of Social and Clinical Psychology, 19*, 102–116.

Goldberg, I. (1996). Internet addiction. Electronic message posted to research discussion list. http://www.rider.edu/users/suler.psycyber/supportgp.html.

Gore, S., & Edenrode, J. (1994). Context and procoess in research on risk and resilience. In R. J. Hatterty, L. R. Sherrod, N. Germezy, & M. Rutter (Eds.), *Stress, risk, and resilience in children and adolescents* (pp. 19–63). N.Y.: Cambridge University Press.

Griffiths, M. D. (1999). Internet addiction. *The Psychologist, 12*(5), 246–255.

Hawks, S., Hull, M., Thalma, R., & Richins, P. (2005). Review of spiritual health: definition, role and intervention strategies in health promotion. *American Journal of Health Promotion, 9*, 371–378.

Hodge, D. R., Andereck, K., & Montoya, H. (2007). The protective influence of spiritual–religious lifestyle profiles on tobacco use, alcohol use, and gambling. *Social Work Research, 31*(4), 211–220.

Hoffman, L. W. (1989). Effects of maternal employment in the two–parent family. *The American Psychologist, 44*, 283–292.

Hogan, J. A., Gabrielsen, K. R., Luna, N., & Grothaus, D. (2003). *Substance abuse prevention: The intersection of science and practice.* Boston, MA: Allyn and Bacon.

Howden, J. W. (1992). *Development and psychometric characteristics of the spiritual assessment scale.* Doctoral dissertation. Texas Woman's University.

Jaruisewicz, B. (2000). Spirituality and addiction: relationship to recovery and relapse. *Alcoholism Treatment Quarterly, 18*(4), 99–109.

Kirby, L. D., & Fraser, M. W. (1997). Risk and resilience in childhood. In Fraser, M. (Ed.), *Risk and Resilience in Childhood: an ecological perspective* (pp. 10–33). Wachington, DC: NASW Press.

Marshall, D. (2005). The gambling environment and gambler behaviour: Evidence from Richmond–Tweed, Australia. *International Gambling Studies, 5*(1), 63–83.

Miller, W. R., & Bogenschutz, M. P. (2007). Spirituality and Addiction. *Southern Medical Journal, 100*(4), 433-437.

Myers, J. E., Witmern, J. M., & Sweeney, T. J. (1997). *The WEL workbook.* Greensboro, NC: Authors.

Neuger, C. C. (2002). 여성들을 위한 목회상담: 이야기심리학적 접근 (정석환 역). 서울: 한들출판사. (원저 2001년 출판).

Petry, N. M., Lewis, M. W., & Ostvik-White, E. M. (2008). Participation in religious activities during contingency management interventions in associated with substance use treatment outcomes. *The American Journal on Addictions, 17,* 408-413.

Sheeber, L., Allen, N. B., Leve, C., Davis, B. Shortt, J. W., & Katz, L. F. (2009). Dynamics of affective experience and behavior in depressed adolescents. *Journal of Child Psychology, and Psychiatry, 50,* 1419-1427.

Turner, N. H., O'dell, K. J., & Weaver, G. D. (1999). Religion and the recovery of addicted women. *Journal of Religion and Health, 38*(2), 137-150.

White, M. (2010). 이야기치료의 지도 (이선혜, 정슬기, 허남순 역). 서울: 학지사. (원저 2007년 출판).

Yeo, H. J. (2013). *Factors related to smart-phone addiction risk of adolescents.* Unpublished master's thesis, Catholic University of Daegu, Korea.

Young, K. S. (1997). *What makes the internet addictive: Potential explanations for pathological internet use.* 105th annual conference of the American Psychological Association.

Young, K. S., & Rogers, R. C. (1998). The relationship between depression and internet addiction. *Cyber Psychology and Behavior, 1*(1), 25-28.

제**5**장

도박중독과 영성:
기독(목회)상담적인 전망과 과제

권수영
(연세대학교 신과대학/연합신학대학원 목회신학 교수)

1. 들어가는 말

1922년 조선경마구락부로 역사적 태동을 시작한 한국 사행산업은 1999년까지 경마, 경륜, 복권, 카지노(외국인 전용) 업종만 유지해 오다, 사행산업 합법화 및 확산정책으로 2000년을 기점으로 급속하게 팽창하였다. 정부는 2000년을 기점으로 내국인카지노(강원랜드, 2000년 10월), 스포츠토토(2001년 10월), 경정(2002년 6월), 온라인복권(2002년 12월) 등으로 그 종류를 확대하였고, 단기적인 공급 규제에도 불구하고 2007년 이후 사행산업 규모는 매년 성장세를 기록하고 있다.

그러나 사행산업의 확대는 일반 시민들로 하여금 사행산업으로의 접근을 한층 용이하게 하여 국민들의 도박중독률 증가라는 사회적 문제를 야기시켰다는 지적이 끊이지 않았다. 결국 이러한 문제 해소를 위한 도박중독의 예방·치유 및 재활과 관련된 정부 정책의 수립 및 시행이 시급히 요구되는 상황에 이르렀다. 2007년 합법적 사행산업 총 매출액이 14조 6천억 원(불법사행산업 포함 시 29조~43조 원 추정)에 이르자, 이에 정부는 이듬해인 2008년 사행산업통합감독위원회법 및 시행령을 마련하고, 법률을 기반으로 하는 도박중독예방·치유센터의 설립을 통해 도박중독예방 및 치유와 관련된 사업을 활발히 전개하고자 노력하고 있다(사행산업통합감독위원회, 2008).

도박중독은 한 개인의 의학적 장애 혹은 정신보건의 문제이면서 동시에 단기간 내에 경제적인 파탄을 야기하는 문제와 관련이 있어서 가족과 사회 구성원 모두에게 치명적인 악영향을 미치는 심각한 사회문제이다. 2015년 발행된 『도박문제관리백서』에 의하면, 도박중독자들 64% 이상이 우울과 불안 증세를 경험하고 있고, 알코올 및 약물의존은 물론 50% 이상이 자살사고를 보고하였으며, 이 중 약 17%는 자살시도로까지 연결되고 있어 도박중독의 폐해는 정부가 개입할 만큼 위험한 수준에 이르고 있다고 해도 과언이 아니다.

이에 사행산업통합감독위원회법에 의하여 2013년 설립된 한국도박문제관리센터는 전국에 지역센터를 설치하고 민간상담기관을 선정하여 도박중독자 및 그 가족에 대한 상담을 2014년에 3,199건, 2015년에는 4,985건을 실시하는 등 적극적인 예방 및 치유 서비스를 지속적으로 실시하고 있다. 특히, 도박중독자의 치유와 재활은 지속적인 관리가 필수적이므로 접근성이 매우 중요하므로, 전국적인 연결망을 가지고 예방서비스를 지속적으로 하기 위한 지역별 센터의 설립을 추진해 왔다. 이에 2015년 기준, 본부(서울 종로구), 서울남부, 경기남부, 경기북부, 인천, 부산, 광주, 강원, 대구, 대전, 경남 지역센터와 전국 22개 민간상담기관을 운영하고 있다.

도박중독예방·치유센터는 의학, 간호학, 상담심리학, 사회복지학 등 관련 분야의 학제 간 연구진과 전문인력으로 구성된다. 지역별 도박문제상담을 위해 설립된 센터 중 가장 먼저 선정된 운영기관으로 부산센터의 고신대학교, 강원센터의 가톨릭 관동대학교와 경기남부센터의 가톨릭대학교가 있으며, 최근 설립된 대구센터의 계명대학교와 같이 신학과(혹은 기독교학과)가 포함된 기독교대학이 선정된 점은 눈여겨볼 만하다. 특히 중독자들의 치료에 있어서 종교와 영성의 역할이 지대하다는 사실은 그간 중독연구가들에게는 익히 알려진 사실이다. 이에 학제 간 연구와 그에 따른 사회적 실천이 중요한 역할을 하게 될 도박중독의 치유 과정에 있어서 기독(목회)상담 관련 연구자들과 임상가들은 어떤 역할을 하여야 할 것인가? 이 장에서 다루고자 하는 주제이다.

영성이 중독연구에 있어서 중요한 이유는 무엇일까? 외국의 문헌을 보면, 영성이라는 주제는 상담심리학 분야는 물론이고 이미 간호학이나 사회복지학에서도 중요한 연구주제로 등장하고 있다(Abels, 2000; Canda & Smith, 2001; Barnum, 2010). 이에 도박중독자들을 위한 치유사업에 있어서 상담심리학, 간호학과 사회복지학 전문가들도 영성의 역할에 대하여 간과하지 않고 임상을 진행해야 하는 당위성이 이미 확보되어 있다고 본다. 그러나 중독자들을 치유할 영성이 가지고 있는 신학적인 내용과 임상적인 기능을 통합적으로 다룰 수 있는 전문적인 역할은 기독(목회)상담 전문가들의 몫이라고 하겠다.

이 장에서는 먼저 도박중독의 등장과 이에 대한 신학적인 이해를 살펴보고, 기독(목회)상담 분야에 있어서의 영성과 중독연구사를 고찰할 것이다. 이를 바탕으로 도박중독상담과 치유에 있어서 기독(목회)상담자들이 놓치지 말고 진행하여야 할 영성에 대한 임상적인 접근을 사례를 통하여 제시하고자 한다. 이는 현재 교회에서 진행되고 있는 중독자들을 위한 회복사역이나 이들을 위한 쉼터 사역을 통하여 어떻게 한국교회가 보다 효율적으로 우리 사회의 도박중독자들을 위한 사회적 공헌을 할 수 있을지 가늠해 볼 수 있을 것이다. 자칫 지나친 신앙적인 접근은 중독자로 하여금 영적인 존재나 힘에 대한 절대적인 의존만을 강요당하면서 정서적 거부감을 야기할 수 있기에 임상 현장에서는 보다 중독자 중심의 영성 이해와 세밀한 배려가 필요할 것이기 때문이다.

2. 과정중독으로서의 도박중독의 등장과 신학적 이해

중독은 한국사회에서 치료분야의 전문적인 용어라기보다는 일상생활에서 더 자주 사용되는 일반명사가 되었다. 현대 사회는 그 구성원들로 하여금 다양한 만족과 쾌락을 추구하는 활동을 발전시켜 왔다. 그 결과 도박, 인터넷, 게임, 섭식 및 구매와 같은 활동에 몰두하는 현상을 설명하는 데 있어서 중독 개념이 두루 활용되기 시작한 것이다. 최근 여성가족부 등과 같은 정부 부처에서는 '중독'이라는 용어가 가족이나 청소년들에게 오용되는 것을 우려하면서, '과의존'이라는 용어로 대체하려는 움직임도 발견된다. 일찍이 미국의 중독연구가 앤 윌슨 샤프(Ann Wilson Schaef)는 다양하게 중독이나 과의존을 경험하게 되는 현상 가운데 중독을 '물질중독(substance addiction)'과 '과정중독(process addiction)'의 두 가지로 구분지어 정의 내렸다(Schaef, 1987, pp. 20-24).

물질중독은 문자 그대로 섭취된 물질들에 대한 중독이다. 중독자의 몸과 마음은 이 물질들에 대해서 의존성을 발전시킨다. 이러한 물질들은 대개 기분을 전환시키는 화학 물질들로서, 예컨대 술, 마약류, 니코틴과 카페인, 음식 등이 이러한 물질에 해당된다. 이에 반하여 과정중독은 구체적인 행동들과 상호작용에 대한 중독을 일컫는 개념이다. 도박중독을 비롯한 성중독, 일중독, 종교중독 등이 여기에 해당된다. 그렇다면, 도박중독과 같은 과정 중독은 어떻게 정의 내리고 어떠한 접근으로 예방하고 치료할 수 있을까?

과정중독의 개념을 정신의학이나 심리치료 분야에서 구체적으로 정의 내리기는 용이하지 않다. 즉, 과정중독의 경우 『정신질환의 진단 및 통계편람, 제5판(DSM-5)』에서는 상당히 제한적으로 찾아볼 수밖에 없다. 먼저, 제5판에서는 '물질관련 및 중독장애(substance-related and addictive disorders)'의 하위 범주에 '비물질관련장애(non-substance-related disorders)'를 두어,

제4판에는 '충동조절 장애(impulse-control disorder)' 아래 두었던 '병적 도박 (pathological gambling)'을 '도박장애(gambling disorder)'라는 병명으로 분류하고 있다(APA, pp. 639-643). 또한, '파괴적, 충동조절 및 품행 장애(disruptive, impulse-control, and conduct disorders)'의 하위 범주에 속해 있는 '병적 방화 (pyromania)'나 '병적 도벽(kleptomania)' 등에서도 과정중독과 관련된 행동적 특성과 연결하여 볼 수 있다.

그렇다면, 과정중독을 물질중독과 유사한 병리적 현상으로 묶을 수 있는 근거는 무엇인가? Gerald May는 진정한 중독 상태를 나타내는 다섯 가지 중요한 특징들을 다음과 같이 제시했다. ① 내성, ② 금단현상, ③ 자기 기만, ④ 의지력 상실, ⑤ 주의력 왜곡이 그것이다(May, 2005, p. 40). 다시 말해, 물질뿐만이 아니라, 행동이나 과정도 위의 다섯 가지 특징을 보일 때 그것이 중독된 영역이며, 자유를 누리는 상태와 중독의 노예가 된 상태를 구별해 낼 수 있는 시금석이라고 주장했다. 따라서 인간의 내부에서 사용하는 물질이나 행동에 대한 재조직이 벌어져서 내성과 금단이 일어나고, 이를 추구하기 위해서 거짓을 지어내고, 통제가 불가능해지며, 서서히 중독되어 가면서 그 만족상태에만 관심을 갖게 되는 것은 물질(substance)이나 과정(process)이나 마찬가지라고 볼 수 있다는 것이다. 점점 의지력을 상실해 가면서 자신은 물론 가족전체를 기만하면서 엄청난 파멸의 길로 치닫게 되는 도박중독도 물질중독과 다름없이 심각한 과정중독으로 다루어야 할 이유가 바로 여기에 있다.

모든 중독은 물질중독이라고 보는 견해도 있다. 예컨대, Archibald D. Hart는 숨겨진 중독이 더 해롭다는 것을 강조하면서, 모든 중독의 공통점을 여덟 가지로 제시하면서 모든 중독을 물질중독의 범위에서 이해하고자 한다 (Hart, 2005, pp. 30-37). 즉, ① 중독의 목적은 진실한 감정을 느끼지 못하게 하고, ② 중독은 중독자를 완전히 통제하고, ③ 중독은 언제나 쾌감을 동반하고, ④ 장기적으로 보면 중독은 매우 파괴적이며, 건강에 해로우며, ⑤ 오직

중독행위만이 중요하고, ⑥ 중독자는 자신의 중독을 인정하지 않으며, ⑦ 모든 중독은 물질중독으로 ⑧ 모든 중독은 심리적 의존을 동반한다는 것이다. Hart가 모든 중독을 물질중독으로 규정한 것은, 약물중독은 외생적으로 주어지지만, 과정중독은 내생적으로 호르몬 분비를 자극해서 물질적 효과를 내기 때문이라는 것이다. 두뇌는 자발적으로 마취 성분의 화학적 물질을 생산해 낼 수 있다는 생리적 특성에 보다 관심을 둔 해석이다.

예를 들면 비행기에서 뛰어내리거나 고도 1300피트에서 자유 낙하를 하게 되면 코카인을 복용했을 때와 같은 화학적 변화가 두뇌에서 일어난다는 것이다(Martin, 1994, p. 18). 그러나 모든 중독을 물질중독으로 보는 견해가 과정 중독에 대한 관심을 막거나 그 의미를 축소하고 있지 않다. 오히려 과정중독 역시 내생적으로 화학물질에 빠져드는 물질중독과 같은 위험이 있다고 적시하고 있다고 하겠다. 결론적으로 중독은 물질이든 과정이든 자기 파괴적이며 신체, 심리적 변질을 일으킨다는 면에서 주의해서 다루어져야 한다는 것이다. 과정중독을 포함한 중독상담(addiction counseling)에 대한 국내의 연구서로는 박상규 외 5인이 집필한『중독의 이해와 상담실제』(2009)를 들 수 있다. 이 책에서 저자들은 알코올, 마약류, 니코틴의 세 가지 물질중독뿐 아니라, 병리적 인터넷 사용, 도박, 성, 쇼핑 등 네 가지 행동중독을 진단하고 상담에서 중요한 지침들을 제시하고 있다.

이와 같이 도박중독과 같은 과정중독을 포함하여 중독의 개념이 확장된 것은 시대의 변화에 따른 것으로 보인다. 모든 물질과 경험이 상품화된 현대 자본주의 사회에서, 강력한 연대감을 주는 중독적인 관계를 맺는 과정처럼 매력적으로 만족을 주는 것을 찾기 어렵다. 우리 사회는 이미 중독적인 성격을 띠고 있고, 이러한 '중독 사회 체계'(addictive social systems)에서 생존하기 위한 방법으로 중독은 어쩌면 자연스러운 과정이라는 주장이 결코 지나친 것이 아니다(Schaef, 1987, p. 25). 우리가 사는 대한민국도 국가가 사행성산업을 육성하고, 바로 그 공인된 도박에 자연스레 중독되고 마는 시민들이 생겨나는 시대가 된 것이다. Neil Anderson의 말대로, "술은 사회적으로 용납되며, 성은 맥주부터 자동차까지 모든 상품의 광고에 사용되고, 도박은 국가가 공인한 것이다. 그 결과로 우리는 끊임없이 폭격을 당하고 있다"고 해도 과언이 아니다(Anderson, 2005, p. 168).

도박중독과 같이 사회가 용인한 과정중독이 만연한 현대에는 더욱이 중독에 대한 신학적 이해가 중독에 관한 상담과 심리치료연구에 시사점을 주기에 충분하다. Gerald May는 중독연구와 기독교 신학이 연결되어야 하는 당위성을 가장 먼저 피력한 정신과 의사들 중 하나이다. 그는 다음과 같이 지적한다.

> "사실상 삶의 모든 것이 집착의 대상이 될 수 있기 때문에, 무언가에 대해 강렬한 느낌을 갖는 것과 실제로 그것에 중독되는 것 사이의 큰 차이를 기억하는 것은 매우 중요하다. 그 차이란 바로 자유다. 우리는 많은 일들에 관심을 가지며, 또 다른 많은 일들에 거부감을 갖지만, 이들 대부분에 대해 우리가 투자하는 깊이와 정도를 자유롭게 선택할 수 있다. 그것은 우리에게 신이 되지 않는다. 그러나 기억할 것은 진짜 중독은 하나님을 향한 우리의 관심을 빼앗고, 자유를 손상시키는 강박적이고 습관적인 행동들이며, 반드시 내성과 금단증상, 의지력 상실, 주의력 왜곡을 특징으로 한다는 사실이다(May, 2005, p. 54)."

도박중독에 대한 사회적 관심과 전문인력들의 치료와 예방에 대한 관심이 증대되고 있는 현실에서 도박중독의 특수성에 대한 전문성 획득에 보다 큰 관심이 증폭되고 있다. 도박중독은 물질중독과 어떻게 다른가, 혹은 과정중독 중에서도 도박중독의 특징은 무엇인가 등의 연구관심이나 실천적 관심이 그것이다. 연구자는 도박중독에 대한 보다 체계적인 이해를 위하여 다학제간 연구는 물론이고, 신학적인 이해와 영성에 대한 적극적인 개입이 절실하다고 본다. 중독 자체가 개인의 존재와 절대적인 힘과의 관계에 관한 신학적인 관심의 문제이기 때문이다. 즉, 중독이란 개인의 진정한 자유에 손상을 가하고, 궁극적 관심을 다른 곳에 돌리게 하는 모든 것이라 할 수 있다. 이는 서서히 한 인격에 스며들어 그의 중심을 변질시켜 참 자기가 될 수 없도록 단절하고 감금하는 것이다. 따라서 이러한 인격적 변질을 가져오는 중독에 대한 좀 더 심층적이고 다차원적인 이해가 필요하고, 영성에 대한 기독(목회)상담적인 접근이 한층 절실해진다 하겠다.

3. 중독연구: 영성과 기독(목회)상담의 접점

영성은 줄곧 과학의 영역이 아닌 종교의 영역에서 다루어져 왔고, 영성 연구의 역사를 살펴보더라도 주로 종교학 혹은 신학에서 인문학적으로 연구되어져 온 주제이다. 그러나 21세기에 들어오면서 영성의 자리를 이러한 종교–과학의 이분법으로 이해하는 것은 어불성설이 되고 말았다. 미국 템플턴 재단과 국립건강관리연구소(National Institute for Healthcare Research)가 주관한 한 보고서에 따르면, 1990년대에 들어서면서 종교와 영성에 대한 문헌이 '임상적인 건강'과 연결되면서부터 하나의 과학의 수준(state-of-the-science)으로 발전하고 있다고 진단한 바 있다(Larson, Swyers, & McCullough, 1997, p. 7). 이와 맥을 같이 하여 1990년대 중반부터 정신건강 분야에 종사하는 상담 및 심리치료, 가족치료 전문가들의 영성에 관한 관심 또한 증대된 것은 여러 연구논문과 문헌을 통하여 여실히 드러나고 있다(Shafranske, 1996; Richards & Bergin, 1997; Miller, 1999; Walsh, 1999; Frame, 2003; Sperry & Shafranske, 2005; Pargament, 2007).

이렇게 현재 21세기에 나타나고 있는 영성과 과학의 통합적인 만남은 20세기 중반부터 시작된 신학 분야의 임상목회교육(Clinical Pastoral Education)과 목회적 돌봄과 상담(Pastoral Care and Counseling) 분야의 발전과 결코 무관하지 않다. 병원에서 진행되는 신학교육과 목회상담 분야가 자연스럽게 종교성 혹은 영성의 주제들을 가지고 의학과 심리학의 영역에서 실천과 관련하여 적극적인 상호대화를 시작하게 된 것은 어쩌면 종교 영역에 과학적인 렌즈를 사용한 시발점이 되는 셈이다. 특히 미국 현대 심리학의 역사는 종교심리학과 출발점을 같이한다. 미국 하버드대학교의 William James를 비롯한 많은 초기 심리학 연구가들이 종교현상을 주요 연구주제로 삼은 것도 20세기 초부터 종교와 심리학, 의학과 같은 과학 분야와의 통합적인 만남을 선도해 왔다고 할 수 있겠다(권수영, 2006).

20세기 중반 이후 북미의 기독(목회)상담 분야의 연구자들은 종교적 신념의 심리적 기원과 신 표상(하나님 이미지) 등에 관심을 가지면서 정신분석적 심리학 분야에서 이루어진 종교성 연구와의 학문적인 대화를 병행하며 발전하여 왔다. 국내 연구자들도 이러한 학문적인 동향을 적극 소개하여 왔다(St. Clair, 1998; Jones, 1999; Rizzuto, 2000; Jordan, 2011). 또한, 이러한 연구동향은 현재의 영적지향성의 심리치료(spiritually oriented psychotherapy) 분야의 발전까지 이어져 왔다(Sperry & Shafranske, 2005). 정신분석적 연구에 국한되어 있는 기독(목회)상담 분야에서 종교성·영성 관련 연구가 새로운 전기를 가져온 계기로 중독연구를 통한 영성의 치료적이고 임상적인 재발견을 들 수 있다(Morgan & Jordan, 1999; Morgan, 2007).

기독(목회)상담 분야에서 중독연구를 통하여 영성에 관한 주제를 정신의학과 재활심리학, 간호학 등의 임상분야와의 학제 간 대화로 확대할 수 있게 된 배경은 학문적인 연구실이 아닌 현장에서부터 비롯되었다. 신 표상 연구가 주로 D. W. Winnicott 등과 같은 대상관계이론가들의 종교성 연구로부터 차용하여 비롯된 것에 비하면, 기독(목회)상담 분야의 중독연구는 20세기 중반 이후 거세게 일어난 익명의 알코올중독자들 모임(Alcoholics Anonymous, AA)과 12단계 운동이 그 시초가 되었던 것이다. 현장에서 다소 정제되지 않는 실천이 선행되었고, 이러한 실천운동이 큰 반향과 설명할 수 없는 효력을 발생시키자, 많은 의료진 및 임상전문가들은 물론 치료분야 연구자들도 후발적인 관심을 가지게 된 것이다. 결국 전문가가 아닌 현장에서 처음 설정되었던 중독에 대한 삼중 병리적인 시각(three-fold disease), 즉 중독을 신체적, 심리적, 그리고 영적인 병으로 보는 시각은 후에 의료 전반과 치료관련 심리학 전반에 영향을 미치는 전인적인 치료 개념으로 자리잡게 된다(Morgan, 1999). 또한 12단계를 통하여 증명된 중독자에게 있어서의 영성의 치료적 효과는 상담과 심리치료 분야에 있어서 영성에 대한 단순히 학문적인 연구 관심만이 아닌, 치료에 있어서 결정적인 임상 효과를 인정하는 데에 촉매제의 역할을 하게 된 것이다.

오랜 기간 미국사회의 종교문화에 대하여 연구하여 온 프린스턴대학교의 저명한 사회학자 Robert Wuthnow는 미국사회에서 영성에 대한 사회적 관심이 다시 시작된 것에 대하여 흥미로운 이론을 전개한 바 있다. 그는 영성에 대한 사회적 현상은 미국사회의 개개인들이 돌봄의 행위와 소규모집단 네트워크에 깊이 개입하게 된 것과 무관하지 않다는 것이다(Wuthnow, 1992; Wuthnow, 1994). 이때 영성은 제도적 종교에 귀의하는 종교적 신앙, 즉 사적이고 개인적인 실천행위와 연관지어 생각하는 일반적인 종교성 개념과는 대별되는 이해이다. 예컨대, 미국인들의 절반 정도는 매우 정기적으로 교회나 사회복지단체에서 시행하는 자원봉사에 참여하거나 지원그룹(support groups)과 같은 각종 단체의 소규모 자조집단에 깊숙이 개입하고 있다는 것이다. 실지로 미국인들의 40%가 매우 정기적으로 상호적 돌봄과 지원을 제공하는 모임에 참석하고 있는 것으로 조사되고 있다(Steere, 1997, pp. 27-28).

Wuthnow는 이러한 미국인들의 영성과 새로운 공동체추구 현상(new quest for community)의 불을 지핀 것은 바로 중독자들의 12단계 자조모임이라고 지적한다. 특히 12단계의 구성을 보면 알코올중독자들은 이러한 자조모임에서 자신만의 네트워크를 가지는 소속감 이상의 영적인 요소들을 포함하고 있다. 북미에서는 이러한 AA의 원리를 적용하여 익명의 도박중독자들 (Gamblers Anonymous, GA) 모임도 활발하다. 자조모임을 통하여 단순히 중독으로 인한 자신의 무력감과 상실감을 토로하는 심리적 배출구로 삼을 뿐 아니라, 12단계를 통하여 자신보다 더 우월한 존재나 힘으로부터의 도움을 갈구하는 영적인 관심과 성장을 도모하는 과정은 미국인들이 지원그룹을 통하여 공동체지향적인 영성을 함양하게 되었다는 Wuthnow의 새로운 주장에 힘을 실어준다.

　동양인들의 집단주의 문화와 미국인들의 개인주의 문화를 비교하여 연구하는 사회심리학자들(Triandis, 1995; Kim, 1994)의 고전적인 주장에 근거하여 추론하자면, 미국인들은 영성의 추구도 지극히 개인적이고 사적인 형태를 가질 것이라고 가정할 수 있다. 하지만, Wuthnow의 공동체적인 영성 연구는 이러한 일반적인 추론에 새로운 도전을 준다. 어쩌면 개인 위주의 독립적인 자기(self) 이해를 가진 미국인들이기에 더욱이 개인이 위기를 당면했을 때는 더욱 적극적으로 관계형성과 소속감에 대한 관심이 생기고, 개인 간의 상호작용을 통한 연대감에 대한 원초적인 욕구가 발생한다고 볼 수 있겠다.

　실지로 중독자들에게는 관계지향적 영성, 즉 영적인 힘에 대한 열린 태도를 지닌 집단에 소속하는 것만으로도 충분히 치료에 적잖은 영향력을 가지고 있음이 증명되고 있다. 오히려 이러한 영적인 환경이 치료와 회복을 위한 가장 근본적인 뿌리가 된다는 주장도 제기된다(Mercadante, 1996). 미국의 사회문화적인 현상이라고 하지만, 중독자들에게 필요한 공동체의 필요성과 그 공동체가 가진 영적인 성격의 치료효과는 한국사회의 중독자 치료와 회복과도 전혀 무관하지 않다.

　실제로 한국사회가 중독자들에게 소규모 지원그룹을 제공하고 소위 회복사역을 시작한 곳도 다름 아닌 교회였기 때문이다. 온누리교회는 기독교신앙을 기초로 한 회복사역프로그램을 활발하게 진행하고 있고, 기독(목회)상담 분야의 고병인 교수는 고병인가족상담연구소(전, 한국회복사역연구소)를 통하여 교육과 집단을 통한 전문적인 중독상담 연구와 치료에 매진하고 있다 (고병인, 2003). 미국의 경우, AA와 같은 중독자들의 자조모임이 주로 주중에 지역교회를 빌려서 진행되기도 하지만, 교회가 주최가 되어서 교회를 개방 하고 프로그램을 진행하는 경우는 많지 않다. 한국교회가 개인에게는 수치 심을 유발하고 공동체 내에서 터부시할 수밖에 없는 중독자와 가족의 문제를 적극적으로 수용하고, 작은 공동체를 제공하는 것은 매우 고무적이다. 실은 교회야말로 소그룹을 통하여 교육과 교제를 넘어서 치료와 치유를 위한 장 (場)으로 활용될 수 있는 최적의 조건을 가지고 있는 셈이다. 미국의 한 한인 이민교회의 도박중독 쉼터모임의 사례를 통하여 그 가능성을 보다 구체적으 로 가늠해 보고자 한다.

4. 사례연구:
"중독자는 인간적인 경험을 가진 영적인 존재입니다"

도박중독자들은 자신도 모르는 사이에 도박장에서 온 마음과 재산을 빼앗 기게 될 뿐 아니라, 종국에 가서는 가정 자체가 해체되고 마는 경우가 다반사 이다. 도박중독자들을 둔 가정들은 처음에는 회복을 위해 함께 온갖 노력을 다하다가도, 결국 온 가정의 재산을 탕진하고도 빚을 내어가면서 도박장으 로 향하는 배우자나 자녀와의 정상적인 가족관계를 유지하는 것이 어려워지 게 되고 만다. 미국 캘리포니아 주 S시에 있는 한 이민교회는 도박중독자를 위한 쉼터를 운영하고 있다. 10여 명의 도박중독자들은 일주일에 한 번 모임 을 가지면서 저녁식사를 함께 나누고, 예배와 교제를 가진다. 대부분의 참여 자들은 익명의 도박중독자 모임(GA)에도 참여하지만, 단도박을 결행하지 못 한 이들이다. 이 모임이 가진 성격은 교회의 긍휼사역의 일환으로 시작되었 지만, 여타 중독자모임이 할 수 없는 영적인 지원(spiritual support)을 구체적으로 실천하고자 하였다. 이 모임을 이끄는 사역자들을 3개월 간 단기훈련하고 지도감독하게 된 연구자는 '영적인 지원'에 대한 이해에 대한 자기성찰부터 시작하였다.

1) 영적인 지원(spiritual support) 배후에 힘의 편차 인식하기

영적인 지원을 하겠다는 사역자들의 숫자만큼이나 그 성격은 다양하게 마련이다. 가정해체를 경험하고 쉼터에서 매일매일을 도박의 유혹과 죽음보다 더한 전쟁을 치르는 중독자들을 위해 시간을 정해 놓고 기도한다는 '영적인 지원'도 있었고, 그들과 함께 성경필사를 실시하는 '영적인 지원'도 진행되고 있었다. 일주일에 몇 번씩 정기적으로 전화하고, 현 심리상태 등을 체크한 후에 전화상으로 기도를 해 주면서 '영적인 지원'을 한다는 이들도 있었다. 이들 사역자들의 '영적인 지원'은 공통점이 있었다. 이들의 영적인 지원의 특징은 지원이 영적인 사역자들로부터 시작되어 중독자들에게로 향하여 있는 다소 일방적인 방향성이다. 지원은 결여된 무엇을 제공하는 형태이다. 즉, 영적인 힘과 자생력이 없는 중독자들을 위하여 영적인 에너지를 공급하여 스스로 서도록 한다는 것이다. 영적인 지원의 배후에는 힘의 편차(power differential)가 존재하고 있었다. 중독자에게 사역자들은 어떻게 인식될까? 중독자 자신들이 경험하는 내면의 전쟁을 전혀 경험하고 있지 못할 뿐만 아니라, 자신들은 상상조차 할 수 없이 엄청난 영적인 힘도 함께 소유하고 있는 거인들이다. 나는 이렇게 사역자들이 자신도 모르는 사이에 가지게 된 자신에 대한 인식과 중독자들에 대한 인식의 편차를 성찰하도록 하였다.

한 사역자는 힘의 차이가 거리를 만들고, 결국 자신의 호의가 무시되는 듯한 아픔도 겪게 된 것 같다는 성찰을 하였다. 50대 후반인 이 사역자가 매주 전화연락과 전화상 기도를 해 주던 35세의 도박중독자 H씨는 3주 동안 쉼터 모임에 불참하고는 자신이 다시 연락할 때까지 전화하지 말아 달라며 전화번호를 바꾸는 사태까지 생겼던 것이다. 그로부터 6개월 가까이 사역자는 H씨와 연락이 두절되고 말았다. 사역자는 이 도박중독자를 막내동생처럼 여겨서 단기간 내에 꼭 단도박을 실행시키겠다는 의지를 가지고 사역을 했노라고 말했고, 그 중독자의 태도로 인하여 적잖이 실망하고 회복사역에 대한 회의감까지 가지게 되었다. 그러나 자기성찰 이후 이 사역자는 자신의 일방적인 태도가 혹여 나이 어린 중독자에게 훈계하고 단도박을 결행하지 못하는 자신을 무시하는 모습으로 느꼈을 수도 있겠다고 고백하였다. 이러한 사역자들에게 나는 그들이 제공하기 원하는 '영적인 지원'에 대한 새로운 인식이 필요하다고 진단했다. 영적인 지원에 있어서 영적인 자원의 소재를 사역자 자신이나 하나님(성령)께만 두지 말고, 중독자들에게서 찾는 일이 바로 그러한 인식이다.

2) 중독자의 관계사에서 영적인 특질(spiritual qualities) 찾아내기

우리는 영적인 경험은 특별한 사람에게만 일어나고, 아니면 보통사람들에게는 특별한 준비와 특별한 계기가 있어야 경험하게 되는 것으로 이해하기 쉽다. 인간은 영적인 경험을 가질 수 있는 인간적 존재(human beings)라기 보다는 인간적인 경험을 가지고 있는 영적인 존재(spiritual beings)라는 인식의 전환이 필요하다. 가정을 잃고, 쉼터에서 제공하는 숙소가 아니면 머물 곳도 없으며, 하루하루 일감을 찾아 나서야 그나마 용돈이라도 마련할 수 있는 미약한 인간 존재로 보면, 이들에게 영적인 경험을 갖게 하는 일은 여간 어려운 일이 아니다. 하지만 이들이 바로 이러한 위기를 동반한 인간경험을 가지고 있는 영적인 존재, 즉 이미 영적인 피조물로 여기고 이들과 사역하는 자세가 필수적이다. 치료자에게도 이러한 인간이해는 새로운 치료의 방식을 가져온다. 모든 인간은 "각자만의 특유의 경험을 소유한 영적인 존재"(spiritual beings with specifically local experiences)라는 인간 이해는 현실치료에도 중요한 역할을 한다(Wubbolding, 2000, p. 27).

목회상담학자 Oliver J. Morgan은 중독자를 위한 상담에서 촉진자 혹은 치료자는 중독자들이 가지고 있는 영적인 자원을 스스로 탐색하도록 돕는 일을 진행하여야 한다고 제시한다. Morgan은 중독상담에서 영성이란 첫째는 중독자에게 영적인 삶을 연마하는 것이고, 둘째는 스스로 영적인 관계와 연결을 만들어 가는 것이라고 정의한다(Morgan, 2007, pp. 36-42). 이러한 중독자의 영성을 탐색하고 만들어 가는 과정에서 가장 중요한 것은 중독자 스스로가 그 영적인 자원을 찾아내고 실천하도록 이끄는 일인 것이다. 이는 무력감과 상실감을 가지고 영적인 존재와 힘에 대하여 지나치게 의존하려는 태도를 지닌 상담이나 혹은 방어적으로 반감을 가지게 되는 중독자를 위한 상담에서 매우 중요한 관점이다.

중독자로 하여금 영적인 삶을 사는 과정을 연습하도록 도울 수 있을까? 그러한 과정 중에 좋은 만남과 관계를 형성하기 위해서 어떻게 시작하여야 할 것인가? Morgan은 과거의 종교적 신앙이나 종교적 삶의 경험 여부와 상관없이 공히 유효한 임상적 질문을 중독자에게 던진다. 금주나 단도박을 하기 위하여 매일매일의 삶 가운데 투쟁하는 중독자들에게 "살면서 가장 영적이라고 생각하는 사람이 있으면 떠올려 보라"고 묻는 것이다. 중독자에게 보이지 않는 절대자, 영적이고 전지전능한 신 말고, 삶에서 경험하여 온 영적인 사람(spiritual person)이란 누구일까를 묻는 질문이다(Morgan, 2007, p. 27). 영적인 사람이 어떤 사람이어야 하는지는 철저하게 중독자 자신의 상상에 맡긴다. 영적인 사람이 생각나면 그 인물을 떠올리고 그 인물과의 관계를 상상하는 '심상유도 및 시각화 훈련'(guided imagery and visualization exercise)을 촉진자와 함께 진행한다. 그 인물을 상상 속에서 재경험하고 그가 가진 영적인 특질(spiritual qualities)에 대하여 스스로 탐색하도록 돕는다.

3) 심상기법을 통하여 영적인 특질들과 연결하기

캘리포니아의 한인교회 쉼터의 H씨는 35세의 미혼남성이다. 지나치게 수줍음을 많이 타는 내성적인 성격의 소유자로 다른 단도박 자조그룹에서 2년 전 이 교회의 쉼터를 소개받고 모임에 참석하기 시작했다. 어렸을 때 교회에서 교회학교를 몇해 동안 다닌 기억이 있는 H씨는 중·고등학생이 된 이후에는 전혀 교회를 다니지 않았고, 부모님을 따라 고등학교 3학년 때 이민을 온 이후에도 줄곧 일요일마다 부모님의 사업장에서 일을 도와야 했다. 쉼터의 사역자의 적극적인 돌봄의 행위에도 불구하고 H씨는 6개월 가량 연락을 두절하고 의도적으로 사역자의 전화도 거절하게 되었다. 50대 중반의 사역자는 마치 동생과 같은 애착이 생겨 직간접적으로 H씨의 소식을 듣고, 지속적으로 쉼터 참석을 종용하였다. 전화번호까지 바꾸며 연락을 취하지 않던 H씨는 7개월이 넘어가는 어느 날 다시 모임에 찾아왔다.

사역자에게 지극히 미안한 마음과 그동안 내심 무척이나 부담스럽고 창피하였다는 속마음도 내비쳤다. H씨는 가족체계와 심리내적인 관계에서 늘 수치심을 느끼는 존재였다. H씨는 미국으로 이민 오면서 자신의 삶은 "완전히 삼류인생"의 길을 걷게 되었다고 고백하였다. 위로 4살 나이차가 있는 누나가 있는데, 미국으로 이민 온 2년 후 바로 결혼하여 다시 한국으로 귀국하여 살고 있고, 자신은 이민을 오자마자 시도한 미국 내 대학입학에 실패하였다. 그 후 몇해에 걸쳐 준비하여 입학한 2년제 기술대학에서도 결국 졸업을 하지 못하고 자퇴하였다. 취업을 위하여 여러 가지 전문기술을 배우고자 하였으나 그마저 여의치 않았다. 결국 30세 이후부터는 아버지가 경영하는 식료품과 화장품을 판매하는 사업장에서 일하게 되었지만, 사업장에서도 직원들 보는 앞에서 아버지에게 꾸지람을 듣기 일쑤였다. 사업장에서 일하게 되면서, 퇴근 후 사업장의 히스패닉 직원들과 함께 출입하게 된 카지노에서 그는 처음으로 사는 재미를 느꼈다고 하였다. 1년 후 그는 주머니에 지폐만 생기면

거의 매일 도박장으로 향하게 되고, 점점 중독자의 길로 빠져든 것이다.

사역자는 마치 H씨의 아버지의 모습을 연상케 하는 강권적인 권유나 돌봄의 주도권을 가지지 않고, H씨로부터 보다 더 많은 이야기를 듣기로 마음먹었다. 집단보다는 개인으로 만나는 것이 더 효율적이라고 여겨, 집단모임을 하기 1시간 전에 미리 개인적인 만남을 가지기로 했다. 아주 어렸을 때 교회에 다닌 경험이 있어서, 사역자는 H씨가 기억하고 있는 '가장 영적인 인물'이 있는지 물었다. H씨는 어렵지 않게 가장 영적인 인물은 자신이 고등학교 2학년 때 독일어과목을 담당한 여선생님이라고 밝혔다. 이 선생님은 매우 소극적인 자신에게 독일어 발음이 좋다는 이유로 여러 차례 격려해 주면서 좋은 관계를 가지게 되었으며, 독일유학을 위하여 학교에 사직서를 내신 날에는 H씨와 다른 여러 친구들과 함께 펑펑 울었다는 이야기도 하였다.

연구자를 통하여 심상기법에 대하여 간단한 훈련을 받은 사역자는 H씨로 하여금 그 고등학교 때의 독일어 선생님을 떠올려 보고 시각화하도록 하였다. 선생님의 모습도 떠올리고, 자주 입던 스커트와 그녀의 말투와 격려의 눈길도 다시 느껴 보도록 하였다. H씨가 그 선생님으로부터 느꼈던 영적인 자원들과 현재의 자신을 연결하여 보도록 한 것이었다. 눈가에 촉촉이 물기가 맺힌 H씨에게 사역자는 무엇이 그 독일어 선생님을 가장 영적인 사람이라고 여기게 했는지 탐색하기 시작했다. H씨는 그 독일어 선생님이 지니신 밝은 심성, 공부를 못하는 학생들도 품을 수 있는 아량과 사랑, 그리고 어려운 환경 속에서도 독일로 유학 가셨던 의지 등을 영적인 특질들로 꼽았다. (물론 기독교인 사역자는 이러한 성격적 특징을 왜 영적인 특질이라고 하는지 의아해했지만, 다행히 중독자에게 되묻지는 않았다.)

4) 일상의 삶에서 영적인 특질을 연습하고 연마하기

두 번째 단계로 사역자는 H씨로 하여금 심상기법을 통하여 재경험한 영적

인 특질 중 가장 필요한 한 가지를 가지고 삶에 적용하도록 시도하였다. 현재
자신에게 가장 필요한 영적인 특질 하나를 꼽으라고 하자, H씨는 한참을 망
설인 끝에 아량을 선택했다. 자기 자신에게, 자기 자신이 선택한 인생에 대하
여 아량이 필요하다는 것이다. 하지만 H씨는 한심한 자신을 스스로 받아들
일 수 있는 아량을 가지기는 도저히 불가능하다고 단호하게 말하면서 심상기
법은 아무런 효능을 발휘하지 못했다.

　지도감독을 통하여 사역자는 다음 모임에서 새로운 심상기법을 시도하였
다. 상상으로는 독일어 선생님과의 관계와 연결을 시도하고, 현실의 삶에서
는 이와 유사한 관계를 형성함으로써 영적인 특질을 재경험하도록 하는 것이
다. 어색해하는 H씨에게 사역자는 독일어 선생님과의 상상의 대화를 진행하
도록 요청하였다. 오랫동안 안부조차 알지 못하는 선생님과 상상 속에서 만
나고, 그동안 자신의 일을 있는 그대로 전하도록 하였다. 처음에는 거부감을
가지면서 시작을 못하던 H씨는 지난 15년간의 일들을 두서없이 말하기 시작
하였다.

　거의 30분이 넘는 시간을 할애하여 그간의 자신의 이야기를 주로 '문제 중
심'으로 토로하던 H씨는 결국에는 눈물까지 쏟아냈다. 독일어 선생님은 이
러한 H씨에게 어떻게 반응하실까에 대한 질문을 던지자, H씨는 다시 말문이
막혔다. 사역자가 H씨를 대신하여 그 독일어 선생님의 반응을 상상하였다.
예전에 그랬던 것처럼 공부나 성적과 관계없이 믿어 주고 격려해 주시리라고
전했다. 잘 모르겠다고 하는 H씨에게 다시 심상기법을 적용하였다. 고등학
교 시절, 독일어 발음을 우렁차게 하면 자신의 어깨를 두드려 주시던 모습을
상상하면서, 눈을 감고 "괜찮아, 넌 할 수 있어"라고 말씀하시는 그 선생님의
모습을 시각화해 보도록 하였다.

　3번의 개인회기를 통하여 H씨는 오랫동안 잊고 있던 독일어 선생님과의
관계에서 오는 영적인 특질을 자신의 신체와 삶에 연습하여 보는 기회를 갖
게 되었다. 사역자는 의도적으로 모임이 있을 때마다 H씨의 어깨를 두드리

고 격려하였고, H씨에게도 혼자 집에 있을 때나 틈나는 대로 독일어 선생님이 하시는 것처럼 자신을 격려하고 힘을 주라고 요청하였다. 나는 사역자에게 H씨를 위하여 개인적으로 기도할 때 H씨를 보는 자신의 관점에 대하여 고찰해 보도록 하였다. 사역자는 이전에 H씨의 모습이 무력하고, 때로는 한심하게 보였던 미성숙한 초보기독교인으로 보였던 반면, 개인회기를 통하여 자신이 마치 독일어 선생님과 같이 H씨를 진심으로 높여 주고 인정해 주는 존중의 관점을 가지게 되었다고 성찰하였다. 이러한 변화는 분명히 중독자에게도 전해지리라고 확신을 주었다. 이전에 사역자는 전혀 의도하지 않았지만, 중독자로 하여금 부적절감과 수치심을 불러일으킬 만큼 질적인 차이를 느끼게 하였다면, 독일어 선생님을 통하여 함께 경험한 영적인 교감은 보다 관계적으로 서로를 묶어 주는 동인이 되었기 때문이다.

그로부터 또 한 달이 지난 후 쉼터의 그룹모임에서 H씨는 외모에서부터 큰 변화가 있었다. 무엇보다 밝은 미소가 가장 큰 변화였고, 복장도 훨씬 말끔하게 되었다. (H씨는 독일어 선생님의 트레이드 마크는 밝은 미소라고 말한 바 있고, 이 역시 영적인 특질로 꼽았다.) 사역자의 요청에 의하여 대부분의 연장자인 참석자들에게도 지속적인 격려를 받으면서 어깨나 팔 등에 신체적 접촉을 경험하였는데, H씨 자신도 다른 참석자들과 적극적으로 악수와 포옹을 하는 등 보다 적극적인 비언어적 표현을 하는 것이 관찰되었다. 이는 바로 영적인 특질을 스스로 발견하고 행위로 연습하여 내는 실천의 과정이었다. 또한 이러한 영적인 특질의 실천은 내면에서부터 관계의 회복을 경험하고 결국 하나님과의 관계로까지 나아가도록 돕는다. H씨는 어느 날 모임에서 자신이 완전히 단도박을 하고 난 후에 시작하려고 한 교회출석을 일단 시작하기로 마음먹었다고 밝혔다. 바로 그 모임이 끝난 다음 주일에 H씨는 사역자들과 다른 참석자들의 격려를 받으며 처음으로 주일 오전예배를 드리게 되었다. 주일예배 후 H씨는 당장은 못하겠지만, 6개월 안에 주정부가 도박중독자들을 위하여 도박장과 협력하여 실시하는 1년 기한의 '자진입장금지 프로그램(self-exclusion program)'에 등록하겠다는 결심을 처음으로 사역자에게 전했다.

그가 이 결심을 수행할 수 있을지에 대한 여부와 상관없이 교회가 영적인 공동체로서 이 도박중독자에게 중요한 신앙과 회복의 모태가 되는 순간이었다. 또한 사역자들은 모두 이러한 과정에서 중독자 자신이 가지고 있는 '영적인 특질'을 발견하고 그로부터 출발한 치료적 접근의 중요성을 인지하게 되었다. 중독자의 관점에서도 영성은 사역자와 같은 높은 신앙의 소유자들에게만 계시된 그 무엇으로 인식되지 않고, 보다 자연스럽고 덜 위협적으로 경험할 수 있는 계기가 되었던 것이다.

5. 나오는 말

도박중독자들은 팔이 잘려 나가면 발로 한다는 이야기를 할 정도로 도박이 주는 매력과 흡인력에 대한 무기력을 호소한다. 이들을 있는 모습 그대로 지원해 줄 수 있는 공동체의 역할은 지대하다. 그러한 공동체가 영적인 지원을 감당한다면 치료와 회복에 결정적인 역할을 한다는 사실도 이미 주지의 사실이다. 그러나 영적인 지원을 '어떻게' 하느냐가 문제이다. 이는 한국사회의 도박중독자들과 그들의 가정을 위한 교회의 역할, 그리고 훈련받은 기독(목회) 상담 전문인력의 역할이 더욱 증대되어야 함과 동시에 이를 위한 적극적인 준비와 이에 합당한 훈련의 과정이 중요하다는 것을 암시적으로 말해 준다.

이 장에서는 도박중독자들을 위한 영적인 지원을 담당하는 한국교회의 회복사역자들과 기독(목회)상담자들이 영적인 자원을 중독자 스스로가 임상현장에서 효율적으로 발견해 내고, 이를 보다 자연스럽게 중독자들의 일상생활에 실천해 낼 수 있도록 돕는 방법에 대하여 고찰하였다. 무엇보다 영적인 자원은 중독자 자신으로 하여금 상담자(사역자)나 하나님 사이에서 또다시 힘의 편차를 느끼게 하여 기존의 무기력을 가중시키지 않는 방향으로 진행되어야 한다. 이에 중독자들을 '영적인 존재'로 인식하고, 그들의 관계의 삶 가운데 숨어 있는 영적인 특질들을 발견해 내어 개인과 공동체의 삶 가운데 관계적으로 재구성해 내는 과제는 기독(목회)상담에 종사하는 사명자들만이 의미 있게 감당해 낼 수 있는 목회적 과제라 하겠다. 한국사회가 절실히 필요로 하는 도박중독예방 및 치유의 전문 인력으로 보다 많은 기독(목회)상담 전문가들이 관심을 가지고 헌신할 수 있기를 기대해 본다.

참고문헌

고병인 (2003). 중독자 가정의 가족치료-역기능가정 성인아이 치유의 기독교적 접근. 서울: 학지사.

권수영 (2006). 누구를 위한 종교인가-종교와 심리학의 만남. 서울: 책세상.

박상규 외 (2009). 중독의 이해와 상담실제. 서울: 학지사.

사행산업통합감독위원회 (2008). 중독예방 · 치유센터 중장기 발전계획 연구보고서. 서울: 사행산업통합감독위원회.

American Psychiatric Association(APA) (2015). 정신질환의 진단 및 통계 편람. 제5판 (DSM-5) (권준수 외 역). 서울: 학지사.

Abels, S. L. (2000). *Spirituality in social work practice: Narratives for professional helping.* Denver, CO: Love Publishing.

Anderson, N. (2005). *Overcoming addictive behavior.* 중독행동을 극복하기 위한 내가 누구인지 이제 알았습니다 (정진환 역). 서울: 죠이선교회.

Barnum, B. S. (2010). S*pirituality in nursing: The challenges of complexity.* New York, NY: Springer.

Canda, E. R., & Smith, E. D. (2001). *Transpersonal perspectives on spirituality in social work.* New York, NY: Haworth Press.

Frame, M. W. (2003). *Integrating religion and spirituality into counseling: A compre-*

hensive approach. Belmont, CA: Brooks/Cole.

Hackney, H. (Ed.) (2000). *Practice issues for the beginning counselor.* Needham Heights, MA: Allyn & Bacon.

Hart, A. (2005). *Healing life's hidden addictions.* 참을 수 없는 중독 (온누리회복사역본부 역). 서울: 두란노.

Jones, J. (1999). *Contemporary psychoanalysis and religion.* 현대 정신분석학과 종교 (유영권 역). 서울: 한국심리치료연구소.

Jordan, M. (2011). *Taking on the gods.* 신들과 씨름하다 (권수영 역). 서울: 학지사.

Kim, U. et al. (1994). *Individualism and collectivism: Theory, method, and applications.* Thousand Oaks, London, & New Delhi: Sage Publications.

Larson, D. B., Swyers, J. P., & McCullough, M. E. (1997). *Scientific research on spirituality and health: A consensus report.* Bethesda, MD: National Institute for Healthcare Research.

Martin, G. (1994). *When good things become addictions.* 좋은 것도 중독이 될 수 있다 (임금선 역). 서울: 생명의 말씀사.

May, G. (2005). *Addiction and grace.* 중독과 은혜 (이지영 역). 서울: 한국기독학생회 출판부.

Mercadante, L. A. (1996). *Victims & sinners: Spiritual roots of addictions and recovery.* Louisville, KY: Westminster John Knox.

Miller, W. R. (Ed.) (1999). *Integrating spirituality into treatment: Resources for practitioners.* Washington, DC: American Psychological Association.

Morgan O. J., & Jordan, M. (Eds.) (1999). *Addiction and spirituality: A multidisciplinary approach.* St. Louis: Chalice Press.

Morgan, O. J. (1999). Chemical comforting and the theology of John C. Ford, S.J.: Classical answers to a contemporary problem. *Journal of Ministry in Addiction & Recovery, 6,* 29–66.

Morgan, O. J. (Ed.) (2007). *Counseling and spirituality: Views from the profession.* Boston, MA: Houghton Mifflin Company.

Pargament, K. I. (2007). *Spiritually integrated psychotherapy: Understanding and addressing the sacred.* New York, NY: Guildford Press.

Richards, P. S., & Bergin, A. E. (1997). *A spiritual strategy for counseling and psychotherapy.* Washington, DC: American Psychological Association.

Rizzuto, A.-M. (2000). *The birth of the living God.* 살아있는 신의 탄생: 정신분석학적 연구 (이재훈 외 역). 서울: 한국심리치료연구소.

Schaef, A. W. (1987). *When society becomes an addict.* San Francisco, CA: Harper & Row.

Shafranske, E. P. (Ed.) (1996). *Religion and the clinical practice of psychology.* Washington, DC: American Psychological Association.

Sperry, L., & Shafranske, E. P. (Eds.) (2005). *Spiritually oriented psychotherapy.* Washington DC: American Psychological Association.

St. Clair, M. (1998). *Human relationships and the experience of God.* 인간의 관계 경험과 하나님 경험: 대상관계 이론과 종교 (이재훈 역). 서울: 한국심리치료연구소.

Steere, D. A. (1997). *Spiritual presence in psychotherapy: A guide for caregivers.* New York: Brunner/Mazel.

Triandis, H. C. (1995). *Individualism and collectivism: New directions in social psychology.* Boulder, CO: Westview Press.

Walsh, F. (Ed.) (1999). *Spiritual resources in family therapy.* New York, NY: Guilford Press.

Wubbolding, R. E. (2000). *Reality therapy for the 21st century.* Philadelphia: Brunner-Routledge.

Wuthnow, R. (1992). *Rediscovering the sacred.* Grand Rapids, MI: Eerdmans.

Wuthnow, R. (1994). *Sharing the journey: Support groups and America's new quest for community.* New York: Free Press.

제 **6** 장

도박중독상담과 홍익인간의 영성

박 순
(다움상담코칭센터 원장)

1. 들어가는 말

국무총리 산하 사행산업통합감독위원회(사감위)가 2007년 9월 17일에 설립한 한국도박문제관리센터는 사행산업통합감독위원회법 제14조 제1항에 근거하여 설립되었고, 그 설치 목적은 '사행산업으로 인한 부작용을 최소화'하는 데 있다. 사감위 산하기관인 한국도박문제관리센터는 1336 헬프라인 운영을 통한 도박중독의 치유재활과 예방홍보, 인력양성의 3대 사업을 주요 목적으로 서울 본부센터를 비롯해서 서울, 경기, 강원, 인천, 대전, 대구, 경남, 부산, 광주에 모두 11개의 지역센터를 운영하고 있다. 이외에 강원랜드에 중독관리센터, 국민체육진흥공단 산하에 희망길벗 경륜경정중독예방치유센터를 운영하고 있다.

한국도박문제관리센터는 접근성의 문제로 '지역센터 이용이 어려운 도박중독자 및 가족 등에게 전문상담 서비스 제공을 통한 전국적인 치유 네트워크를 구축'하여서 현재 전국적으로 17개의 민간상담전문기관이 지역거점 도박치유 네트워크를 구축하였다. 이는 '민간상담전문기관의 이용자들이 개인 및 집단상담을 통해 도박문제에 대한 효과적인 대처방법을 터득하고 단도박을 통한 회복을 유지할 수 있도록 지원'하는 목적으로 시행되고 있다. 한국도박문제관리센터는 연세대학교상담코칭지원센터를 비롯한 17개의 전국민간상담전문기관을 선정하여 관리감독하고 있다. 한국도박문제관리센터는 매년 진전되는 민간상담전문기관상담서비스 운영지침을 제공하는 교육을 시행하고[1] 민간상담전문기관 역량강화 교육(이남옥, 2014)을 실시해 오고 있다.

연세대학교상담코칭지원센터는 한국의 대표적인 기독상담기관으로서 2014년부터 도박중독상담을 또 하나의 전문영역으로 공식적으로 시작하여 현재 4년째 진행하고 있다. 필자는 이 기간에 '도박중독 대상자 및 그들의 가족과 상담한 경험을 기반으로 도박중독자에게 기독상담자와 크리스천 코치가 어떻게 영성적으로 접근할 수 있는가' 하는 주제를 함께 고민해 보고자 한다. 연구자에게는 이전에 경험하지 못한 새로운 상담영역이었고 지속적으로 학습과 성장이 발생하는 경험이었으며, 이러한 변화는 앞으로도 이어질 것으로 예상되고 있다. 첫 내담자로부터 가장 최근의 내담자에게 공통적으로 필요한 부분은 무엇이었으며, 상담자가 갖춰야 할 이론과 기법이 무엇인지 성찰함으로서, 앞으로 어떤 영성적인 접근을 향후에 시도할지에 대한 경험적 근거를 추출하는 것을 이 논문의 주제로 하고자 한다.

2. 사행산업 실태와 한국도박문제관리센터

1) 사행산업의 규모와 도박중독

국민정부 시절에 강원도 정선에 내국인을 위한 "강원랜드 카지노"가 허락된 것은 우리나라의 도박중독의 획기적인 사건이라고 할 것이다. 또한 참여정부 시절의 '바다이야기'는 우리나라의 불법 성인오락실의 이야기로서 오래도록 회자되고 있다. 그렇다면 최근에만 사행산업이 허락되었던 것인가? 우리나라 사행산업의 역사는 유구하다고 할 수 있다. 황현탁(2012)은 우리 민족이 즐겼던 내기와 도박의 유형을 고찰하면서 〈삼국사기〉에 이미 도박을 뜻하는 단어인 '박(博)'이란 단어가 등장하고 있다고 하였다(황현탁, 2012). 대표적 사행산업기관인 한국마사회는 그 기원을 한 세기전인 1922년 일제강점기에 마필의 개량과 경마의 시행을 목적으로 설립한 조선경마구락부에서 찾을 수 있다.

최근 우리나라 사행산업의 규모는 기하급수적으로 커지고 있다. 국가가 합법적으로 허가하고 있는 도박은 카지노 사업, 경마, 경륜, 경정, 복권, 스포츠토토(체육진흥투표권), 소싸움경기의 7가지이다. 사감위의 사행산업통계(http://www.ngcc.go.kr 참조)에는 현황과 함께 전년대비 증감 현황, 연도별 매출액 추이, 연도별 사업 추이, 연도별 입장객 수 추이, 조세 및 기금 현황이 세부적으로 항상 업데이트되고 있다. 1998년에 연 4조 원의 매출이었고, 10년 후인 2009년에는 16.5조 원으로 4배의 증가를 보였다, 사행산업 영업장의 수도 1998년에 28개에서 2009년에 92개로 3배가 증가하였다. 2007년 GDP 대비 순매출액 0.67%로서 OECD 국가 중 5위에 있고 무엇보다도 합법적인 사행산업 종류가 7가지로 OECD 국가 중 최다에 이르고 있다. 우리나라 중독분야의 전문가들이 이구동성으로 말하는 바와 같이 대한민국은 OECD 국가

중에 합법적인 도박의 종류가 7가지-카지노, 경마, 경정, 경륜, 스포츠 토토, 소싸움, 복권-가 되는 유일한 국가이다(조현섭, 2012). 온라인과 오프라인의 불법도박까지 계수한다면 셀 수 없이 많은 가지 수의 도박이 나오겠지만 한국도박문제관리센터가 공식적인 매뉴얼에 포함시킨 도박종류는 위의 7가지 외에 카드, 화투, 성인오락, 주식, 투견·투계, 기타도박의 6가지를 추가하여 대체로 13가지에 이른다. 필자의 지난 3년 간의 경험에 의하면 기타도박 중에 '사다리'가 치명적인 결과를 가져온다는 것을 알 수 있었다. 또한 주식이 왜 도박에 포함되느냐고 항변하는 주식중독자들이 있는데, 한국도박문제관리센터는 주식 폐해의 실제에 근거하여서 주식을 도박행위에 포함하고 있다. 참고로 도박상담 영역에서 도박에 대한 정의는 '자신의 확실한 것을 불확실한 것에 거는 행위'로서 매우 포괄적인데, 확실한 것에는 돈과 기타의 재물이 포함된다. 대한민국 국가가 정책적으로 실시하고 있는 사행산업의 종류가 다양하고 그 규모 또한 방대하다. 일례로 2015년도에는 강원랜드 총매출액 1조 5,604억 원이 외국인 전용 총매출액 1조 2,433억 원을 상회하고 있다. 통계가 나와 있는 2006년부터 같은 추세이고, 매출액 규모는 10년 사이에 약 2배로 증가하였다. 사회적 경각심을 위해서 강조하고 싶은 현상은 장외발매소에 의한 사업규모의 확장이 괄목할 만한 상황이라는 점이다. 장외발매소란, 사행산업 사업자가 일반 고객의 접근성과 편의성, 참여기회의 확대, 레저 및 오락의 기회제공 그리고 수익성 개선 등의 이유로 전국 각지에 경마, 경륜, 경정의 본장 이외에 설치하여 운영하고 있는 장외매장을 의미한다. 참고로 장외발매소 매출은 2015년 기준 경마가 5조 3천억으로 경마 전체 매출 6조 7천억 원 대비 68.6%, 경륜이 1조 4천억 원으로 경륜 전체 매출 2조 3천억 원 대비 60.6%, 경정이 5천 5백억 원으로 경정 전체 매출 6천 7백억 원 대비 82.8%를 차지하고 있다. 입장객의 경우 2015년 기준 전체 입장객의 경마(60.8%), 경륜(74.9%), 경정(86.7%)에 달하고 있어서 접근성의 용이성으로 인해서 도박중독 확산에 결정적인 요인을 제공하고 있다.

한국도박문제관리센터 통계(http://www.kcgp.or.kr 참조)에 의하면 도박중독 문제로 인한 사회경제적 폐해가 연간 78조 원에 달한다고 한다. 이 수치는 음주나 흡연문제보다도 몇 배나 큰 수치이다. 그럼에도 불구하고 도박중독 문제의 심각성은 그에 비해 아직 범국민적인 공감대를 형성하지 못한 것이 사실이다. 관리센터 이용 통계수치로 볼 때 서울과 경기권의 헬프라인 접수자 수가 2016년에 각각 2,500명을 상회하였고, 기타 많은 도시는 상대적으로 일 년에 수십 명에서 900명 사이이다. 연령별로는 30대와 70대가 가장 많고 그 다음이 20대와 60대이다. 도박의 종류에 있어서 압도적으로 많은 것이 온라인불법 도박이다.

한국도박문제관리센터의 핵심적인 역할은 대체로 3가지 분야이다. 첫째가 도박중독자 및 가족의 치유와 재활, 둘째가 예방교육과 홍보이며 셋째가 전문인력과 예방강사의 배출에 있다. 한국도박문제관리센터는 매년 상담매뉴얼과 심리검사의 업그레이드를 위해서 꾸준히 전문성을 제고하고 있으며 2017년에는 회복자 도박문제 예방활동단 사업을 진행하고 있는데 그 대상자는 바로 '지역센터 및 민간상담전문기관'에서 상담 및 치유프로그램 참여하신 이력이 있는 분이다. 가장 깊은 고통의 터널을 벗어나 중독 당사자와 가족이 도박문제 예방활동단으로 거듭난다는 것은 모든 트라우마나 중독의 회복단계에서 기대되는 마지막 완성의 단계이기도 하다. 피해자(victim)에서 생존자(survivor)로, 다시 투사와 전사(fighter)로 거듭난 3단계의 회복자는 모든 중독치료에서 가장 중요한 롤 모델의 역할을 한다.

2) 도박중독 실태의 심각성

필자가 중독상담에 입문하던 2012년에 사행산업통합감독위원회 조현섭 센터장이 제시한 사행산업 정책과 제도에 관한 자료에 의하면 1998년도에 매출 4조 원으로 2009년에 16.5조 원으로 4배가 증가하였고, 비교할 만한 대

〈표 6-1〉 우리나라 중독문제 현황

중독 종류	인구수	유병률	경제적 피해액	정부 예산	관련 센터 수
스마트폰	750만 명 (만 3~69세)	17.8%	–	150억 원	전국 47개
도박	207만 명 (성인 기준)	5.4%	153조 원 (합법 78조 원, 불법 75조 원)	44억 원 → 110억 원 (2016년)	관리센터 11개 민간위탁센터 17개
알코올	160만 명	6.2%	21조 원	46억 5000만 원	상담센터 50개
마약	20~40만 명		3조 3천억~ 7조 원	15억 원 (자체예산 별도)	퇴치운동본부 12개 병원 21개 (국립 5/시립 2/민간 14)
흡연	성인 인구 중 54.6% 흡연 (중독자 150만 명)	흡연률 남 48.3% 여 6.3%	6~7조 원	260억 원(담배건강 증진기금 1조 7천억 원 중)	금연클리닉: 전국 253개 보건소
총계	810~830만 명		193조 3000억~ 198조 원	581억 5000만 원	센터 90개 병원 21개 전국 253개 보건소

상으로 전국대학생 일 년 등록금이 2008년 기준에 의하면 12조 6천억 원으로 등록금 총액의 131%였다. 또한 사행산업 영업장이 1998년에 28개였는데 2009년에 3배가 증가했고, 2007년 GDP 대비 순매출액 0.67%로서 OECD 국가 중 5위이며 2011년에 소싸움 개장으로 사행산업 종류가 7개로 OECD 국가 중 최다라는 것이 그 핵심이었다. 그리고 책임도박 제도 정착을 위한 방안과 도박중독 예방과정과 국가의 역할을 제시하였다(조현섭, 2012).

최근인 2017년 4월 한국중독심리학회와 한국중독상담학회가 주관한 국제 중독심포지엄: 우리나라 중독문제 현황과 해결방안에서 조현섭 교수는 한국 중독심리학회장으로서 다음과 같은 보고를 제시하였다. 표 1에 의하면 도박 중독 인구수는 성인 207만 명, 경제적 피해액 153조 원(합법 78조, 불법 75조)으로서 스마트폰, 도박, 알코올, 마약, 흡연 중독으로 인한 총 피해액 193조 3천억~198조 원의 77%를 도박중독이 차지하고 있음을 알려 주고 있다. 이에 비해 현 정부 중독사업 예산 총액은 581억 5천만 원에 그치고 있다. 조 교수는 중독관리를 위한 통합기구의 필요성, 담당공무원의 전문화와 책임성 강화, 국가 자격증으로 예방전문가와 상담전문가를 양성할 것을 제안하였다(조현섭, 2012).

"보건복지부의 2014년도 보고서에 따르면 20세 이상 남성의 5.4%가 도박에 중독되었고 대부분은 인터넷상에서 도박을 함으로써 정부의 엄격한 감시망을 피하고 있고, 웹사이트를 통해서 시작된 도박중독자들의 60%가 십대 청소년이라고 한다(원호정, 2016)." 2015년 불법도박 규모는 단순 추계 기준으로 70조 8,935억 원—사설 스포츠도박이 20.3조 원(구성비 28.6%)으로 가장 크며, 그 다음 불법 온라인도박이 19.6조원(27.7%) > 불법 사행성게임장 13.2조 원(18.6%) > 사설 경주도박 12.8조 원(18.0%) > 불법 하우스도박 3.7조 원(5.2%) > 사설 카지노 1.4조 원(1.9%) 순이라고 한다.

3. 도박중독 진단변화와 상담의 실제

1) 도박중독 진단의 변화

도박을 합법적인 혹은 여가의 일종으로 즐기는 도박행동과 불법도박 혹은 현실적인 문제를 일으키는 문제성도박, 즉 도박중독으로 나눌 수 있다. 미국 정신장애진단 통계편람(DSM)을 보면, 물질중독분야가 가장 많은 페이지를 차지하고 있는 것을 볼 수 있다. DSM-IV 한국어판에서 235쪽부터 365쪽까지로 130쪽이 할애되어 있어서 임상진단을 배우면서 미국문화에 들어 있는 중독의 문화를 알 수 있었다(American Psychiatric Association, 1994). DSM-5도 이와 유사할 것으로 추론하는 바는 〈DSM-5:임상가를 위한 진단지침〉

에서도 물질관련 및 중독장애가 90쪽을 할애받고 있기 때문이다(Morrison, 2014). 미국의 정신장애진단 통계편람(DSM)의 이러한 현상은 미국사회, 더 나아가서는 21세기의 지구촌의 많은 나라, 특별히 미국문화의 직접적인 강한 영향을 받고 있는 한국사회에 시사하는 바가 매우 크다.

  도박장애가 비물질중독으로서의 진단코드를 받게 되는 데에는 시대의 변천이 어리어 있다. 병적 도박은 '강박적 도박'이라는 명칭으로 사용되다가, 1980년 DSM-Ⅲ에 충동조절장애에 '병적 도박'의 명칭으로 포함되었다. DSM-Ⅳ에서는 DSM-Ⅲ에서 미진하였던 진단준거를 구성하였는데 병적도박의 핵심인 금단, 내성, 일상생활의 분명한 지장의 초래, 충동조절의 어려움을 추가하였다(안창일, 2008). DSM-Ⅳ에서는 '다른 곳에 분류되지 않는 충동조절장애'에 병적 도박(pathological gambling)이라는 진단명이 부여되었다(American Psychiatric Association, 1994). 이러한 변화로 도박중독이 강박성과 충동성과 깊은 연관을 갖고 있음을 알 수 있다. 중독의 특징은 흔히 3C로 '강박적 사용(Compulsive use)' '조절능력의 상실(loss of Control)' '나쁜 결과에도 불구하고 계속된 사용(Continuous use despite of bad consequences)'이다(서경현, 2012). '강박'은 도박중독을 진단하는 3C의 핵심이다. DSM-Ⅳ에서는 '충동조절장애' 범주에 증상이 유사하고 병리생리학과 유사할 것이라는 가정에 묶여 있는 장애들이 있다. '병적 도박' '병적 도벽' '간헐적 폭발장애' '발모광' '병적 방화'가 포함되었다. 여기에 '강박적 인터넷 사용' '강박적 성행동' '병적 피부 뜯기' '강박적 구매' 등의 장애를 동일한 범주에 속한다고 제시하였다(Grant, 2009). 2013년에 개정된 DSM-5에서는 도박장애를 충동조절장애에서 물질관련 및 중독장애라는 영역 안에 비물질관련장애(F63.0[312.31]도박장애)로 포함하였다. 병적 도박과 물질 사용이 뇌의 보상센터를 활성화시킨다는 점에서 놀라울 정도로 유사하다는 근거가 진단상의 변화를 가져오고 있다(Morrison, 2014).

2) 후성유전학(epigenetics)과 뇌의 가소성(plascity)

　지속적인 방식으로 유전자에 영향을 줄 때 유전자를 비활성 혹은 활성화하는 것을 후성유전학이라 한다. 예를 들면, 일란성 쌍둥이처럼 유전적으로 동일한 개체이지만 다른 경험에 의해서 다른 종류의 단백질을 만드는 것을 설명해 주는 이론이다. 후성유전학은 약물섭취가 유전자 발현에 영향을 미침을 설명해 준다(Kuhar, 2014). 중독환자에 대한 사후연구(postmortem study)에 의해서 분석한 뇌에서 수준이 바뀐 화학물질이 발견된다고 한다. 약물에 의한 뇌의 변화에 대해서는 약물사용자 뇌의 양전자방출단층촬영술(PET)에 의해서 이미 밝혀졌다(Kuhar, 2012).

　중독은 뇌 구조와 기능이 손상된 '뇌 신경질환'인 만큼 국가와 사회 차원의 적극적 해법 모색이 필요하다는 것이 전문가들의 진단이다. 중독 전문가 단체인 '중독포럼'은 최근 발간한 '중독, 100가지 오해와 진실' 보고서를 통해 중독은 뇌 기능과 구조를 손상시키는 뇌 신경질환이라고 진단했다. 2017년 5월 9일 보고서에 따르면, 현재 우리나라 알코올중독자는 225만 명, 인터넷(게임)중독자는 268만 명, 도박중독자는 206만 명, 마약중독자는 12만 명으로, 국민 7명 가운데 1명이 4대 중독에 빠져 있다. 도박중독자의 뇌에서도 기능 이상이 발견되었다. 미국에서 남자 도박자 10명과 정상인의 뇌를 촬영한 결과 도박중독자는 쾌락중추 앞머리에서 기능적 이상이 발견되었다. 게임중독의 위험성은 프로게이머와 게임중독자의 뇌 구조변화에서도 확연히 드러났다. 보고서는 "게임중독자는 프로게이머에 비해 통제력을 담당하는 곳으로 알려진 앞쪽 대상피질이 작은 반면 쾌감에 반응해 집착하는 시상부분이 커져 있었다."고 밝혔다. 중독포럼은 "4대 중독에 따른 사회경제적 비용이 109조 5,000억원으로 추정된다."며 "개개인의 의지에만 맡겨서는 해결되기 힘든 만큼 국가가 나서서 종합적인 해법을 모색할 필요가 있다."고 하였다(김치중, 2017). 도박을 좋아하는 사람의 뇌 속에서는 다른 사람보다 노르아드레날린의 수

치가 낮은 것으로 나타났다. 노르아드레날린(https://en.wikipedia.org/wiki/
Norepinephrine 참조)은 신경전달물질 중 하나로 놀람, 불안, 공포 등을 느낄
때 분비된다. 도박에서 승리할 경우 사람의 뇌에서는 엔도르핀, 도파민 등 뇌
내 마약이라 불리는 물질이 분비된다. 이것은 인간의 두뇌에서 욕망(생물학
적인 욕망만이 아니라, 다른 사람에게 칭찬을 받는 등 보다 고차원적인 욕망까지 포
함)이 충족될 때 분비되는 물질인데, 이는 인간의 뇌에는 생물이 생존을 위해
적극적으로 움직이도록 하는 "보상 체계"가 갖추어져 있기 때문이다.

이 체계는 굳이 보상이 나왔을 때만이 아니라 "보상이 나올 것을 기대하는
때"에도 어느 정도 활성화가 된다. 원숭이를 이용한 슐츠의 실험(1993년)에
서, 실험자들은 시각적인 자극을 제시하고 몇 초 뒤에 먹이가 나오는 장치를
만들었다. 원숭이를 이 장치에 익숙하게 만든 다음, 중뇌의 도파민계 세포에
전극을 삽입하고 관찰했다. 실험 초기에는 먹이가 나왔을 때에만 도파민 계
가 활성화되었지만, 나중에는 시각 자극이 주어지는 순간에 이미 활성화되기
시작하였다. 도박중독에 결정적으로 중요한 것은 "보상이 간헐적일 때 효과
가 더 크다."는 점이다(신영철, 2012a).

신경생물학과 심리학 이론의 결합으로 인해서 일부 사람은 특정 종류 자

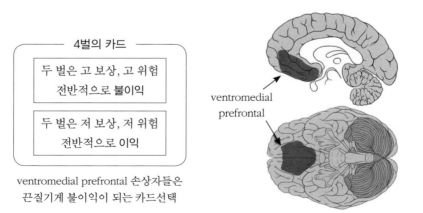

ventromedial prefrontal 손상자들은
끈질기게 불이익이 되는 카드선택

[그림 6-1] 일반인과 bilateral ventromedial prefrontal 손상자들 비교 연구

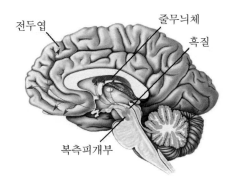

전두엽   줄무늬체   흑질   복측피개부

[그림 6-2] 보상회로 시스템: 도파민 방출(→)을 통한 보상회로

극에 병적으로 관여하는 특질이나 성격 혹은 반응 경향성이 있을 수도 있다고 알려졌다. 이런 신경생물학적 과정이 충동조절을 실패하게 만드는 생물학적 취약성일 수도 있다고 한다. 이에 대한 ① 신경학적 자료는 '복측피개-축해-안와전두피질 회로'가 기호-충동을 관장하는 뇌 영역([그림 6-2])임을 시사한다. ② 정신약물학적 자료는 충동조절장애가 같은 약물에 반응함을 시사한다. ③ 역학적 자료는 한 종류의 충동조절장애를 가지면 강력한 기호욕구와 연관된 다른 충동조절장애를 가질 가능성이 높음을 입증한다(Grant, 2009). 충동조절장애의 취약성이 광범위한 심리적 특질과 관련되었다는 견해도 있다.

중독을 질병모델로 이해하는 것은 상담자의 내담자 이해를 넓혀 주기에 의미가 크다. 질병모델은 중독을 평생 동안 지속되는 생물학적, 환경적 요인의 상호작용을 통해 발생하는 질병으로 보는 관점이다. 〈도파민보상회로의 이상〉이라고 하는 뇌의 이상을 포함한다(신영철, 2012a). 도박중독상담 영역에서 크게 활동하고 있는 최삼욱은 중독 미국립 약물남용연구소의 "해로운 결과를 초래하면서도 약물사용이나 행위를 강박적으로 하는 만성적이고, 재발을 잘하는 뇌질환"이라는 정의를 차용하여 설명한다. 그리고 중독의 특성을 내성, 갈망, 집착, 금단, 조절력 상실, 부정적 결과, 회피, 속임과 거짓말이라

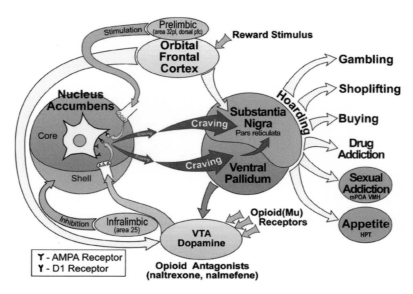

[그림 6-3] 보상회로 시스템의 문제

는 8개의 키워드로 정리한다. 그리고 중독을 바로 '보상회로 시스템의 문제([그림 6-3])'라고 설명한다(최삼욱, 2016).

3) 도박중독상담의 실제

우리나라의 도박중독 치료에 크게 공헌하고 있는 신영철(2012b)은 '한국인 도박중독자의 특성 및 치료적 접근'에서 병적 도박치료의 어려움에 대해서 '병원을 안 온다. 와도 동기가 없다. 동기가 있어도 유지가 안 된다. 거짓말 하면 아무도 모른다. 주변 유혹이 너무나 많다. 재정적인 어려움의 해결이 어렵다. 오래 한 경우 사회 적응이 어렵다. 도박보다 더 재미있는 것은 세상에 없다. 치료자나 치료 무기가 적다.'는 9가지의 곤란점을 나열하였다(신영철, 2012b). 한국도박문제관리센터는 다년간의 연구를 바탕으로 12회기의 중독상담을 위한 매뉴얼을 제작하여서 전국 지역센터 및 민간센터에 배포하

였고, 모든 상담에서 전문성이 유지되고 효과가 창출될 수 있도록 연구하고
지원한다.

　필자의 경험에 의하면 개인정보보호법에 대한 교육을 모든 상담자에게 매
년 실시하여 비밀보장 및 전문가 윤리에 어긋나지 않도록 철저하게 교육하고
훈련을 한다. 대상자와 가족이 상담에 임하면서 먼저 이러한 정책에 대한 설
명을 제공받고 서비스 이용에 대하여 동의함으로써 상담이 시작된다. 뿐만
아니라 도박문제종합평가지 등의 검사지 실시에 대하여서도 별도로 개인동
의를 받음으로써 신뢰의 구축을 최우선으로 하고 있다. 실제로 도박중독상
담이 다른 영역의 상담과 가장 확연하게 구별되는 부분은 무엇인가? 중독상
담 내담자에게 가장 현실적인 문제해결은 부채의 상환과 거짓말로 훼손된 신
뢰의 회복에 있다. 바로 여기에 상담자의 영성이 기능을 해야 할 당위가 요청
된다. 2014~2016년 사이 3년간의 경험으로 볼 때 법적인 문제에 연루된 내
담자는 극히 드물었다. 2017년도에 보완된 자료로는 내담자의 성장기 경험
에 대한 탐색과 여가시간 활용 실태, 지원체계에 대한 점검 등이다.

　지난 3년간의 개인적인 경험을 통계적 수치로 정리(〈표 6-2〉)하면서 앞으
로의 길을 모색하고자 한다. 도박상담 당사자를 남성 43명, 여성 3명으로 총
46명을 만났고, 그분들의 가족을 남성 12명, 여성 38명 총 50명과 상담을 하
였다. 한국도박문제관리센터는 당사자에게 12회기 상담과 가족에게 4회기
의 무료상담을 제공하고 있다. 도박장애 치료에서 가장 중요하게 포함되어
야 할 부분이 가족치료이다. 가족은 도박장애의 피해자인 동시에 도박행동
을 강화시키는 역할도 하므로 별도의 상담과정이 제공된다(안창일, 2008). 한
국도박문제관리센터는 〈잃어버린 나를 찾는 희망안내서〉를 도박문제 회복
을 위한 자기관리 매뉴얼(사행산업통합감독위원회 중독예방치유센터, 2009)과
도박중독자 가족의 회복을 위한 안내서(사행산업통합감독위원회 중독예방치유
센터, 2009; 2010)의 두 종류로 세분화하여서 전문상담자들이 사용하도록 제
공하고 있다. 가족이 동반의존에서 벗어나고 자기의 삶을 찾기 위해서 적극

적인 제안을 하는 학자도 있다. 가족 구성원이 병적 도박자라는 것을 아는 순간부터 단호히 대처해야 하고, 스스로를 환자로 인정하지 않는 가족을 강제 치료를 시작하며, 도박이 다른 범죄로 이행되지 않도록 주시하며, 완치가 어려운 점을 고려하여 지속적으로 관찰하고 조심해야 함을 강조하고 있다(안창일, 2008). 한국상담학회 부부가족상담학회는 '도박중독자 가족의 돌봄'을 주제로 가족에 대한 이해, 가족에 대한 개입, 그리고 공동체 강화와 가족치료를 주제로 2013년에 워크숍을 주최하였다. 워크숍은 우리나라보다 도박중독에 대한 예방, 치유의 경험이 많이 집적되어 있는 호주 멜버른의 문제성도박연구치료센터장과 수석연구원이 진행하였다. 중요타자의 공동의존(Co-Dependence of Significant Others) 현상이 배우자의 61%, 자녀 18%, 부모 8%, 형제자매 5%, 친구 5%, 다른 구성원 3%의 통계를 제시하였다. 그리고 가장 영향을 받는 순서로는 자녀 > 배우자 > 부모 > 형제자매 > 순이고 친구는 가장 적은 영향을 받는 것으로 보고하였다. 이런 결과를 근거로 부록에서 '문제도박에 대한 부모자녀 프로그램'까지 제시하였다(Jackson & Dowling, 2013). 나중에 이야기하겠지만 가족이야말로 장기동행의 영성이 필요한 주체 중의 주체이다.

구체적으로 그분들이 실제로 한 도박의 종류(김호진, 2012), 대리변제 경험의 유무, 가족상담 진행 여부, 우울증상의 정도, 자살사고, 자살 시도, 실수 및 재발, 진행회기의 정도, 회복여부, 추후상담 1년 이상 유지자로 나누어서 살피고자 한다. 가족상담에 관해서는 대리변제 경험여부, 공동의존 여부, 우울증상의 정도를 검토하였다. 경험에서 발견되는 결과의 일부에 대해서 도박상담 당사자와 가족상담으로 나누어서 논의하고자 한다.

중독상담 대상자는 결정적으로 46명 중 남성이 43명으로 절대다수를 차지한다. 연령별로는 30대가 28명으로 가장 많았고 그 다음이 40대와 20대 순이다. 도박의 종류로는 단연코 스포츠토토가 28명으로 가장 많았고 2위가 카지노, 3위가 주식이었다. 1차의 주도박 외에 2차 도박이 있는 경우에는 중복표

〈표 6-2〉 도박중독 내담자 분류

성별	남성		여성							소계
	43명		3명							46명
연령대	20대	30대	40대	50대	60대					소계
	7명	27명	8명	1명	5명					46명
도박 종류	카지노	경마	경륜	스포츠 토토	카드	화투	성인 오락	주식	기타	소계
	8명	3명	1명	28명	2명	2명	3명	4명	3명	57명 (중복)
기타	대리변제 경험		가족상담 진행							
	37명		31명							
우울증상	중증		중증		경미		없음			소계
	26명		9명		3명		8명			46명
자살	사고		시도							
	17명		3명							
상담 진행 회기	1~3회기		4~11회기		12회기					소계
	13명		10명		23명					46명
실수/재발: 20명 (상담 진행 중, 혹은 종결 후 재발자 포함)										
회복자 수18명 (상담자의 주관적 평가)										
추후 상담 1년 유지: 20여 명										

시한 통계이다. 주식을 한 분들이 주식을 도박으로 인정하기를 가장 지속적으로 장기간 거부하였다. 기타 도박에는 사다리와 핸드폰 게임 등이 있었는데, 사다리 게임으로 단기간에 거액의 손실을 경험한 내담자들이 있었다.

도박상담의 특성상 도박자의 부채처리가 가장 관건인데 대부분의 상담의 경우 가족이 대리변제를 실시하고 대상자가 도박상담에 응하도록 한 것으로 사료되었다. 부채액수를 굳이 통계 내지는 않았는데, 가장 적은 액수가 500만 원 정도이고 대체로 수천만 원에서 억대 이상이었으며 최고의 손실금액은 25억 원이었다. 대출은 가족, 지인, 1·2금융권을 지나서 3금융권과 사채로 이어지고 있었는데 한 명의 중독자가 다양한 채무자를 가진 경우가 대부분이었다. 도박중독 상담을 하다 보면 중독자의 상당수가 핸드폰 깡을 하느라 3대 이상의 핸드폰을 갖고 있고, 상담 도중에 핸드폰 번호가 바뀌는 경위가 비일비재하였다.

대상자 46명 중 31명이 가족과 함께 상담을 받았는데(〈표 6-3〉), 대체로 가족과 함께 시작하였다. 예외적으로 중독자가 먼저 시작하고 가족이 합류한 경우도 있었는데, 끝까지 가족만 상담하고 중독자가 아직 오지 않은 경우가 3사례였다. 문제도박을 가진 분들의 우울증상은 종합평가(등록 및 종결)에 나오는데 등록 시기를 기준으로 할 때 심각한 경우가 26사례, 중간 정도 우울이 9명, 경미한 우울이 3명 있었다. 의외로 가족은 상당히 우울한데 당사자는 정서적으로 전혀 영향을 받지 않는 특이한 경우도 있었다. 자살사고를 가진 경우가 17명, 자살 시도자가 3명 있었다.

상담 중 혹은 상담 종결 후에 실수 혹은 재발의 사례가 20사례였다. 상담 진행으로 볼 때 1~3회 조기종결 및 탈락이 13명, 4~11회기 조기종결 및 탈락이 10명, 12회기 완결이 23사례로 절반에 해당한다. 4~11회기 종결의 경

〈표 6-3〉 가족상담 통계

성별	남성		여성				소계
	12명		38명				50명
연령대	20대	30대	40대	50대	60대	70대	소계
	2명	15명	5명	13명	14명	1명	50명
대리변제 경험	경험자		비경험자				소계
	41명		9명				50명
공동 의존	의존자		비의존자				소계
	39명		11명				50명
우울 증상	중증	중증	경미	없음			소계
	17명	16명	8명	9명			50명

우는 완전회복에 대한 자신감, 혹은 직장관계, 이사 등의 요인이 개입되었다. 상담자와 내담자가 함께 주관적으로 회복되었다고 합의할 수 있는 대상이 18명이다. 도박문제관리센터는 종결 후에 회복평가 추수상담을 1년간 유지하도록 하는데, 1년 이상 추후상담 유지자가 20여 명이다.

　가족상담을 실시한 37사례 중에 부모나 형제자매가 같이 온 사례를 포함하여 모두 50명의 가족을 상담하였는데 이 중 남성이 12명, 여성이 38명이었다. 여성의 대부분은 어머니였고 그다음으로는 배우자, 누나, 여자 친구 등이었다. 아내의 도박으로 인해서 남편이 상담에 온 경우가 3사례이다. 50명 가운데 41명이 대리변제의 경험이 있고, 39명이 공동의존상태, 41명이 우울증상을 가진 것으로 나와 있다. 공동의존과 대리변제, 우울증상은 함께 연결된 고리와 같다. 도박으로 인해서 이혼이 이루어진 사례가 4사례였는데 한 사례는 자녀의 결혼 시기에 재결합을 하였고 중독상담을 시작하여서 마침내 회복에까지 이르게 되었다.

4. 도박중독상담과 홍익인간의 영성

1) 놀이와 제의로서의 도박행위

　고대 신화에서 제우스, 하디스, 포세이돈은 주사위를 던져서 우주를 천구, 지옥 바다로 나누었다고 한다. 인류의 도박에 대한 역사는 고대 문명의 벽화에서도 발견할 수 있으며, 복권의 효시가 바로 로마의 초대황제 아우구스투스 시대까지 거슬러 올라간다고 한다(안창일, 2008). 인간이 어떠한 존재이기에 그렇게 많은 수의 사람들이 사교도박자에서 도박중독자로 전락하게 되는가를 고찰하기 위해서 도박행위를 문화적 표현인 놀이와 종교적 표출인 제의의 관점에서 생각한 연구자들이 있다. 인간을 호모 루덴스, 즉 놀이하는 인간의 관점에서 이해한 Huizinga & Ludens(1993)는 '제의(ritual)란 어떤 표출이고 극적인 표현, 형상화이며, 대리적 현실화'라고 정의하였다. 독일의 민속학자인 레오 프로베니우스(Leo Probenius)가 지적하였듯이 고대인들은 자신들의 의식 속에 새겨진 자연의 질서를 놀이하였다. 그는 고대인들에게는 아직 표현되지 않은 삶과 자연의 경험은 사로잡히고, 전율하며, 황홀경에 빠지는 "사로잡힘(seizure)"의 형태로 나타난다고 하였다. 놀이는 놀이 고유의 특성인 질서, 긴장, 운동, 변화, 장엄, 율동, 환희 등의 요소를 다 가지고 있다(Huizinga & Ludens, 1993). 인간을 놀이 본능을 가진 존재로 이해한 견해이다.

우리 곁에 있는 한국적 놀이에 윷놀이, 화투치기, 홀짝, 묵찌빠, 모든 것이 놀이의 기능을 갖고 있는데, 여기에 소액이나 물건을 걸고 하는 행위는 모두 도박행위에 속하며, 사교도박 단계를 넘어서 문제성 도박으로 발전하는 것은 놀이의 사로잡는 마력에 의한 것이라고 볼 수 있다. 반복되는 습관성 도박이 바로 대상자에게는 신앙인의 경건한 종교의식을 대리한다고 볼 수도 있다. 신앙에 믿음이라는 필수요소가 들어간다면 도박행위에는 '이긴다, 돈을 딸 수 있다'라는 신념이 도박자를 반복적인 도박행위로 몰아간다는 점에서 도박중독자에게는 도박이라는 놀이행위 자체가 종교적인 제의와도 같다(Huizinga & Ludens, 1993).

스포츠 경쟁의 기본적 형태는 힘과 속도의 시합이 그 정수이다. 달리기, 스케이팅, 전차 경주, 경마, 수영, 다이빙, 사격 등의 인류와 친근한 경기에는 투기적인 원리가 있다. 무엇보다도 구기는 재미 면에서 다른 스포츠 종류를 능가하고 있다. 스포츠가 점점 체계화되고 조직화되어 가자 순수한 놀이적 특질의 일부분이 불가피하게 상실되었다. 고대 문화에 있던 성스러운 축제의 일부를 이루는 문화적 경쟁으로서의 스포츠의 제의적 유대가 완전히 끊어져 버렸다. 투기적 습관이라는 면에서 모든 스포츠가 하나로 일치하고 있다. 이를 뒷받침하는 것은 교통과 통신의 발전에 의한 기술, 보도, 선전 등이다(Huizinga & Ludens, 1993).

2) 의례(ritual)와 영성(spirituality)

앞에서 도박행위의 놀이적, 의례적 측면을 고찰하였다. 이제 의례와 영성의 관계를 숙고하고자 한다. 의례(rite, ritual)의 라틴어 어원은 '종교적 의례'이고(https://en.wikipedia.org/wiki/Ritual 참조), 그리스어 어원은 '숫자, 세다'이다(http://www.etymonline.com/index.php?term=rite 참조). 그러므로 통과의례를 나타내는 rite에는 숫자세기의 의미가 들어 있다. 국어사전은 '영성'(靈性)을 신령한 품성으로 풀이한다(이희승, 2000). 영어사전에서 영성(spirituality)을 '정신적임' '영적임' 등으로 해석하고 있다(동아프라임, 1993). 영성이라는 말은 육체성 또는 물질성과 대립되어 쓰이게 되었다(나용화, 1999). '영성'(spirituality)이라는 용어는 프랑스 로마 가톨릭 신학과 에큐메니칼 운동 속에서 1960년대 초부터 자주 사용되었다고 한다. 독일 현대 개혁파 신학자인 몰트만(J. Moltmann)은 영성에 대해서 다음과 같이 설명한다(Moltmann, 1992). "영성(Spiritualitä)이란 말은 프랑스어 '스피리뚜알리떼'(Spiritualité)를 번역한 것이며, 독일어 '종교성'(Religiositä)보다 더 큰 의미를 가지며, '경건성'(Frömigkeit)의 의미를 내포하지만 그것과 동일하지 않다. '영성'이란 말은 글자 그대로 하나님의 영 안에 있는 삶과 하나님의 영과의 살아 있는 교제를 뜻한다." 그러므로 영성이란 물질적, 육체적인 것과는 반대되는 개념이지만, 대립되는 것은 아니며, 성직자들의 전유물인 종교성, 경건성의 의미도 포함하고 있지만, 그보다 더 포괄적인 의미와 높은 뜻을 지니고 있다고 할 수 있을 것이다. 영성은 기독교 신앙의 용어로만 제한되는 것이 아니라, 모든 종교의 요체(要諦)가 된다고 할 수 있다. 모든 종교 안에는 인간을 초월하는 신앙의 대상이 있으며, 그 신앙의 대상인 신적 존재와의 관계에서 영성의 문제가 제기되기 때문이다. 그러므로 영성이란 '영적인 것'에서 나온 것이지만 꼭 종교성에만 국한된 것은 아니며, 인생의 최고의 가치와 목표를 제시해 주는 하나의 정신을 따르기 위해서 실천하는 것을 의미하기 때문에 수많은 영성이 있을 수 있다. 따라서 다양한 삶의 자리에서 영성은 다양하게 표현되며 표출될 수 있다(최종호, 1989).

3) 도박중독과 홍익인간의 영성

영성을 '인간의 삶의 본질과 목적에 관한 확신에 따라서 사는 한 개인이나 한 공동체의 삶의 방식'이라는 생활양식으로까지 확장하는 견해도 있다. 그러므로 기독교 영성은 '하나님이 땅의 흙으로 사람을 지으시고 생기를 그 코에 불어넣으시니 사람이 생령이 되니라(창세기 2:7)'의 말씀에 따라서 인간을 생물학적, 심리학적, 사회적, 영적 존재로 인식하는 것을 출발점으로 한다. 그리고 영성의 본질과 핵심은 '지으신 하나님과 친밀한 교제를 나누는 것'으로 본다. 지금까지 살펴본 바에 의하면 대한민국에는 인구의 1/5에 해당하는 약 810만 명의 중독자가 있고 도박중독자의 숫자는 성인기준으로 207만 명에 이른다. 중독에 대한 생물학적, 심리학적(Flores, 2010), 사회학적 차원과 함께 영적인 차원(나창규, 2016)의 통합적 접근이 필요하다. 기독교적 영성을 이 시대, 이 땅 대한민국에 사는 사람들에게 어떻게 펼칠 것인가?

영성의 역사는 근원적으로 동일한 영성이 때와 장소, 그리고 사람들의 삶의 상태와 자세에 따라 다양한 모습으로 나타남을 보여 준다. Campbell(2004)은 신화와 함께하는 삶에서 고금동서의 아름다운 신화들을 나열하였다. 그렇다면 지상의 모든 신화에는 사랑의 주제가 내포되어 있는 것일까? Campbell은 미국의 소설가 호손의 말을 인용하여 "인간은 아무리 큰 죄인이라도 형제애를 포기하면 안 된다."고 하였다(Campbell, 2004). 한 걸음 더 나아가 도날드 캡스는 죄의식의 신학과 나란히 수치의 신학이 자리잡아야 할 필요를 역설하였다. 중독자들에게서 발견되는 분리된 자아, 방어적인 자아, 고갈된 자아를 현대인의 자기애의 특성으로 분석하였다. 그는 자기애의 치유에 대하여 요나 이야기의 개방적 종결을 소망의 근거로 제시하였다. 중독이라는 악몽으로부터의 각성을 위한 자율적인 하나님에 대한 신뢰, 자신에 대한 믿음으로 자기 돌봄을 주장한다(Capps, 2001).

　요나 콤플렉스를 가진 도박중독자가 평생 완치될 수 없을 수도 있고 치료 동기가 매우 적더라도 영성을 가진 이는 중독자의 영성을 찾아 들어가기 위해 할 수 있는 모든 것을 찾기에 이른다. 필자는 중독, 특히 급속히 퍼져 가는 도박중독자와 가족을 상담하면서 필요한 기독상담의 영성으로 홍익인간의 영성을 제시하고자 한다. 홍익인간의 영성이야말로 하느님이 이 땅의 사람들에게 주시는 영성의 요체라고 이해한다. 단군신화와 홍익인간이라는 민간 신앙적 심상은 근본적으로 과학적 인과율을 초월한다. 단군신화와 같은 역사상(歷史像)은 긴 시간을 두고 민족적 에토스의 원천에서 나오기 때문에 그 역사상은 원형에 입각한 민족 문화의 고유한 요소들의 총체로서 형성된 것이다(이상일 외, 1989).

　삼국유사의 단군의 건국이야기에서 보면 '옛날 환인의 서자인 환웅이 자주 천하에 뜻을 두어 인간 세상을 탐하여 구하였다. 그 아버지가 아들의 뜻을 알고 삼위태백을 보니 널리 인간을 이롭게 할 만하여 천부인 3개를 주고 보내어 다스리게 하였다. 환웅이 무려 삼천 명을 거느리고 태백산 꼭대기의 신단수 아래로 내려와서 그곳을 신시라 하였는데 그를 환웅천황이라고 부른다. 풍백, 우사, 운사를 거느리고 곡식, 인명, 질병, 선악 등 무릇 인간의 360여 가지의 일을 주관하였다. 그때 곰 한 마리와 범 한 마리가 같은 굴속에 살면서 환웅에게 사람이 되게 해 달라고 빌었다. 신인은 이들에게 신령스러운 쑥 한 줌과 마늘 20쪽을 주면서 이것을 먹고 100일 동안 햇빛을 보지 않으면 사람의 형상으로 변하리라고 일러주었다. 곰과 범이 그것을 얻어먹고 곰은 삼칠일을 기하여 여인의 몸이 되었으나 범은 능히 기하지 못하여 사람의 몸으로 되지 못하였다. 웅녀는 혼인할 사람이 없어 매일 신단수 아래에서 잉태할 수 있게 해 달라고 빌었다. 환웅이 사람으로 변한 뒤 혼인하여 아들을 낳는데 이를 단군왕검이라 불렀다(서대석, 1997).

이같이 단군의 고조선 건국 이야기에는 홍익인간의 건국이념이 담겨 있다. 홍익인간의 이념은 바로 가장 보편적인 사랑, 인류애, 상한 갈대도 꺾지 않고 꺼져 가는 등불도 소멸하지 않는 인간에 대한 사랑이 우리 조상들에게 나타난 개념이고 정신이다. 단군신화에서 '사람이 되는 법, 사람답게 사는 법'에는 쑥과 마늘과 어둠이 요청되었다. 쑥과 마늘과 동굴이 의미하는 것은 무엇일까? 분석심리학자 이부영은 상징에 대하여 '그 상(이미지)에 대한 인류의 오랜 연상을 수집하여 서로 비교하고 공통의 뜻을 발견해 내는 확충(amplification)의 방법'을 제시하였다(이부영, 2011).

4) 쑥 한 줌과 마늘 20개와 동굴

쑥과 마늘이 의미하는 것은 무엇일까? 쑥과 마늘은 강한 음식이다. 정신적인 자극이나 자기반성, 성숙, 성찰의 표상이라고 할 수 있다. 20개는 인간의 손가락과 발가락을 다 합쳐서 원시시대의 인간이 셀 수 있는 아마도 많은 숫자를 상징한다고 볼 수 있다. 동굴이란 밤이 가고 아침이 오는 수없는 순환 속에서 무의식적 더 깊은 성찰을 상징하는 정신분석학적 상징이기도 하다. 한국인의 시조가 된 웅녀가 100일 동안 쑥과 마늘을 먹고 사람이 되었다는 이야기는 바로 한국인의 은근과 끈기의 상징, 정과 한과 살림의 원천이라고 할 수 있다(Poling & Kim, 2012). 한국인은 고조선에서부터 지금까지 쑥과 마늘을 즐겨 먹는다.

도박중독상담에는 강한 의지와 정신이 요청된다. 대상자와 가족은 물론이고 상담자에게도 쑥과 마늘 20개는 기본이다. 한국도박문제관리센터가 매뉴얼화한 12회기는 100일에 해당하는 메타포일 수도 있을 것이다. 중독자와의 면담에서 아이디어를 얻어서 이론화했다는 윌리엄 밀러(William R. Miller)의 동기강화면담에서 활용하는 프로차스카의 다섯 가지 변화단계(Miller, 2007), 그 다음 단계로 도박으로 돈을 벌 수 없다는 인지의 재구성을 중심으로 하는 인지행동상담, 그리고 다세대적 가족력을 탐색하면서 진행하는 가족치료적 넓이와 깊이(McGoldrick & Gerson, 2011), 그리고 문제를 외재화하고 해체하는 이야기치료적 기법을 병행하기도 하고(White & Epston, 2015), 정통의 12단계 치료(김한오, 2010)를 사용하는 상담센터와 상담자들도 있다(신양호, 2014).

5. 나오는 말: 장기간의 동행

지금까지 한국사행산업의 실태와 한국도박문제관리센터의 역할과 기능을 시작으로 도박중독에 대한 정신의학적, 심리학적 이해와 중독상담의 실제를 순차적으로 고찰하였다. 그리고 도박중독상담에 필요한 한국적 영성으로 홍익인간의 영성을 제시하였다. 히브리서 기자의 기록대로 이 땅에서 우리 모두가 외국인과 나그네의 삶을 살고 있지만, 필자가 만나 본 도박중독자의 실상은 '나그네 중에 더(The) 나그네(The most etranger among the etrangers)'였다. 감쪽같은 거짓말과 눈덩이처럼 불어나는 도박 부채 사이에 낀 옴짝달싹 못하는 그들은 상담자에게 호소한다. "아무 생각 없이 살았어요." "늘 떳떳하지 못함이 있었어요." "정상 생활을 하고 싶어요." 또한 중독자의 가족은 어떠한가? "고치는 것이 불가능하다고 들었어요." "평생 참는 것이라고 들었어요." "질병이라면서요?" "다시 반복적으로 재발한다고 들었습니다."

과연 희망이 있는가? 필자는 도박중독자, 가족, 그리고 상담자의 영성 훈련 모델로서 우리 민족의 단군신화에 나오는 '쑥과 마늘을 먹고 어둠 속에서 100일이 지나면 사람이 된다.'는 신화적 대안을 제시하였다. 이것이 바로 널리, 그리고 크게 한국인을 이롭게 하는 지름길이라고 생각하기 때문이다. 810만 명의 중독자, 그 중에서 도박중독자가 성인만 207만 명이라는 놀라운 숫자는 홍익인간의 이념을 떠올리게 한다. 12회기의 상담은 위기개입적인 의미가 크다. 도박중독의 특성을 생각할 때, 선을 행하는 영성을 주장한 James Poling(2012)의 목회신학적 방법의 순환적 모델인 '장기간의 동행' (Poling 2012; 박순, 2008)이 반드시 필요하며 회복센터(Stevenson-Moessner, 2005)의 운영도 목회공동체의 필연적 과제임을 주장한다. 또 다른 신들과의 만남으로서의 목회상담 현장이 바로 도박중독상담실이다. 누가 중독자와 가족의 못다한 이야기에 귀를 기울인 것인가(Jordan, 2011)? 고갈된 자아를 가진 내담자(Capps, 2001)를 위하여 더 많은 전문회복센터의 실현을 위한 목회실천적 연구를 제안하면서 글을 마친다.

후주

1) 필자는 2014년부터 2017년까지의 자료를 제공받았다.

참고문헌

김치중 (2017. 5. 16.). '중독은 뇌기능 손상… 의지만으로 안 돼.'한국일보. http://ny. koreatimes.com/article/20170509/1056332.

김한오 (2010). 12단계 중독치료 (제5판). 의왕: 계요병원 알코올센터.

김현주 (2008). 깔뱅의 경건으로서의 영성. 장로회신학대학교 대학원 석사학위논문.

김호진 (2012). 도박의 종류. 도박중독 전문인력 양성과정강의자료, 7-46. 사행산업통합감독위원회.

나용화 (1999). 영성과 경건. 서울: 기독교문서선교회.

나창규 (2016). 과학 기술, 중독, 그리고 한국사회. 과학기술의 도전들: 정교회와 현대 세계의 문제, 49-74. 정교회 한국대교구.

동아출판사 (1993). 동아프라임영어사전. 서울: 동아출판사.

박 순 (2008). 학대받는 존속살해 무기수의 이야기심리학적 심리전기. 연세대학교 대학원 박사학위논문.

사행산업통합감독위원회 중독예방치유센터 (2009). 잃어버린 나를 찾는 희망안내서: 도박문제 회복을 위한 자기관리 매뉴얼. 사행산업통합감독위원회.

사행산업통합감독위원회 중독예방치유센터 (2010). 잃어버린 나를 찾는 희망안내서: 도박중독자 가족의 회복을 위한 안내서. 사행산업통합감독위원회.

사행산업통합감독위원회 (2012). 제6회 도박중독 예방치유 심포지엄. 사행산업통합감독위원회.

사행산업통합감독위원회 (2012). 도박중독 가족상담. 도박중독 전문인력 양성과정 강의자료. 사행산업통합감독위원회.

사행산업통합감독위원회 (2012), 도박중독 전문인력 양성과정 강의자료(1~6권).

서경현 (2012). 중독의 특성과 유형. 도박중독 전문인력 양성과정 강의자료. 사행산업통합감독위원회.

서대석 (1997). 한국의 신화. 서울: 집문당.

신양호 (2014). 도박문제 및 중독분야 12단계 촉진치료, 2014년 도박문제 전문인력 역량강화교육. 한국도박문제관리센터.

신영철 (2012a). 한국인 도박중독자의 특성 및 치료적 접근. 도박중독 전문인력 양성과정 강의자료 1권. 사행산업통합감독위원회.

신영철 (2012b). 중독에 대한 이해. 도박중독 전문인력 양성과정. 사행산업통합감독위원회.

안창일 (2008). 이상심리학. 서울: 학지사.

원호정 (2016. 5. 22.). 'Urban casino for locals will destroy Korea.'The Korea Herald. http://www.koreaherald.com/view.php?ud=20160522000340.

이남옥 (2014). 도박문제 및 중독분야 가족상담 및 실제. 2014년 도박문제 전문인력 역량강화교육. 한국도박문제관리센터.

이부영 (2011). 한국민담의 심층분석: 분석심리학적 접근. 서울: 집문당.

이상일 (1989). 현대를 사는 원시성. 한국사상의 원천. 서울: 박영사.

이희승 (2000). 동아새국어사전. 서울: 동아출판사.

조현섭 (2012). 도박문제 없는 건강한 가정과 사회구현. 사행산업 정책과 제도, 도박중독 전문인력 양성과정 강의자료, 2-39. 사행산업통합감독위원회.

최삼욱 (2016). 중독질환의 DSM 진단기준과 영성. 제4회 대한기독정신과의사회 추계 심포지엄: 중독과 영성, 5-21. 대한기독정신과 의사회.

최윤배 (2007). 깔뱅의 경건으로서 영성. 개혁교회의 경건론과 국가론. 서울: 장로회신학대학교 출판부.

최종호 (1989). 영성의 성령론적 이해. 한국교회와 영성: 신앙과 신학 제5집 (한국기독교
　　학회 편). 서울: 강남출판사.

한국도박문제관리센터 (2016). 민간상담전문기관 2016년 1차 상담사 역량강화 교육.

한국도박문제관리센터 (2017). 민간상담전문기관 2017년 상담서비스 운영지침.

황현탁 (2012). 사행산업론: 도박과 사회. 서울: 나남.

American Psychiatric Association(APA) (1995). 정신장애의 진단 및 통계편람 (DSM-IV)
　　(이근후 역). 서울: 하나의학사. 235-365. (원저 1994년 출판).

Cambell, J. (2004). 신화와 함께 하는 삶 (이은희 역). 서울: 한숲. (원저 1972년 출판).

Capps, D. (2001). 고갈된 자아의 치유 (김진영 역). 서울: 한국장로교 출판사. (원저
　　1992년 출판).

Flores, P. (2010). 애착장애로서의 중독 (김갑중, 박춘삼 역). 서울: Nun. (원저 2004년
　　출판).

Grant, J. E. (2009). 충동조절장애: 행위중독의 이해와 치료를 위한 임상가이드 (김교현, 이
　　경희, 이형초, 권선중 역). 서울: 학지사. (원저 2008년 출판).

Huizinga, J., & Ludens. H. (2009). 호모 루덴스: 놀이와 문화에 관한 한 연구 (김윤수 역).
　　서울: 까치. (원저 1993년 출판).

Jackson, A., & Dowling, N. (2013). 도박중독자 가족의 돌봄(Clinical workshop on
　　Couple & Family counseling for Problem Gambling). 2013년 부부 · 가족상담학회
　　추계 워크숍 자료집. 한국상담학회 부부 · 가족상담학회.

Jordan, M. R. (2011). 신들과 씨름하다: 목회상담사의 지상 과제 (권수영 역). 서울: 학지
　　사. (원저 1986년 출판).

Kuhar, M. (2014). 중독에 빠진 뇌: 왜 우리는 멈출 수 없는가? (김정훈 역). 서울: 해나무.
　　(원저 2011년 출판).

McGoldrick, M., & Gerson, R. (2011). 가계도: 사정과 개입 (이영분, 김유숙, 정혜정
　　역). 서울: 학지사. (원저 2008년 출판).

Miller, W. (2007). 중독과 동기면담 (조성희, 신수경 역). 서울: 시그마프레스. (원저
　　1999년 출판).

Moltmann, J. (1992). 생명의 영 (김균진 역). 서울: 대한기독교서회. (원저 1992년 출판).

Morrison, J. (2014). 쉽게 배우는 DSM-5: 임상가를 위한 진단지침 (신민섭 외 역). 서울: 시그마프레스. (원저 2014년 출판).

Poling, J. N. (2012). *Render Unto God: Economic Vulnerability, Family Violence, and Pastoral Theology*, 234-252. Eugene: Wipf and Stock Publishers.

Poling, J. N., & Kim, H. S. (2012). *Korean Resources for Pastoral Theology: Dance of Han, Jeong, and Salim*. Eugene: Wipf and Stock Publishers.

Stevenson-Moessner, J. (2005). *A Primer in Pastoral Care: Creative Pastoral Care and Counseling Series*, 61-73. Minneapolis: Fortress Press.

White, M., & Epston, D. (2015). 이야기 심리치료 방법론: 치유를 위한 서술적 방법론 (정석환 역). 서울: 학지사. (원저 1990년 출판).

사행산업통합감독위원회, http://www.ngcc.go.kr.

한국도박문제관리센터, https://www.kcgp.or.kr

제 **7** 장

성중독과 영성

채규만
(성신여자대학교 심리학과 명예교수/전 대한성학회 회장)

1. 기독교적 인간의 정신병리

기독적인 인간의 정신병리는 bio-psycho-social-spiritual의 근원을 가지고 있다. 인간적인 관점에서 보면 중독을 포함한 모든 인간의 문제는 생물학적, 심리적, 가족을 포함한 사회적인 문제로 본다. 인간의 정신병리나 모든 문제는 유전적 요인, 개인 성격적인 요인 및 가정과 사회적인 요인들이 상호작용적으로 작용한다. 또한 정신병리의 증상을 심리적인 입장에서 조망하면, 신경증을 포함한 정신병 증상들은 개인 성숙의 방향, 방법, 근원에서 잘못되었을 때 내적으로 경고하고 자정하려는 내부적인 시도이다. 자신의 심리적, 병리적인 문제는 자신의 삶의 각본이나, 삶의 프로그램을 현실에 맞게 업그레이드를 하지 않았다는 증거이고, 이를 극복하면 스스로 성장할 수 있는 유익한 기회가 된다.

그러나 기독적인 입장에서 우리는 창조한 하나님과의 관계인 영성이 잘못되었을 때 생기는 부작용이라고 본다. 우리 인간의 심리적인 문제는 궁극적으로는 하나님과의 친밀한 관계 개선이 이루어질 때 해결될 수 있다. 내가 예수님 안에, 예수님이 내 안에 있어서 친밀한 관계를 맺고 유지할 때 영적인 관계가 편안하고, 나와 나와의 관계 역시 편안하고, 대인관계 역시 원만해진다.

영성을 포함해서 전인적으로 인간의 정신병리를 포함한 각종의 문제를 대처하기 위해서는 심리학, 신학, 영성이 통합된 종합적이고 포괄적인 접근 방법이 필요하다. 신학은 하나님에 관한 지식, 교리들에 관해서 조직적이고 체계적인 해석으로 영성은 하나님과의 만남, 체험, 상호적인 작용을 통한 친밀한 관계로, 심리학은 인간의 성격, 행동, 감정, 사고 등에 관한 체계적인 연구라고 기술한다면 다음과 같은 다양한 입장들이 있을 수 있다.

1) 신학과 영성과의 만남

전통적 기독적인 관점이다. 이 입장은 하나님과의 관계를 중요시하고, 성경을 기본으로 한 신학을 기반으로 교리 교육, 성경을 읽고 성경 안에서 인간의 해답을 추구하면, 성경 외의 다른 지식은 인정하지 않으려는 태도를 가진다. 심리학은 세상 학문이라고 거부적인 태도를 가지고, 아주 보수적인 교단에서는 심리학을 반 기독교적이라고 매도하기도 한다. 기독인의 상담은 오직 목사님 같은 성직자만 할 수 있다고 주장한다.

이러한 접근의 취약점은 인간의 정신병리와 정신 건강에 관한 의학적, 과학적, 심리적인 지식의 부족으로 정신 건강을 왜곡하고, 역사적으로 보면 정신적인 취약자를 마녀 사냥처럼 대하고 학대하기도 했다. 정신병자들을 악령에 사로잡혀 있다고 주장하면서 기독교라는 이름으로 학대한 경우가 오늘날도 이루어지고 있다. 또한 의학과 심리 건강의 혜택을 누리는 것에 부정적인 입장이다. 정신 건강과 영적인 성장의 통합이 이루어지지 않기에 서로 간에 오해가 많다.

2) 영성과 심리학의 만남

신과의 상호작용과 체험을 강조하고 마음의 평안함을 추구하는 면에 초점을 두는 입장이다. 인간의 마음이 평안하고 행복하면 무엇이든지 받아들이는 입장이기에, 뉴에이지, 인도의 명상 기법, 불교의 선, 마음챙김에도 관심이 많다. 심리학의 원리를 기독교적인 여과 없이 받아들이기에 이단으로 빠질 위험이 있다. 특히 정신분석이나 대상관계 이론의 핵심적인 이론을 기독교적으로 여과 없이 수용하기에 인간은 하나님에 의해서 창조되었고, 궁극적으로는 유일하신 하나님과의 관계 회복이라는 기독교 심리학을 간과할 위험이 있다.

3) 신학과 심리학의 만남

신과 인간의 체계적인 지식에 관심을 가지고, 인간의 심리적인 특성을 통합하려고 시도한다. 대체로 논리와 원칙을 강조하고 체계적인 합리성을 중요시한다. 성경적 인물을 영적, 심리적인 분석으로 접근하고 설명도 시도한다. 그러나 설교나 신앙 훈련 현장에서는 영적인 체험보다는 신학적 심리학적인 이론과 논리에, 설교식으로 영성 훈련을 시도하고, 하나님과의 영적인 체험을 덜 강조하기에 신앙 자체가 풍부하지 못하며 마음이 허전한 느낌이다. 머리로는 많이 아는데 하나님과의 친밀한 관계를 맺는 어려움이 있기에 신앙생활을 하는 데 마음이 허전하고, 삶의 현장에서 어려움에 부딪히면, 이를 극복하고 성숙한 신앙인이 되는 데 취약하다. 신앙인들의 상처나 미성숙한 성격을 치유하는 데는 많은 한계가 있고 약점이 있다.

4) 신학, 심리학, 영성과의 통합적 만남

인간에 대한 생물학적, 심리적, 사회적, 영적, 전인적이고 통합적인 접근을 시도한다. 교리를 강조하기보다는 삶과 현장 속에서 하나님의 말씀 접목을 시도하고, 인간의 심리적, 신체적인 고통의 의미를 하나님과의 관계성에서 해석하려는 부단한 노력을 시도한다. 신앙인들의 심리적인 상처의 치유를 심리적인 면뿐만이 아니고, 하나님과의 영적인 관계에서 통합적으로 치유하는 데 관심이 있다. 영적인 성장과 심리적인 성숙이 따로 있는 것이 아니고, 서로 상보적이고 보완적임을 강조한다. 정신 건강은 하나님의 말씀대로 생활할 때 얻어지는 자연스러운 산물이라는 입장이다.

2. 성의 의미와 사랑과 영성과의 통합적인 관계

성이란 용어는 남녀의 신체적인 구분을 강조하는 sex에서 시작이 되었지만, 성은 인간의 신체적인 구별로 사용하기보다는 성에 관련된 신체, 개인 심리, 결혼과 부부, 성폭력, 이상 성행동 등 다양하고 광범위한 영역으로 사용하고 있다. 인간의 성행동은 첫째, 인간은 생식과 종족 보존의 기능을 가지고 있고, 둘째, 서로가 육체적 즐거움을 느끼는 자연스러운 행위이며, 셋째, 성적인 긴장감 해소와 불안을 감소할 수 있다. 넷째, 성행동은 부부 또는 파트너와 친밀감 형성에 기여하고, 다섯째, 인간의 성행동은 상대방과 성적인 교류를 통해서 외로움에서 벗어나고 자존감 향상에 기여하며 삶의 동반자를 즐기면서 서로의 행복감 향상에 기여한다.

구약 성경 아가서를 보면, 남녀의 사랑과 성적인 행동을 긍정적이고 아름다운 것으로 표현했고, 호세아서는 하나님과 인간과의 관계를 남녀 사랑의 관계로 은유적으로 묘사해서 인간이 하나님을 배반한 상황을 회복하기 위해서 하나님이 인간에게 적극적으로 접근하는 면이 묘사되어 있다. 또한 신약에서도 예수님은 우리와의 관계를 신랑과 신부의 친밀한 관계를 통해서 묘사하였다. 모든 것을 종합해 보면, 성은 하나님이 인간에게 주신 아름다운 선물이고, 단순히 상대방으로 자신의 욕구를 충족하는 것이 아니며 상대방을 존중하고 상대방의 입장에서 배려하는 특별한 관계이다.

예수님은 여성을 보고 음욕(lust)을 품는 것은 이미 그 여성과의 잘못된 간음 관계라고 규정했다. 음욕의 핵심은 상대방을 자신의 이기적인 목적, 즉 성관계를 통해서 두뇌를 자극해 도파민이 분비될 때 쾌감을 느끼기 위한 수단적인 관계를 갖고자 함이다. 예수님이 우리를 위해 보여 주신 진정한 사랑의 관계는 우리가 예수님 안에, 예수님이 우리 안에 임마누엘 하나님으로 우리와 함께 하시는 영적인 관계이다. 이와 비슷하게 정상적인 부부 관계는 상대방과 신체적, 심리적, 영적인 교감을 통해서 서로가 서로를 마음에 간직하며, 서로에 대한 관계를 배신하지 않고 어떤 상황에서도 즐기고 상호작용하는 것이다. 즉, 건강한 영적인 관계나 건강한 부부 관계는 서로 상호적이고 상관관계가 높다.

3. 성중독자의 친밀감의 어려움과 영성 회복

인간에게 가장 소중한 친밀감을 형성하기 위해서는 자신을 개방할 수 있어야 한다. 즉, 자신의 내면적인 약점이나 취약점도 개방하고, 상대방이 이를 수용하고 비판단적으로 바라보면서 격려하는 과정 속에서 친밀감이 생긴다. 이러한 건강한 친밀감은 성장과정에서 부모와 안정적인 애착이 형성될 때 가능하다.

성중독자는 불안정 또는 거부애착의 문제가 있고, 결핍된 안정애착 때문에 애정을 추구하는 과정에서 어린 시절에는 자위하면서 자신을 정서적으로 위로하기도 하고, 인터넷을 통해 게임으로 도피하기도 하며 인터넷 중독에 빠지는 경향이 있다. 또한 인터넷을 사용하다 보면, 인터넷을 통한 포르노 중독으로 이어지고, 포르노를 통한 성중독의 과정으로 이어지는 경향이 있다. 다시 말하면, 성중독자는 기본적으로 어린 시절 결핍된 안정애착의 경험 때문에, 인간관계에서 친밀감을 형성하는 데 어려움을 보인다. 성중독자가 원하는 친밀감은 자신의 약점이나 취약점을 포함한 인간 자체에 대한 수용이고, 이러한 것이 현실 생활에서는 어렵기에 중독물이나, 중독 행동인 성에 집착하게 되는 것이다. 이들은 상담자의 수용적이고, 비판단적인 지지와 경험을 통해서 자신과의 친밀감을 회복할 수 있을 기회를 얻게 된다.

그러나 성중독자들은 상담자가 상담 회기 안에서 제공하는 일시적인 수용과 공감, 비판적인 수용성으로 일반화하기에는 한계가 있다. 성중독자는 심리적인 치유를 통해서 수용과 지지를 경험하면서, 예수님의 사랑과 수용을 상담자를 통해 대리 경험하면서 회복의 과정을 시작하지만, 궁극적으로는 인간의 창조자요, 우리의 영적인 아버지가 되시는 하나님과 영적인 친밀감을 회복할 때 비로소 자신감과 자존감을 향상시킬 수 있다. 이렇게 회복된 자신감과 자존감은 자신을 있는 그대로 개방하면서, 예수님이 우리를 수용하고 격려하듯이 자신이 자신을 격려하고 수용하며, 이러한 태도가 내 가족, 이웃으로 일반화될 때, 인간관계가 회복되는 것이다. 상대방을 내 안에 수용할 수 있는 친밀감은 내가 예수님 안에 예수님이 내 안에 있을 때 진정으로 가능한 것이다. 예수님과의 진정한 영적인 친밀감의 회복 없이는 성중독자의 기본적인 관계 욕구는 해결할 수 없다.

> 내가 아버지 안에 있고, 아버지께서 내 안에 계심을 믿느냐?(요 14:10)
> 그 날에는 내가 내 아버지 안에 있고, 너희가 내 안에 또 내가 너희 안에 있음을 너희가 알 것이다(요 14:20).
> 너희가 내 안에 거하고, 내 말이 너희 안에 거하면, 무엇이든지 너희가

원하는 것을 구하라, 그러면 너희에게 이루어질 것이다(요 15:7).

4. 성중독의 심리적 이해

1) 중독의 의미

중독의 사전적인 의미는 몸이 음식이나 내용(內用)·외용(外用) 약물의 독성에 치어서 기능 장애를 일으키는 일을 말한다. 예를 들면, 마약에 중독된 사람, 연탄가스에 중독되다 등으로 생리적으로 물질에 의존되는 현상이다. 또한 사상, 행동, 활동에 중독되는 것은 그러한 대상에 심리적으로 의존관계에 있는 것을 말한다.

2) 성에 관련된 중독행위

① 부부 섹스 중독: 거의 매일 아내와 성관계를 원하는 것이 특징이다. 대체로 이러한 남성들은 아내를 사랑하고 아내를 기쁘게 하기 위해서 성관계를 시도한다고 주장하지만 실제로는 마치 어린아이가 엄마의 젖을 물어야 포근함을 느끼면서 잠에 드는 것과 같이 성관계를 통해서 아내와 애착관계를 재경험하고 싶은 것이 특징이다. 아내들은 밤이 두려워지고, 아주 불편감을 느낀다.

② 포르노 중독: 거의 매일같이 포르노를 시청하고, 포르노를 보면서 자위행위를 한다. 포르노 중에는 어린아이를 상대로 하는 경우나 강간하는 경우가 있는데 이러한 경우에는 성범죄로 이어질 수 있어 아주 위험하다. 필자가 치료한 포르노중독자는 거의 매일 포르노를 시청하고 자위를 하다 보니, 지나가는 여성만 보아도 나체를 연상하면서 여성들을 바

라본다고 고백한 경우도 있었다.

③ 일회성 성매매 또는 많은 대상과 성관계 중독: 소위 말하는 성매매를 많이 시도한다. 성매매를 하다가 법적으로 처벌을 받았거나, 받을 위험이 있음에도 불구하고 성매매를 시도한다. 성중독자들은 성매매를 스스로 통제하지 못한다. 이들이 즐기는 성매매 형태는 오랄 섹스, 항문 섹스, 성기에 의한 섹스 등 다양하다.

④ 성폭력, 변태적 성행위 중독: 공공장소에서의 자위행위, 관음증, 몰카 중독, 성적인 노출 등 일탈 행위를 강박적으로 시도한다. 또한 어린아이나 여성들을 상대로 한 성폭력 행동도 여기에 포함된다. 이들은 자신의 성폭력 행위 때문에 징역을 살았어도 석방 후 얼마 안 되어서도 성폭력을 시도하거나, 전자 팔찌를 찬 상태에서도 성폭력을 시도한다.

3) 성중독자들의 특징

이들은 성적인 행동에 대해서 통제력을 상실하는 것이 특징이다. 본인들은 대체로 성장과정에서 부모에게 안정애착을 형성하지 못했거나, 방치 또는 유기된 경험을 가지고 있다. 대체로 정서적으로 불안하고 이성에게 안정적이고 지속적인 인간관계를 가지지 못한다. 성중독자들은 다른 영역에서도 자신을 통제하기 어렵다. 예를 들면, 음주 문제를 절제하지 못해서 술에 만취하면 성매매나 성적인 관계를 맺을 대상을 찾기도 한다. 성적인 일탈 행동들이 처음에는 호기심에서 출발할 수도 있지만, 차츰 강도나 정도가 심해져서 자신과 상대방에게 피해를 준다. 대체로 이들은 성관계를 시도하기 전까지는 상대방을 사랑하고 상대방을 존경하는 듯한 인상을 줄 수 있지만, 성관계가 끝나면 성적인 대상과 지속적인 관계를 유지하지 못하고 철회하는 증상을 보인다. 이러한 과정에서 스트레스나 외로움을 느끼고 또다시 성적인 파트너를 추구하는 현상을 반복한다.

4) 건강한 성행동의 특징

서로의 관계를 강조하고, 친밀감, 애정, 상대방에 대한 신뢰를 준다. 특히 상대방과 정서적인 연결감을 느끼면서 서로의 인간관계에서 편안함을 느끼고 정서적인 만족과 안정감을 느낀다. 건강한 성관계를 맺는 사람들은 상대방을 인격적으로 존중하고 상대방을 배려하며 상대방의 성적인 기관인 가슴, 성기 및 섹스에만 집착하는 것이 아니고, 전 신체를 포함한 인격적인 존재로 상대방을 수용하게 된다. 건강하지 못한 성관계는 상대방의 신체를 이용해서 인격적인 교류와 수용이 없이 자위하는 것과 비슷하다.

또한 건강한 성행동은 상대방의 성적인 자율권을 인정하고 존중한다. 또한 성적인 대상자를 인격적으로 대하고 단순히 성적인 대상만이 아닌 건강한 상호적인 인간관계를 추구한다. 이러한 맥락에서 성적인 만족을 누리고 결과적으로 상대방과의 정서적인 친밀감을 나누고 삶을 공유하고 즐기는 것이다.

5. 성도착증에 대한 DSM-5의 진단 기준

DSM-5에 의하면, 성도착증은 구체적인 성적 행위나 성에 관련된 행위로 인해서 6개월 이상 심리적, 사회적 인간관계, 직업이나 가정에서의 관계에서 심각한 정도의 문제를 경험하는 경우를 기준으로 정했다. 이들은 성행위 대상이나 성행위 방식에서 일반인들과는 다른 비정상성을 나타내는 장애를 포함한다. 비정상적인 성적 행위들은 다음과 같은 행동들을 포함하고 있다.

① 관음증: 다른 사람이 옷을 벗고 있는 모습이나 타인이 성관계하는 장면을 상대방의 허락이 없이 몰래 훔쳐보면서 성적 흥분을 느끼는 경우나,

이러한 충동이나 환상 때문에 심리적인 고통을 받거나, 사회생활이 어려운 경우

② 노출증: 낯선 사람에게 자신의 성기를 노출시키거나, 자신의 신체를 노출하고 싶은 충동 때문에 심리적인 고통을 받는 경우

③ 물품 음란증: 인간 외의 무생물인 물건에 대해서 성적 흥분을 느끼거나 집착하는 경우(여성의 내의, 브래지어, 스타킹, 신발, 부츠 등)

④ 성적 피학증: 굴욕을 당하거나 매질을 당하거나 묶이는 등 고통을 당하는 행위를 중심으로 성적 흥분을 느끼거나 성적 행위를 반복하는 경우

⑤ 성적 가학증: 고통이나 굴욕감을 느끼게 함으로써 성적 흥분을 느끼거나 그러한 성적 행위를 반복하는 경우

⑥ 소아 기호증: 13세 이전의 소아를 대상으로 하여 성적 공상이나 성행위를 반복적으로 나타내는 경우

⑦ 페티시즘: 무생물이나 인간의 성적인 기관 외의 신체 부위에 집착하거나, 그 부위를 자극함으로서 성적인 만족을 느끼려는 행위나 충동을 느끼는 것으로 인해서 사회적인 생활에 어려움을 겪는 경우

⑧ 이성 복장 착용도착증: 자신의 성과 반대되는 이성의 옷으로 바꿔 입는 행위 또는 충동으로 성적 흥분을 하는 경우이고 이러한 행위로 사회적인 생활에 어려움을 겪는 경우

⑨ 기타의 성도착증: 동물애증, 외설증, 전화 외설증, 분변애증, 소변애증, 시체애증

기타 DSM-5에 포함되지 않는 행동들은 다음과 같다.

① 마찰도착증: 동의하지 않는 사람에게 자신의 성기나 신체 일부를 접촉하거나 문지르는 행위를 반복적으로 하는 경우, 밀집된 지역(대중교통수단, 붐비는 길거리)에서 행해짐

② 잦은 외도 또는 성관계, 잦은 성매수, 포르노중독, 사이버 섹스중독, 전
　화방을 통한 섹스, 마시지 팔러를 통한 성매매, 폰섹스, 유사 성행위, 키
　스 방을 통한 유사 성행위 및 성매매 등이다

6. 성중독의 원인과 성중독이 개인 및 사회에 미치는 영향

성중독의 원인은 다양하기에 단순하게 밝히기 어렵다. 대체로 생물학적, 개인적인 성격, 사회적 영향, 영적인 상태에 대한 다양한 요인 들이 상호작용 해서 성중독의 원인으로 작용하고 있다.

1) 개인적인 특성과 원인

(1) 낮은 자존감

자존감이 낮은 사람들은 자신을 개방하고 타인을 있는 그대로 수용하면서 인간관계를 맺는 데 어려움을 보인다. 이성 관계를 통해서 친밀감을 형성하면서 성관계를 즐기는데 어려움을 보인다. 자신의 문제를 직면해서 해결하기보다는 성을 통해 자신의 문제를 회피하고 도피하려고 시도한다. 때로는 인간이 아닌 물건, 여성에 관련된 의상, 장신구 등에 집착하면서 성적으로 대리 만족을 느끼려고 시도한다. 이들을 도와주기 위해서는 건강한 자존감을 향상시켜 주는 것이 필수적이다.

(2) 비효율적인 스트레스 대처 기술과 고통과 스트레스를 성적인 행동으로 회피하려는 태도

성중독에 빠진 사람들의 공통적인 문제 중의 하나는, 비효율적인 스트레스

대처 방법이다. 인간은 누구나 스트레스가 있을 수밖에 없는데, 이들은 성적인 일탈 행위를 통해서 스트레스를 일시적으로 완화하려고 시도한다. 성적인 일탈 행동이 아니고, 다른 교체 중독이 아닌 행위를 통해서 스트레스를 효율적으로 대처하는 기술이 필요하다.

(3) 성적인 행위에 대한 보상 심리

인간은 열심히 일한 것에 대한 보상을 받고 싶어 하는 경향이 있다. 필자가 상담한 성중독 내담자의 경우에는 사업상 스트레스를 받고 힘든 일을 한 경우에, 자신을 위로하고 보상하기 위한 행동으로서 성매매를 하게 되었다. 성매매에 종사하는 여성들의 경우 남성들에게시달리는 스트레스를 다른 남성을 성적으로 고용해서 스트레스를 풀고 싶어 하는 경우도 있었다.

(4) 성적인 행위로 자신을 과대 포장하고 싶은 경향

역사적으로 보면, 권력 있는 사람과 돈이 많은 사람들은 여성을 많이 소유하거나 거느리는 것으로 남성성을 과시하려는 경향이 있다. 지혜의 왕이라고 하는 솔로몬 왕은 300명의 아내와 700명의 첩이 있었다고 한다. 오늘날의 기준으로 보면, 솔로몬 왕은 한 대상과 친밀한 관계를 맺고 유지는 못하는 성중독자였다. 성적인 일탈 행위를 통해서 자신의 존재감을 과시하고 키우려는 행동은 성중독 행위로 이어질 수 있다.

(5) 성적인 행동으로 과잉 반응하는 경향

성중독자들 중에는 남녀의 관계나 상호 인간관계를 성적인 관계로 오인하거나 기대하는 경우도 있다. 이들은 성장과정이나, 과거에 치유되지 않은 성적인 학대나 성폭력의 경험이 있어서, 이성 교제는 초기부터 성적인 행동으로 시작하고, 이성 간에 진정한 친밀감을 맺지 못하고, 여러 대상과 성적인 중독에 빠지는 경우도 있다.

(6) 고립과 외로움을 느끼면서 성적인 욕구를 건강한 관계를 통해서 해소하지 못함

성중독자들은 정서적으로 외로워한다. 이들의 삶을 자세히 들여다보면, 어린 시절에 부모님들과 건강한 애착관계를 경험하지 못해서 대인관계에서도 자신감이 적고, 상대방에게서 어린 시절의 결핍된 애정과 수용을 추구하려고 시도하다가 상대방에게 의존하거나, 매달리게 되면서 이성관계를 지속하지 못하는 경우가 많다. 결과적으로 외로움을 느끼면서 성적인 일탈 행위로 도피하기도 한다.

(7) 사랑과 성을 혼동하는 경향

성중독자들은 성행위를 사랑의 표시라고 생각하고 이성에 접근하는 경향이 있다. 건강한 성은 단순히 신체적인 결합이 아니고, 서로가 친밀한 관계 내에서 성적으로 즐기면서, 상대방 자체를 서로 존중하고 수용하는 것인데, 이들은 이성의 정서적인 친밀감을 무시하거나, 이성과의 정서적인 친밀감을 달성하는 데 어려움을 보인다.

(8) 성에 대한 무지

이들은 신체적 성행위에는 몰두하지만 성의 다양한 의미에 대해서 무지하거나, 알려고 하지도 않는다. 성은 인간이든, 비생명체이든, 두뇌를 자극해서 도파민이 분비되는 과정에서 쾌감을 즐기는 데 탐닉이 되고 중독이 되어 있다. 성교는 생물학적인 배설 작용이라고 생각하고 성관계에 대해서 죄책감이나 죄의식이 없다. 이들은 성에 대한 신체적, 심리적, 정서적, 인간적인 다양한 면을 이해하는 것이 필요하다.

(9) 성에 대해서 불필요한 수치심 또는 폐쇄적인 태도

성중독자들을 상대로 상담을 해 보면 의외로 성에 대해서 수치심을 느끼기에 성을 감추고, 혼자서 해결하는 과정에서 자신만의 비정상적인 성적 일탈 행위를 하는 경우도 종종 목격한다. 성은 감추고 숨기고 수치심을 느끼는 행위가 아니고, 서로 나누고 동참하면서 즐기고 같이 축하할 아주 소중한 행동이다.

(10) 성적인 중독 문제를 최소화하고 부인하는 경향

성중독 문제의 심각성을 인정하지 않고 억압하거나, 자신의 성행위에 대해서 수치스럽다고 느끼기에 자신의 행동을 부인하고 최소화하려는 경향이 있다. 이들은 자신의 행동이 비정상적이라고 생각하기보다는 여러 대상과 성관계를 가지는 것이 자신의 능력 중 하나라고 생각하는 경향이 있다. 그러나 자신의 행동으로 인해서 배우자, 인간관계에 문제가 있다면 분명히 수정하고 고쳐야 할 행동인 것이다.

(11) 다중 교차 중독 가능성

성중독자들은 다른 중독의 특성과 같이 다른 형태의 중독, 즉 일중독, 알코올중독, 약물중독 등 다른 중독 행위가 있을 가능성이 많다. 따라서 성적인 중독만 문제삼지 말고, 다른 중독 가능성을 탐색하고 종합적인 관점에서 도와주어야 한다.

2) 성중독의 가족 요인

(1) 정서적인 결핍과, 정서적 방치, 정서적 학대 경험

성중독자들의 공통적인 특징은 부모와 안정애착의 결여로, 정서적으로 거부 또는 불안정 애착관계 경험을 했고, 정서적인 결핍을 성적인 행동을 통해서 충족하려고 시도한다. 이들은 정서적인 결핍을 어린 시절에는 스스로 자위를 하면서 해소하려는 경향이 있고, 포르노에 접촉하면서 인터넷 중독에 빠지기도 하고, 포르노를 통해서 성을 배우고, 성중독 행위로 이어지기도 한다. 필자가 상담한 경우에는 어린 시절의 정서적인 결핍을 해소하기 위해서 여성의 스타킹, 구두, 심지어는 여학생들의 옷까지 훔치는 행동을 상습적으로 한 경우도 있었다. 이 경우에는 부모와의 공감적이고, 수용적이고, 애정적인 관계를 회복하면서, 성적인 일탈 행위에서 벗어날 수 있었다.

(2) 신체적인 학대

어린 시절 신체적인 학대로 인한 분노와 불신, 대인관계에서 불안하고 상대방을 의심하고 믿지 못하는 증상이 심하다. 해결되지 않은 성폭력은 트라우마 후유증으로 작용하며, 내재화된 분노를 여성이나 이성의 대상에 투사하면서 해소하려는 경향이 성적인 추행, 반복되는 성폭력 등의 행위로 이어질 수 있다. 이들은 가해자가 되기도 하지만 피해자일 수도 있기에 이들의 상처를 잘 다루어야 한다.

(3) 성적인 학대 경험

많은 성중독자들은 동성 또는 이성으로부터 성적인 학대 경험 때문에 대인관계를 적절하게 맺지 못하는 경우가 많다. 필자가 상담한 경우 역시 성중독의 출발은 치유되지 않은 성폭력 경험이었다. 성폭력의 후유증으로 성에 대해 왜곡하고, 성적인 피해자가 가해자가 되면서 성적인 범죄로 이어지기도 하지만, 성적인 일탈 행위로 자신의 정서적인 수용의 욕구를 충족하려고 시도한다. 이들에게 있을 수 있는 신체폭력, 성폭력 문제를 심각하게 다루어 주어야 한다.

3) 성중독의 사회적 요인

(1) 성산업의 난무

성의 상품화, 성에 관련된 성매매, 룸살롱, 성접대 등 돈으로 성을 살 수 있다는 성매매 산업이 우리 주위에 난무하기에, 성으로 친밀관계를 즐기기보다는 성적인 행위에 초점을 두는 성중독 행위를 부추기고 있는 실정이다. 포르노 산업의 연간 매출액은 기존 영화 산업에서 벌어들이는 돈보다 더 많다고 한다.

(2) 인터넷의 포르노 환경 악화

강간에 대한 연구 결과에 의하면, 포르노는 강간과 각종 성범죄의 교과서라고 결론을 내렸다. 포르노는 성에 대한 왜곡된 가치관, 즉 여성의 성은 남성을 즐겁게 하는 수단적인 존재이고, 여성은 남성이 강요하면 수동적이지만, 성을 즐기기에 강하게 접근해야 한다는 등의 왜곡된 성관념을 전달해 준다. 대체로 많은 성중독자들은 포르노에 중독이 되어서 포르노 시청 시간과 경제적인 부담이 개인에게 심각한 문제를 일으키고 있다.

(3) 여성을 성적으로 비하하는 사회 문화적인 환경과 가치관

술집, 스트립클럽, 안마 시술소 등은 여성의 성을 상품화해서 성의 가치관을 상실하게 만들고, 성에 종사하는 사람들의 성적인 인격을 공공적으로 매도하는 환경을 제공해 주고 있다. 이러한 환경을 이용하는 사람들 중에는 성중독자들이 많이 있다. 특히 성의 친밀감을 중시하지 않고 쾌락을 중시하면서 인격적인 관계를 맺지 못하는 성중독자의 가치관을 가지고 있는 사람들이 많다.

4) 중독의 신체적 영향

성중독의 부작용 중 신체적인 영향은 성 전파성 질병 등을 포함해서 각종 신체적인 감염일 수 있다. 대체로 다음과 같은 신체적으로 부정적인 영향이 있다.

① 에이즈나 다른 종류의 성병에 감염될 가능성이 높아짐
② 계획하지 않은 임신이나 낙태로 인한 합병증
③ 강간 또는 신체적 학대 발생 가능성
④ 성기, 가슴 등에 상처를 입거나 죽음에 이를 수도 있음
⑤ 성적인 생각이나 활동들에 정신이 팔려 교통사고 등, 여러 가지 사고가 날 수 있음
⑥ 성적 활동을 원활하게 해 주거나 성적 능력을 증진시켜 줄 수 있는 약물에 중독됨

5) 성중독이 당사자들에게 끼치는 심리적 영향

성중독자들은 인간이 즐기는 성적인 쾌감을 누릴 수 있기에 이에 따른 부작용이 없는 것 같이 보이지만, 실제로 성중독 행위는 당사자에게 다음과 같은 부정적인 심리적 영향을 준다. 즉, 성적인 행위는 개인적인 행위이지만 일탈적, 변태적 행위가 대중에 알려지면 수치심과 사회적으로 법적인 문제를 포함해서 아주 부정적인 결과를 초래한다. 그러기에 성중독 행위에 관여하고 있는 사람들은 자신의 행위가 외부에 알려질까 봐 항상 불안하다. 그러나 불안이나 수치심 등에 대한 두려움보다 성적인 순간의 즐거움이 크기 때문에 성적인 중독 행위를 반복한다. 그러나 성적인 행위를 하고 성적인 흥분에서 차분한 마음으로 돌아오면, 즉 평정심을 찾으면, 발각될 것에 대한 두려

움, 불안증, 자신의 행동에 대한 부정적인 감정에서 오는 우울감, 절망감, 남이 알아차릴 경우에 대비한 수치심 등을 경험한다.

또한 결혼 중에 성적인 중독 행위가 발각된 경우에는 어떤 경우를 막론하고 부부 관계에 부정적인 영향을 주어서, 심한 경우에는 이혼으로 이어지는 경우도 많다. 특히 젊은 여성 주부들은 남편이 술대접을 받거나, 룸살롱에서 여성과의 일회성 만남이라도 참아 주지 못하고 이혼으로 부부 관계를 종결하려는 경우가 많다. 하물며, 성중독자들의 반복적인 성매매, 반복적인 일탈 행위, 중독적 포르노 시청과 자위행위 등은 부부 관계에 심각한 영향을 준다. 필자의 경험에 의하면 부부 사이에 발생하는 중독적 성행위를 견디지 못해서 이혼을 했는데, 남편이 재혼해서도 그러한 행동을 반복하기에 아내가 힘들어서 상담실을 찾은 경우도 있었다.

① 직장에서 성행동이 알려짐으로 인한 실직
② 불법적 성행동으로 인한 구속
③ 법적 대응이나 심리치료, 실직 및 중독 행동을 유지하기 위해 재정적 비용을 지불해야 함
④ 성중독적인 행동을 유지하기 위한 지출로 심각한 재정적 어려움이 발생할 수 있음

종합하면 성중독은 그 순간 개인에게 즐거움과 쾌락을 줄 수는 있지만, 이후에 이루어지는 개인적인 영향은 불안, 우울, 인간관계 악화, 부정적인 사회적인 영향, 이미지 실추로 인한 수치심, 경제적인 영향 등 절대로 긍정적인 것이 될 수 없다. 성중독은 순간의 즐거움을 주는 행동이 아니고, 개인과 가족과 사회에 고통을 주는 심리적인 질병인 것이다.

6) 성중독에 대한 배우자들의 반응

위에서도 잠시 언급했지만, 한 배우자의 성중독 행동은 부부 관계나 이성 관계, 및 친밀한 관계에 부정적이고, 치명적인 악영향을 준다. Carnes(2003)가 정리한 성중독자 배우자의 반등 특성은 다음과 같다.

① 외부로 알려지면, 공멸할 것에 대한 두려움으로 성중독자를 감싸 주고 비밀을 유지함(공모)

② 성중독자가 성중독 행위를 근절할 수 있을까에 대한 두려움으로 그 당사자에게 강박적으로 몰두하고 집착함

③ 현실의 성중독 문제의 심각성과 문제를 무시해서 치료나 도움을 요청하지 아니함

④ 배우자가 어떤 사람인지, 정말 자신을 사랑하는지, 성중독 행위는 고쳐질 수 있는지 등에 관해서 감정적 혼란과 불안정과 우울감

⑤ 상대방이 성중독이라는 약점을 이용해서 상대방을 통제하기 위해 교묘하게 성을 이용하는 것을 포함한 교묘한 속임수를 쓰기도 함

⑥ 배우자의 성중독 행위에 대해서 자신이 성적으로 매력이 없나? 내가 무엇을 잘못했나? 등 상대방의 성중독 문제에 대하여 스스로를 비난하며 과도한 책임감을 느낌

⑦ 배우자의 성중독 문제가 고쳐지지 않고 지속되는 경우, 문제를 해결하려고 배우자와 타협하거나 이 과정에서 자아를 상실하고 자신의 인격과 일관성도 서서히 상실해 감

⑧ 성중독 배우자를 대처하는 과정에서 비난하고, 독선적이거나 처벌적이 됨

⑨ 성적인 반동 행위, 즉 성중독 배우자를 회피하고 인정하지 않아서 아예 성행위를 일체 하지 않음

한마디로 종합하면 성중독 배우자들은 심리적으로 상상할 수 있는 각종의 심각하고 부정적인 심리적 영향을 받는다. 자신의 배우자를 어느 정도라도 배려하는 마음이 있다면, 성중독자들은 자신 문제의 심각성을 깨닫고 인정하고 직면하고 도움을 받아야 그 개인도 살고, 가족도 살고, 사회도 건강해진다.

7. 성중독의 평가

성중독자들은 성중독 자체를 인정하지 않는 경향이 있기에, 다른 중독을 평가하는 것과 같이 객관적이고 종합적인 평가가 필요하다. 성중독 평가에는 개인을 상대로 면접을 통한 심층적 평가, 부부나 가족, 부모를 포함한 타인들과의 면담을 통한 평가 등으로 이루어진다. 필자의 경험에 의하면, 성중독자들이 스스로 평가받고 치료를 받으러 오는 경우는 아주 드물다. 법적으로 문제가 되어서 찾아오거나, 가족의 강요로, 또는 학교 상황에서 문제가 있어서 의뢰되는 경우가 많았다.

1) 성중독자 개인 평가 요점 사항

상담자는 성에 대한 개방적이고 허용적인 태도로 임해야 한다. 기독교적인 상담자라도, 성에 대해서 경직되고, 정죄하고 비난하거나, 여성에 대한 피해적인 태도로 개인 평가에 임해서는 안 된다. 다음과 같은 점을 유의한다.

① 공감적인 경청을 하면서, 성에 대한 비판단적인 태도와 수용적인 태도로 라포를 형성할 것
② 내담자가 자발적으로 성에 대해서 말할 기회를 주도록 할 것
③ 내담자가 자신의 성중독 행위를 구체적으로 말하지 않는 경우에는 허용

해 주고, 기다리면서 기회를 줄 것
④ 시간은 지나는데 내담자가 자신의 성중독 행위를 말하지 않는 경우에는 성에 관련해서 도움을 받고 싶은 내용이 무엇인지 조심스럽게 묻고, 내담자의 반응을 살필 것
⑤ 내담자가 상담자에게 솔직해지지 못하는 이유를 빨리 파악하고 조정할 것
⑥ 일단 성에 대해서 구체적인 일탈 행위 등이 나오면, 경청하지만 구체적으로 질문해서 상황을 같이 확인하고 파악할 것: 언제, 어디서, 어떤 행동을, 어느 정도 심각성을 띠고, 얼마나 반복했는지 물어 보면서, 내담자에게 문제의 심각성을 인식할 수 있도록 도와줄 것

부록에 있는 성에 관한 중독 행동의 설문지를 활용하면 도움이 된다.

2) 배우자 또는 가족 구성원들을 통한 평가

성중독자가 싱글인 경우에는 부모를 평가에 포함시키고, 결혼한 경우에는 다른 배우자를 평가에 포함시키는 것이 중요하다. 때로 직장이나 학교 등에서 의뢰된 경우에는 의뢰서에 나와 있는 내용을 사전에 잘 읽거나, 또는 당사자에게 전화를 해서 사전에 어떤 상황인지를 알고 면접에 임하는 것도 도움이 된다. 대체로 성중독자들은 자신의 행동의 문제성을 최소화하고, 가능하면 수동적으로 임하고, 상담이나 치료를 빨리 끝내고, 상담이라는 상황을 회피하려는 경향이 있다. 가족들의 견해를 듣는 것이 평가에 아주 도움이 된다. 가족과 면담을 할 때는 성중독자와 같이 하는 방법, 따로 하는 방법 등 여러 방법이 있지만, 필자의 경우 처음에는 내담자와 가족과 같이 어느 정도 진행하고, 가족과 내담자를 개별적으로 면담해서 더 심층적인 역동을 파악하도록 한다.

가족을 통해서 필히 파악할 정보들은 다음과 같다.

① 가족들이 파악한 성에 관련된 문제 행동들이 언제, 어디서, 어떻게, 어느 정도 심각성을 가지고 지속되는지
② 특기 내담자의 성적인 행위가 가족, 직장, 사회, 주변에 미치는 영향은 무엇인지
③ 가족의 입장에서 성문제를 알고 난 후의 반응, 상처 감정, 영향은 무엇인지
④ 가족의 입장에서 도와주려는 방법은 무엇이었고, 그 효과는 무엇인지
⑤ 성중독 외에 다른 중독 문제가 있거나 있다면 그 문제는 어떠한지
⑥ 내담자와 부모 관계는 어떠했고, 어린 시절이나 성장과정에서, 가족 학대, 성학대, 왕따 등의 부정적인 경험이 있었는지
⑦ 현재 가족들과의 관계는 어떠한지
⑧ 상담을 통해서 도움을 받고 싶은 내용은 무엇이고, 왜 이 시점에서 도움을 받으려고 하는지 등에 관해서 공감적 경청의 태도를 가지고 면담을 진행한다.

8. 포르노 및 중독 행위 평가 요점

포르노를 포함한 중독 행위 역시 성중독의 일부분이기에 위의 평가 방법을 적용하면 되지만, 포르노중독은 좀 더 개인적이고, 인터넷중독과도 연관성이 있기에 좀 더 통합적으로 평가하는 것이 도움이 된다. 포르노중독 자체는 많은 경우에, 내담자는 즐기는 상태이기에 문제가 없다고 하지만, 배우자, 애인 등의 친밀한 관계에 있는 사람들에게는 심각한 영향을 주므로 이들의 의견 역시 참조하는 것이 중요하다.

1) 포르노중독 평가의 요점

포르노중독은 개인 면담이든 가족 면담이든 간에 다음의 정보를 확인하는 과정이 필요하다.

① 포르노를 안 보려는 최근의 충동 조절에 실패했는가?
② 원하는 것보다 더 많은 포르노나 더 많은 시간 동안 포르노를 시청하는가?
③ 포르노에 관련된 행동을 중지, 감소, 통제하려는 노력이 실패한 적이 있는가?
④ 포르노를 구입하거나, 시청하기 위해서 많은 돈을 소비하는가?
⑤ 성적인 환상, 성적인 사고 또는 성적인 행동을 준비하는 데 항상 생각에 빠져 있는가?
⑥ 포르노 시청 때문에 직업, 직장, 학업, 가정 또는 사회적인 행동에 지장을 받고 있는가?
⑦ 포르노 시청의 부정적인 결과에도 불구하고 지속적으로 포르노를 시청하고 있는가?

이상의 질문에 한 항목이라도 긍정적으로 반응하면 내담자에게 포르노중독의 문제가 심각하다고 알려 주고 상담을 적극적으로 실행해야 한다.

2) 포르노 내성과 철회 증상 평가하기

포르노중독의 심각성은 포르노를 단절했을 때 생기는 내성과 철회 증상을 통해서 확인할 수 있는데, 포르노에 관련된 내성적인 경향은 다음과 같다.

① 이전의 원하는 성적인 흥분을 위해서 더 강한 포르노를 더 자주 시청함

② 포르노를 시청하기 위해서 사회적인 생활, 직장 활동, 여가 활동의 시간
을 더 줄여야 함
③ 포르노를 볼 수 없으면 우울, 안절부절, 성마름을 느낌: 현기증, 신체의
고통, 두통, 불면증, 불안을 느낌
④ 불안, 감정 기복, 우울증을 느낌

또한 포르노에 대한 철회 증상은 혼돈감, 어지러움, 신체적인 고통으로 두
통, 불면증, 심리적으로 안절부절못한 느낌과 불안 증상과 감정 기복이 심하
다. 포르노 내성과 철회 증상에 관련된 질문에 어느 한 항목이라도 긍정적으
로 응답하면, 내담자에게 이미 포르노에 심각한 중독 증상이 있다고 알려 주
고 적극적인 치료를 해야 한다.

3) 포르노중독 단계의 심각성에 따른 특징들

포르노에 관련된 문헌들에 의하면 포르노중독은 다음과 같은 7단계가 있
다고 한다. 모든 내담자를 평가하는 데 정확히 적용하는 것은 문제가 될 수
있지만, 다음의 중독 단계를 참조하면서 내담자의 포르노 심각성을 평가하
고, 개입하는 데 도움을 받으면 좋다. 현재는 초등학교 학생들까지 포르노 노
출이 심각한 상태이기에 많은 청소년들의 성적인 문제를 이해하는 데 도움을
받을 수 있다.

① 포르노중독의 1단계 특징
－최근에 포르노에 노출된 상태
－1년에 한두 번 정도 포르노를 보는 상태
－포르노에 노출하는 것을 스스로 자제할 수 있음
－인터넷이나 다른 상황에서 포르노에 노출이 되어도 포르노에 집착하

지 않음

－포르노에 노출되더라도, 포르노를 자제하면서 조심스럽게 보는 입장

② 포르노중독의 2단계 특징

－포르노를 시청하지만 중독의 상태는 아님

－충동적으로 포르노를 시청하지는 않음

－포르노를 시청하고 싶은 욕구가 항상 자신을 지배하지는 않음

－포르노 시청이 증가하고 내적으로 포르노에 대한 호기심이 증가함

－포르노 잡지, 인터넷 포르노를 시청함

－1년에 6번 이하의 포르노를 시청함

－포르노 시청이 상대적으로 제한적임

－포르노에 대한 관심과 호기심이 급격히 증가할 수 있음

③ 포르노중독의 3단계 특징

－포르노 관심이 증가하는 문제와 중독의 사인인 강박적인 행동 사이의 경계선 상태

－한 달에 1번 이상 포르노 비디오를 시청하거나 오랜만에 한 번 정도 시청함

－포르노 노출을 통제할 수 있지만, 한 달에 한 번 정도는 참을 수 없고 포르노를 시청할 수밖에 없음

－자신은 포르노에 문제가 없다고 생각함

－자신의 행동을 통제할 수 있고, 포르노에 노출되는 것을 관찰하고 조정할 수 있음

－하드코어 포르노에 노출되었기에 포르노를 끊기 위해서는 강한 노력이 필요함

－성에 대한 환상을 가지고 있고, 포르노에 관련된 환상을 없애려고 시

름하기도 함

－포르노 시청이 증가될 위험이 있고, 포르노에 더 많이 집착함

④ 포르노중독의 4단계 특징

－포르노가 자신의 삶에 더 많은 영향을 미치고 있는 상태

－포르노에 자신이 집착하는 것에 괴로운 심정을 가짐

－포르노 시청이 자신의 직장, 가정, 사회생활에 영향을 미치고 있음

－한 달에 여러 번 심한 내용의 포르노를 시청함

－인터넷에서 포르노를 다운받아서 시청함

－포르노에 대한 성적인 환상이 증가함

－포르노 내용에 집착하지만, 포르노에 문제가 있다고 생각하지는 않음

－포르노를 시청하지 않으려고 노력하지만 실패함

－포르노를 시청하지 않으면, 철회 증상이 나타남: 불안, 성마름, 불면증

－하드 코어는 적어도 2주에 한 번 정도 시청하지만, 일반 포르노는 매주 시청하고, 안 보려고 해도 실패함

－강박적인 포르노 시청을 하는 단계임

⑤ 포르노중독의 5단계 특징

－포르노가 일상생활에 많은 영향을 주고 있음

－매주 많은 시간을 포르노 시청으로 보내고 있음

－주 3~5회 정도 포르노를 시청함

－포르노 시청으로 직장, 학업, 관계, 종교 활동에 부정적인 영향을 받음

－하드코어 포르노에 노출이 많이 되었기에 포르노에서 벗어나기 힘듦

－포르노에 나타난 장면을 항상 생각하고 이것에서 벗어나려고 노력해도 실패함

－포르노에 수년간 노출된 상태이기에 포르노에 대해서 자포자기한 심

정임
-포르노에 대한 금단 현상이 심각해짐

⑥ 포르노중독의 6단계 특징
-포르노가 자신의 삶에 중요한 부분임
-포르노를 거의 매일 시청하고 매일 포르노에 집착하고 상상함
-포르노를 처음에는 즐거움과 성적인 흥분을 위해서 시청했지만 이 단
 계에서는 강박적인 중독을 보임
-포르노에 대해서 통제력을 상실함
-포르노 시청 때문에, 직장, 가정, 학업에 심각한 문제를 느낌
-포르노 중독성 때문에 매일 보아야 하고 시청하기를 중단하려는 시도
 에 실패함
-포르노 문제로 이혼, 실직, 실패 등 심각한 삶의 부정적인 영향을 경험함
-금단 현상을 느낌

⑦ 포르노중독의 7단계 특징
-포르노를 매일 시청하고 성적으로도 행동에 옮기는 단계
-포르노에 대한 통제력이 상실된 단계
-강간, 성폭력, 근친상간 같은 하드코어 포르노의 이미지에 집착하고 이
 러한 성적인 환상을 실행에 옮겨, 성폭력 행동을 할 위험이 아주 높음
-포르노를 보면서 자위행동을 하고, 포르노 시청을 중단할 수 없음
-포르노나 섹스에 집착하고 중독에 빠짐
-거리에서 만나는 여성을 포르노에 관련해서 성적인 상상을 하고, 여성
 을 따라가기도 함
-성적인 상상을 현실에서 실현하려는 경향 때문에 성폭력이나 강간의
 위험성이 많음

—포르노의 개인적인 영향 평가하기

4) 포르노 노출이 성적인 행동에 미치는 영향 평가하기

일반적으로 포르노는 정상적인 욕구를 증가시키지만, 중독자들에게는 합법적이고 정상적이고 친밀감을 증가시키는 성적인 욕구를 감소하게 만든다. 포르노에 노출이 많이 된 사람들은 비정상적인 성적 상상을 하게 한다. 예를 들면, 아동과 성행위하는 위험도 있고, 동물과 수음, 위험한 성행동, 강간 등을 저지를 수 있는 충동성을 자극할 수 있다. 또한 지속적인 포르노 노출은 성중독으로 이어져서, 정상적인 관계에서 만족을 못 느낄 수 있고, 더 포르노에 집착하면서 비정상적인 성적 행동으로 이어진다.

9. 성중독에 대한 심리 상담적 접근방법

성중독 내담자가 비신앙인 경우에는 일반적인 상담을 시도하지만, 기독교인인 경우에는 내담자의 신앙과 통합을 시켜 주는 것이 도움이 된다. 그러나 기독교인이라고 해도 초기부터 기독교적인 접근을 시도하면, 종교적인 선입관 때문에 상담자가 자신을 훈계하고 설득적으로 접근할까 봐 방어적으로 되는 경우를 경험했다. 필자의 경우에는 기독교 내담자는 본인이 스스로 기독교적인 접근방법을 요구하지 않는 한 일반적으로 접근하고 내담자와 충분한 신뢰 관계가 형성된 후, 종결 단계로 진행되면 조심스럽게 신앙적인 접근과 통합을 할 것인지에 관해서 탐색한 후에 기독교 통합적인 접근을 시도한다.

성중독에 대한 일반적인 개입방법은 개인상담, 가족상담, 또는 집단상담적 입장에서 통합적 접근이 있다. 가능한 다양한 방법으로 개인의 특성에 맞게 맞춤식으로 접근해야 한다. 또한 상담 기법은 정신분석, 인간중심, 게슈탈트 등 다양한 이론적 접근방법이 있을 수 있지만, 지금까지 연구 결과들에 의하면 경제적이고 효과적인 방법은 인지행동적 접근방법이라고 밝혀졌다. 여기에서는 개인에게 적용할 수 있는 인지행동적 접근방법을 소개하겠다. 개인상담을 실시할 때 공감적 기법을 통한 라포 형성, 상담의 구조화, 정서적 지지, 부드러운 직면 등이 있는데 이러한 기법 역시 생략하고 인지행동 기법 중 구체적으로 사용할 수 있는 방법들을 제시하겠다. 이러한 내용들을 중심으로 개인상담을 구조화 할 수도 있고, 또는 상담을 하는 중에 해당되는 기법을 발췌해서 선택적으로 사용할 수 있다.

① 성중독 상담에 동기 강화를 위한 장단점 알아차리기

상담받는 장점	상담받는 단점	상담받지 않는 장점	상담받지 않는 단점

② 성중독에 관련된 비용을 계산하고 성중독 행위가 자신의 경제적인 문제에 미치는 영향을 알아차리기

	성중독 관련 행동 내용	비용 (천원 단위)
1	포르노 다운로드하기	
2	포르노 잡지 구입	
3	폰섹스 전화비	
4	성매매 비용	
5	마사지 비용(성매매 포함)	
6	호텔 이용료	
7	전화방 이용	
8	기타 비용	
	전체 합계 비용	

③ 성중독 영향 파악하고 알아차리기

성중독에 대한 다음 사항에 미치는 영향에 관해서 내담자에게 적어 보게 하거나 면담을 통해서 탐색하면 도움이 된다.

－신체 건강에 미치는 영향

－직장 또는 학업에 미치는 영향

－부부, 가족을 포함한 인간관계에 미치는 영향

－성에 관련된 행위 및 포르노 구입 등에 관한 경제적인 영향

－성에 관련해서 보내는 시간적인 면

④ 성중독 행위로 인한 나의 상실 차트 만들기

• 4주 단위로 작성해 보기

가정	직장	돈	건강	대인관계	기타

• 1년 단위로 작성해 보기

가정	직장	돈	건강	대인관계	기타

⑤ 자신의 균형 있는 삶을 살기

성중독자들의 머리와 마음은 온통 섹스에 관한 상상, 내용, 성취 방법 등으로 가득차 있다. 이러난 시간과 에너지를 성이 아닌 다른 곳에 투자하면서 삶의 균형을 이루는 것이 중요하다. 운동, 취미 생활, 대인관계 향상, 사회봉사, 종교 활동, 의미 있는 활동 등을 하면서 균형 있는 삶을 이루도록 도와준다.

〈새로운 삶의 목표 정하기〉

－현재 내가 시간을 활용해서 하고 싶은 것은 무엇인가?

−나는 어떻게 살고 싶은가?

−나는 나를 어떻게 배려할 것인가?

−무엇이 나에게 중요한 것일까?

−성을 제외하고 나에게 만족을 줄 수 있고, 기쁨을 줄 수 있는 것은 무엇인가?

−나 자신의 주간 목표 정하기

10. 성에 관한 왜곡된 인지 수정하기

1) 인지의 특징

인간은 사물에 대해서 부여하는 의미나 사고에 의해서 영향을 받는다. 우리는 우리의 생각과 사고가 진실할 것이라고 믿지만, 항상 내 생각이 진실한 것은 아니다. 실제로 많은 경우에 우리의 생각은 왜곡되고 진실이 아닌 경우가 많다. 성중독자들과 심리 교육의 시간을 가져서 인지 오류의 예를 구체적으로 알려 준 후에, 내담자에게 실제 상황에서 아래 예시에 나와 있는 인지적 오류의 생각을 보이고 잠시 상담을 중단한 후 서로 탐색하면서 인지 수정 작업을 하면 도움이 된다.

2) 인지 왜곡의 예

① **흑백논리**: 중간의 사고나 개념이 없이 극단적인 사고. (예) 섹스를 못하면 인생 끝장이다.

② **당연한 권리**: 다른 사람은 당신의 욕구를 들어 주어야 한다는 생각. (예) 여자는 남자의 성적인 욕구를 들어 주어야 해.

③ **감정적인 추론**: 내 감정에 근거해서 상황을 판단하기. (예) 내 기분이 흥분한 것을 보니 상대방이 나를 좋아해.

④ **논리 비약**: 충분한 근거 없이 결론을 내리기. (예) 여성이 노출하는 옷을 입은 것을 보니, 섹스를 원한다.

⑤ **정당화**: 자신의 행동을 방어하기 위한 핑계를 대기. (예) 길을 걷다가 여성을 보고 충동적으로 접근했어요.

⑥ **극대화, 최소화**: 남의 행동을 침소봉대하거나, 자신의 책임과 행동은 최소화하기. (예) 나는 이 일에 책임이 없어.

⑦ **마음의 여과 장치**: 상황에 대한 일부분의 정보를 가지고 전체를 판단하는 것. (예) 바에서 일하는 여성은 섹스에 허용적이다.

⑧ **오류적 명명**: 상대방에 대해서 잘못 이름을 붙이고 합리화하기. (예) 저 여자는 꽃뱀이야!

⑨ **과잉일반화**: 한 가지 경험에 근거해서 미래를 판단하는 것. (예) 과거에 성으로 스트레스를 풀었으니 나중에도 섹스로 풀어야 해.

⑩ **합리화**: 자신의 행동에 대해서 핑계대기. (예) 나는 그 여자를 도우려고 모텔에 같이 갔다.

⑪ **당위적인 사고**: 자신이 생각한 대로 사건이 일어나야만 한다고 생각하고, 융통성이 없는 태도를 지님. (예) 여자에게 잘해 주면, 그 여성은 남성의 성적인 요구에 응해야만 해.

⑫ **피해적 사고**: 자신은 피해자라는 사고. (예) 나는 여성이 요구해서 응한 것인데 억울해.

11. 성중독 재발의 사이클 방지하기

필자의 상담 경험에 의하면 성중독자들의 재발률이 아주 높고, 성적인 일탈행동, 충동 행위들을 수정하는 데는 아주 어려움이 많다. 중독 재발은 첫째, 성중독 행위를 촉발시키는 이전 환경, 스트레스, 개인의 인지 상태, 가족 등 초기 상태를 알아차리는 것이 중요하고, 둘째는 중독이 아닌 다른 방식으로 문제를 해결하려는 것이 중요하다. 이러한 제안은 간단하지만, 실천하거나 실행하는 것은 쉽지 않다.

〈성중독 행위 재발 과정의 구체적인 예〉
① 학교에서 동아리 친구와 사소한 시비로 기분이 상한 상황
② 긴장을 풀기 위해 친구에게 전화를 해서 술이나 맥주를 한 잔 하자고 함
③ 같이 술집에 감
④ 친구와 스트레스를 나눔
⑤ 같은 공간에 있는 여자에게 눈길이 감
⑥ 매력적이고 멋있어 보임
⑦ 나도 모르게 눈길이 자주 멈춤
⑧ 성적인 상상을 함
⑨ 여성의 가슴이나 몸매를 상상함
⑩ 성적인 관계를 가지면 좋을 것이라는 상상을 하니 흥분됨
⑪ 성적으로 흥분되는 기분을 참고 다른 방향으로 대화를 하면서 주의를 분산함
⑫ 집에 오니 아직도 술집에서 봤던 여자 생각이 나면서 포르노를 보고 싶어짐
⑬ 돈이 안 드는 포르노에 접속함
⑭ 빨리 포르노를 보고 나오려고 함
⑮ 성적으로 흥분되면서 자위를 위한 강도 높은 포르노를 시청함
⑯ 포르노를 보면서 자위를 함
⑰ 자위를 하고 나니 누가 볼까 찝찝함

⑱ 기분이 상해서 잠을 잘 자지 못함

⑲ 아침에 늦게 일어남

⑳ 학교에 지각을 함. 스트레스가 쌓임→포르노 생각

성중독 행위 재발 방지를 위해서는 상담 과정에서 이미 다루었던 내용을 다음과 같은 단계를 작성해서 성적인 충동이 일어날 때 스스로 실습하도록 하는 것이 중요하다.

① 1단계: 성중독 재발 촉발하는 상황 알아차리기

② 2단계: 자신의 성적 욕구 알아차림

③ 3단계: 초기의 성적인 환상을 구체화하기

④ 4단계: 성적 환상의 대처 실습하기

⑤ 5단계: 성중독 행위의 단기 · 장기적 효과성 재직면하기

⑥ 6단계: 효과적인 대안적 행동 선택하기

12. 기독교 내담자에 대한 성중독의 통합적 접근

기독교적인 관점에서 보면, 성중독자는 심리치료를 통해서 자신을 진정으로 수용하고 상처에서 회복되고, 중독물이나 성적인 일탈 행위를 단절하는 면에서 인지 행동적으로 도움을 받았다고 해도, 자신의 신앙 문제와 연결지어 하나님과 정상적인 관계를 회복하지 못하면 치료가 종결되었다고 할 수 없다. 인간은 우리를 창조하시고 우리의 영적인 아버지가 되시는 하나님과 관계를 맺어야 궁극적으로 심리적 · 영적 안녕을 누릴 수 있기 때문이다.

1) 성중독자들의 영적인 특징

성중독자들은 교회에서 성경공부, 성가대 활동, 주일학교 교사 등으로, 많은 활동을 할 수 있다. 그러나 그러한 신앙생활 활동의 동기가 다음과 같이 다양할 수 있다. 필자가 성중독자를 상담한 경험에 의하면 성중독 기독인들은 다음과 같은 영적인 문제들을 경험하고 있었다.

① 가정에서 인정받지 못한 수용을 교회 활동을 통해 성직자나 다른 교인에게서 인정받고 싶은 욕구를 가지고 있다.

② 자신의 성장과정에서 느끼지 못했던 가정의 따뜻한 분위기와 소속감을 교회를 통해 대리 만족한다.

③ 특히 목사님의 관심과 따뜻하고 수용적인 태도에 마치 받지 못한 아버지의 사랑을 받은 느낌이 들어서 교회 활동에 열심이다.

④ 하나님이 자신을 진심으로 수용할 것이라는 믿음보다는, 자신은 부족하기에 항상 자신을 향해서 비난과 평가를 할 것 같은 신앙을 가지고 있다.

⑤ 하나님에 대한 신뢰가 적다. 즉, 하나님이 자신의 기도를 들어 주신다는 믿음이 빈약한데, 이는 자신이 원하는 대로 부모님의 보살핌을 받지 못한 경험 때문이다.

⑥ 교인들에게는 아주 모범적이고 믿음이 많은 신도처럼 보이지만, 개인적으로는 술, 여자관계가 아주 복작하고, 이러한 문제 때문에 개인적으로 수치심을 느끼지만 그 수치심을 해소하기 위해 또 성적인 일탈 행동을 한다.

⑦ 성경공부도 열심히 하지만, 교인 누구에게도 자신을 진심으로 개방하고 솔직하게 털어놓지 못한다.

⑧ 찬양이나 외현적인 신앙생활은 잘하지만, 그 과정에서 스트레스를 받으면, 음주 또는 포르노를 보면서 스트레스를 푼다.

⑨ 자신의 성적인 욕구를 포르노를 보면서 자위하거나, 포르노중독을 경험하고 있다.

⑩ 성직자 신분이면서, 전화방 등을 통해서 일회성 성관계를 맺고 성관계 후에는 후회하는 경향이 있다.

한마디로 말하면, 성중독 기독교인들은 자신의 심리적인 불안, 상처, 두려움, 외로움 등을 교회 활동을 통해 사람들에게 인정받으려고 시도하지만, 내적으로는 성적인 일탈 행동, 포르노 등에 중독이 되는 신앙생활을 하고 있었다.

이 외에도 다양한 문제들이 있지만, 하나님에 대해서

① 하나님 앞에서 자신의 진솔한 모습을 알아차리고 고백하지 못하고

② 하나님은 자신이 무엇인가를 행동해야 조건적으로 인정해 줄 것이라고 믿고 있고

③ 하나님은 자신을 있는 그대로 수용하고 인정하고 격려해 주신다는 믿음이 약하고

④ 하나님은 자신의 필요나 욕구를 충족하는 대상으로 여기지, 항상 자신과 함께하는 친밀감을 느끼지 못한다.

종합하면 자신의 부모나 성장 과정에서 경험한 대상관계에서 얻은 경험을 하나님과의 관계에서도 재연하고, 자신의 문제를 직면하기보다는 종교중독에 빠지는 경향이 있다.

2) 성중독자들에 대한 기독교적 상담 과정

① 상담에서 비판단적 수용과 격려를 통해 예수님의 은혜를 경험해야 한다. 이들은 자신의 취약점, 문제점, 수치심 등 약점에 직면하고 개방하

는 과정에서 상담자를 통해 꺼져 가는 등불도 끄지 않고 배려해 주시는 예수님의 사랑과 은혜를 배울 수 있다.

② 인내와 수용이 필요하다. 이들은 성중독에서 벗어나기 위해서 노력하지만, 재발에 빠지고 실수를 반복한다. 상담자의 입장에서는 좌절감이 생기고, 내담자를 거절하고 싶은 마음이 생기지만, 우리의 실수를 무한이 받아 주시면서 또다시 우리에게 기회를 주시는 예수님의 은혜를 상담자를 통해서 실제로 현장에서 경험해야 예수님의 은혜를 깨닫고, 예수님과의 진실한 관계를 시도할 수 있다.

③ 죄인을 사랑하지만 죄는 미워하라는 성경의 가르침을 상담 과정에서 실제로 보여 주어야 한다. 즉, 성적으로 일탈적인 행동과 자신을 포함한 가족, 사회에 부정적인 영향을 주고 있는 성중독 행위까지 상담자가 받아 주고 수용하는 것은 아니다. 이 경우에 진정한 적은 내담자 자신이 아니고, 내담자의 성적인 중독 행위이기에, 상담자는 내담자와 동맹관계를 맺고, 한 팀이 되어서 같이 노력해야 한다. 마치 예수님이 우리의 죄나 우리 자신을 대하는 방식에서 우리와 친밀하고 동맹적인 관계를 통해 예수님과 우리의 공동의 적인 죄의 문제를 해결하는 과정과 비슷하다.

④ 성적인 일탈 행위나 성경적으로 죄가 될 수 있는 있는 간음, 음란 행위들을 중립적인 언어로 묘사하면서 그 행위의 본질에 접근해야 한다.

예를 들면,

－남편이 포르노를 보면서 자위하는 경우: 자신의 성적인 욕구를 아내와의 관계를 통해서 해소하기 보다는 외적인 성적 자극을 통해서 혼자 해결하네요.

－성적인 파트너가 많은 경우: 한 대상과 친밀한 관계를 유지하는 데 어려움이 있네요.

－성추행을 반복하는 경우: 상대방을 자신의 성적인 흥분을 위한 대상

으로 삼고 있네요. 등

⑤ 이러한 과정을 통해서 내담자가 상담자 앞에서 진술하고 솔직해질 수
있도록 치료 관계가 형성되고, 치료 종반기로 가면 조심스럽게 내담자
의 신앙과 성문제를 연결시키는 시도를 한다.

3) 성중독 문제와 예수님과의 관계를 회복시키는 과정

인간의 정신병리나 모든 문제의 기원은 우리가 불완전하고, 완벽하지 못
한 부모를 통해 위험한 환경을 경험하면서 받은 상처에서 비롯한 것이기에,
우리의 문제를 완벽하고, 사랑이 풍성하고, 절대로 버리지 않으시고, 십자가
에 못 박히시면서까지 우리를 무한히 사랑하시는 예수님과의 관계가 회복될
때, 우리 문제는 회복되고 우리의 영혼은 평안하고 즐거움을 누리게 된다.

① 성중독자의 상담 목표는 예수님과의 관계를 회복시키는 것이다. 즉, 상
담자는 상담을 통해 예수님의 성격이나 태도를 내담자가 실제로 체험
하도록 하는 것이다. 이 과정에서 상담자는 예수님의 모습을 흉내 내는
것이 아니고, 한순간이라도 내담자를 진심으로 보살피고, 내담자의 영
혼을 돌보는 자세가 필요하다.

② 성령님과 동업자가 되어야 한다. 보혜사 성령님의 도움이 없이 상담자
가 스스로 예수님 앞에 인도하고 연결시키는 것은 영적으로 불가능하
다. 필자는 상담할 때, 성령님의 도움을 간구하고, 나의 입술과 마음과
태도가 내담자를 사랑해 주시는 통로가 되기를 기도한다.

③ 예수님과의 관계를 직면시키는 질문을 한다.
예를 들면,
-기독적인 상담을 원하시기에 하는 질문인데, 지금까지 믿어 온 신앙
이 당신의 성문제를 해결하는 데 어떻게 도움이 되고 있나요?

-당신의 삶에 예수님의 존재는 어떤 의미를 주나요?

-당신과 예수님의 관계를 말한다면 어떤 관계인가요? 소원한, 너무 경계가 없는, 친밀한 관계인가요?

④ 성중독 문제 회복의 본질과 예수님과의 관계를 생각하도록 도와준다. 예를 들면,

-성중독의 본질 중의 하나는 자신과 상대방이 인격적인 관계를 맺지 못하고 있다는 것을 나타내 주는 것인데, 당신과 예수님과의 관계는 어떠한지요?

-예수님과 나와 회복되어야 할 관계는 무엇이고, 그 문제가 회복되면 성문제에서 어떻게 벗어날 수 있을까요?

-예수님 편에서 보면, 성중독 문제도 예수님과 연결될 수 있는 통로인데, 어떻게 연결될 수 있을까요?

등으로 내담자의 영적 상태와 성중독의 본질을 연결시켜 주도록 한다. 대체로 이런 질문에 대한 내담자들의 반응은, "머리로는 예수님이 나를 수용하고, 나를 위해 십자가에 돌아가셨다는 것은 아는데, 그게 안 돼요. 실감이 안 나요."라고 반응하는 경우가 많다. 이러한 내담자들은 성장과정과 상담과정에서 예수님의 은혜를 충분히 경험하지 못했을 가능성이 많기에 설교나 설득하는 방식으로 이들에게 접근하지 말고,

-그러면 당신은 어떤 경험을 해야 예수님이 사랑이고 나와 친밀하다는 것을 느낄 수 있을까요?

-상담을 받으시는 과정에서 예수님이 나를 수용해 주시는 것과 같은 느낌을 받으신 적이 있나요?

-그 점에 대해서 우리가 어떻게 도움을 주고받을 수 있을까요?

등의 탐색적인 질문을 통해서 도와준다.

4) 기독교 사고 기록지 활용하기

인지치료의 핵심은 사고 기록지를 통해서 자신의 자동적인 사고를 파악하여 왜곡된 사고를 알아차리고 수정하도록 하는 자가 치료를 강조하는데, 기독교 인지치료는 사고 과정에 신앙적인 사고 난을 첨가해서 도와주도록 한다. 예를 들면 〈표 7-1〉과 같다.

이와 같은 양식으로 자동적인 사고를 인식하고 수정하는 면에서 신앙의 생활화를 도와줄 수 있다. 필자가 기독교인들에게 이러한 양식을 가지고 심리적인 문제를 다룰 때 많은 참가자들이 신앙적인 사고를 생활화하는 데 구체적으로 도움을 받았다고 고백했다.

〈표 7-1〉 기독교 자동적 사고 기록지

상황	자동적 사고와 그 믿음의 강도(%)	그 당시, 감정과 감정의 강도 (%)	행동	사고에 대한 논박	기독적인 사고, 신앙적 사고로 논박	예상되는 결과
시험에 떨어졌다.	나는 되는 것이 하나도 없다, 별수 없다. 70%	절망 수치심 70%	성적인 일탈 행동, 인터넷 포르노 시청	시험과 내가 공부한 방향이 달랐다. 많은 사람들이 낙방했다.	예수님도 안타까워하시면서, 격려해 주신다. 주님께 용기를 주시라고 기도하자.	마음이 편안해지고, 다시 용기를 얻는다.

13. 나오는 말

성중독자들을 기독교적으로 도와주기 위해서는 심리학, 신학, 영성이 통합된 상담을 하는 면이 중요하다. 성중독자를 포함한 모든 중독자들은 기본적으로 수용적이고, 정서적인 지지를 받으면서, 자신을 개방하고, 타인의 접근을 허용할 수 있는 안정적이고 친밀한 관계를 원한다. 성중독자들은 이러한 상황에서 가짜 친밀감을 형성하는 대상으로 성적인 일탈행위, 성적인 물건, 사물에 집착한다. 성경적인 용어로 표현하면, 친밀감과 심리적, 영적인 안정을 성취하기 위해서 우상을 만들어 놓고, 그 우상을 숭배하면서 자신의 문제를 직면하기보다는 도피하는 것이다.

　이들은 예수님이 인간이 되어 우리에게 접근하는 방법이 수용하고, 격려하고 우리의 실수를 받아 주시면서, 우리가 진실하고 정의롭게 살 수 있도록 항상 우리 곁에서 격려하고 동행하시는 임마누엘 하나님을 중독자의 심령에 실현할 때 비로소 중독 행위에서 자유함을 얻고, 성령에 매이지만, 오히려 그리스도 안에서 자유함을 누리고 우리가 예수님 안에 예수님이 내 안에 계시는 친밀감을 형성하면서 즐거움 누리고 살 수 있는 것이다. 인격의 성숙과 영적인 성숙은 떼려야 뗄 수 없는 관계이고 서로 상보적인 관계이다. 그리스도인의 정신 건강은 하나님과 친밀한 관계를 맺을 때 얻어지는 자연스러운 열매이자 결과이다.

참고문헌

채규만 (2006). 성행동의 심리학. 서울: 학지사.
채규만, 마크 맥민 (2001). 심리학, 신학, 영성이 하나된 기독교 상담. 서울: 두란노.

Carnes, P. (2003). Understanding Sexual Addiction. *Siecus Report 31*(5), 5.
Carroll. J. (2010). *Sexuality Now*. Wadsworth.
Crooks, R., & Baur, C. (2011). *Our Sexuality*. Wadsworth.
American Psychiatric Association (APA) (2013). *Diagnostic and Statistical Manual of Mental Disorders*, 5th ed. (DSM-5). American Psychiatric Publishing.
Rathus, S., Nevid, J., & Fichner, L. (2002). *Human Sexuality*. Allyn Bacon.

Simpkins, C. A. & Simpkins, A. M. (2013). *Neuroscience for Clinicians: Evidence, Models and Practice.* Springer.

종교중독과 영성

최은영
(횃불트리니티신학대학원대학교 기독교상담학과 교수)

1. 한국교회가 어려움을 겪는 이유

'종교중독'은 다루기 쉽지 않을 뿐 아니라 다루기 조심스럽기까지 한 주제
이다. 왜냐하면 종교중독인가 아닌가를 진단하는 과정에서 교회 활동에 열
심인 교인들을 향한 비판적 평가를 피하기 어렵기 때문이다. 또한 종교중독
적 성향과 바른 영성에서 나오는 외형적 행동이 크게 다르지 않아, 이 둘을
분별하는 것 또한 쉽지 않다. 우리 민족은 사회문화적으로 서열과 권위에 민
감하고, 체면을 중시하지만 겸양의 덕을 강조하면서도 동시에 성장과 성공
을 추구한다는 점에서 내현적 자기애 성향을 드러낸다. 또한 가족 역사적으
로는 많은 가정들이 술, 노름, 여자 등에 복합적으로 중독된 아버지, 남편들
로 큰 어려움을 겪었다는 점에서 우리 사회가 중독적 성향을 강하게 내포하
고 있다. 그렇다면 한국교회의 목회자와 교인들 역시 이러한 한국의 사회문

화적, 역사적 맥락에서 자유롭기 힘들다고 볼 때, 한국의 목회자와 교인, 그리고 한국교회가 가질 수 있는 종교중독이라는 문제는 그 정도와 발생 빈도 면에서 간과할 수 없는 문제이므로 불편하더라도 조심스럽게 살펴봐야 할 주제이다.

이번 장에서는 한국교회가 종교중독이라는 어려움을 이해하고 해결하기 위한 기초를 제공해 보고자 한다. 이에 종교중독의 정의와 개념을 살펴보고, 종교중독의 특징을 기술하며, 종교중독을 평가할 수 있는 도구를 소개하겠다. 그리고 종교중독 상담의 과정과 원리를 도출해 보고 결론적으로, 종교중독의 문제를 해결하기 위한 대안으로서 바른 영성의 개념과 회복 원리를 소개하겠다.

최 훈(1979)은 한국 재건교회가 분열된 역사를 다룬 책에서 교단 분열의 이유로 재건교회 내 바른 신학의 부재, 바른 인격의 부재, 그리고 성령이 교회의 주인이라는 점을 간과한 점 세 가지를 제기한다. 그리고 1979년 저술한 책의 결론 부분에서 이 세 가지 문제가 계속되는 한, 한국교회는 또다시 역사적으로 어려운 시기를 겪을 것임을 예측하였다. 돌아보면, 이 시기는 한국교회가 유래 없는 성장세를 보이고 있던 때였다. 그리고 그 후 약 36년이 지난 현재 한국교회는 수평 이동을 통해 급속도로 성장하고 있는 몇몇 교회를 제외하면 전체 교회와 교단, 신학대학이 질적-양적으로 한치 앞을 예측할 수 없는 위험하고 어려운 시간을 보내고 있다. 필자는 최 훈이 지적한 교회를 지탱하는 두 기둥, 바른 인격과 바른 신학이 결국 교회로 하여금 성령이 주인되는 교회를 세워 간다고 생각한다. Ryan(1990) 역시 나쁜 신학이 중독을 비롯한 교인들의 여러 가지 문제를 만든다고 하였다. 즉, 바른 신학과 인격의 부재는 한국교회에 종교중독자들을 키우게 되고, 교회 안에 신학과 인격이 회복되어 바른 영성이 정립된다면 한국교회는 다시 예수 그리스도의 몸으로서 세상에 하나님을 드러내는 본래의 기능을 충실히 수행할 수 있을 것이라 기대한다. 대부분의 기독상담자들이 교회에 소속되어, 예수 그리스도의 일을 함께하는 동역자들이기에, 이들이 종교중독 현상을 바로 이해하고 극복할 수 있는 혜안을 갖는 것은 매우 중요하다. 그렇다면 종교중독이란 어떠한 현상을 의미할까?

2. 종교중독의 개념 및 정의

1) 중독의 개념 및 정의

종교중독을 정의하기에 앞서 '중독'의 개념을 먼저 살펴보겠다. 중독은 사전적으로 "생체(生體)가 어떤 독물의 작용에 의해 예기치 않은 반응을 일으켜 가끔 생명에 위험을 미치는 일"로 정의된다. 이 경우의 중독은 의학적, 생물학적 용어에 가까운 말로 영어 intoxication을 번역한 말이다. 심리학적 의미의 중독은 영어 addiction을 번역한 말로, DSM-5로 정신장애 진단편람이 개정되기 이전, DSM-IV에는 '물질사용장애'의 하나로 알려진 알코올중독은 Alcohol Dependence, 즉 약물 의존으로 표현되었다(DSM-IV Tx). 즉, 중독이란 정확히 말하면 의지하는 것 또는 기대는 것을 의미한다. 즉, 좀 더 행복한 삶을 살기 위하여 무엇인가에 지나치게 기대어서 살아가는 현상을 중독이라 할 수 있다. 중독의 또 다른 측면은 '통제 불능'으로 표현된다. 중독자들은 초기에는 자신이 중독 대상을 통제하며 그것을 통하여 행복감을 느끼며 자신의 삶을 향상시켜 나갈 수 있으나 중독 이후에는 중독 대상이 자신을 통제하며 자신의 삶을 파괴시켜 간다. 구체적인 중독의 진단기준을 살펴보면 다음과 같으며, 다음 가운데 어느 한 가지라도 문제를 보이면 중독을 의심해 볼 수 있다(최은영, 2005).

① 내성: 똑같은 시간이나 동일한 양으로는 만족되지 않는다.

② 금단현상: 끊으면 불안하다.

③ 의존: 하지 않으면 못 배긴다.

④ 사회적 문제: 지각, 결근, 책임을 회피하는 일이 발생한다.

⑤ 금전적 손실, 건강 파괴 등 부정적 결과가 있을 줄 뻔히 알면서도 하게
    된다.

⑥ 인간관계 갈등: 주변 사람이 비난하거나 심한 잔소리를 해도 아랑곳하
    지 않는다.

⑦ 부정: 자신의 상태를 스스로 파악하지 못하고 인정하지 않는다.

⑧ 기능의 감소: 집중력 감소, 산만함 등으로 예전에 잘하던 일들이 잘되지
    않는다.

⑨ 법적 문제: 음주 운전, 폭력, 횡령, 사기, 간음 등에 연루된다.

⑩ 인간관계 파괴: 가족, 친구, 직장 동료 등 대인관계가 파괴된다.

그렇다면 사람들은 이렇게 삶에 좋지 않은 영향을 주는 중독 대상에 왜 의존하게 되는가에 대한 이유를 심리적으로 살피는 것이 중요하며, 이것이 곧 중독의 기능이기도 하다. Linn, M., Linn, S.와 Linn, D.(1994)는 종교중독이 다른 중독과 두 가지 특징을 공유하고 있음을 밝힌 바 있다. 첫째, 중독행동은 고통스러운 현실과 감정으로부터의 회피를 도와준다. 둘째, 중독행동은 중독 대상을 사용하는 단계에서는 회피기제가 잘 작동하나 어느 순간부터는 건강하지 못한 중독행위를 발전시키게 된다. 정연득(2011) 역시 정신역동적 측면에서 중독은 견디기 힘든 삶의 고통과 불안으로부터 회피하고자 하는 시도이며, 이러한 심리적 과정은 강박증을 불러일으키는 역동과 비슷하다고 한다. 프로이트는 그의 강박증에 대한 글에서 행위 중독 성향이 강박 증상과 대체되는 측면으로 우유부단함과 무기력, 평균 이상의 지력과 과민한 양심 등을 밝힌 바 있다(Taylor, 2002 재인용). 최은영(2005)은 중독행동에 취약한 사람들의 특징을 다음의 세 가지로 보았다. "나는 괜찮은 사람이다."라는 느낌

을 유지하기 위하여 중독 대상을 이용하려는 사람들이다. 사람들은 누구나 마음의 평안을 구한다. 그러나 언제나 이러한 마음의 평안을 유지하며 살아가기는 힘들다. 왜냐하면 사람들은 '언제나 자신은 괜찮은 사람, 사랑받고 인정받을 만한 사람'이라는 느낌으로 살아가고 싶지만, 이를 현실에서 그대로 느끼기는 쉽지 않기 때문이다. 중독자들은 '자신이 나쁘다.' '자신이 완전치 못하다.'는 사실이 스스로에게 알려지지 않도록 하기 위하여 분열, 부정, 투사 등의 원시적인 방어기제를 사용하게 되며, '괜찮은 사람'이 되고 싶은 갈망은 너무 강한 반면 자신감은 매우 떨어지기 때문에 현재 자신이 지닌 주변 자원으로부터 주어지는 위로만으로는 불충분함을 느껴 중독 대상이 가져다주는 위로에 빠져들게 된다. 즉, 중독자들은 자기 가치감을 유지하고, 자신이 아무 것도 아니라는 고통스런 느낌을 없애기 위하여 중독 대상물을 사용한다. 둘째, "괜찮은 사람"이라는 느낌을 갖기 위하여 사용할 수 있는 삶의 기술을 적절하게 개발하지 못한 사람들이다. 우리 주변에는 한 사람의 학생이나 직업인으로 자신의 능력을 개발하고 이를 적절하게 사용하는 데 실패하면서 중독 대상에 의지하여 자신의 능력을 표현하려 하거나, 자신의 무능력함을 느끼지 않기 위해서 중독 대상이 주는 쾌감에 빠져드는 사람들이 있다. 이를 극단적으로 표현해 보면 자신이 '괜찮은 사람'이라는 느낌을 일에서의 성취로 경험하려고 하는 사람들은 일중독자가 되고, 이 '괜찮은 사람'이라는 느낌을 삶의 기술이 미흡하여 현실에서 개발하지 못하는 사람들은 그 이외의 약물이나 게임, 도박 등에 중독되어 간다. 셋째, 자신이 실제로 '괜찮은 사람'이라는 사실을 알지 못하는 사람들이다. 보편적으로 사람들이 자신이 살아온 과정을 돌아보며 '나는 썩 괜찮은 사람이다.'라는 생각을 하기는 쉽지 않다. 이는 이 세상의 어느 부모도 우리를 완전하게 양육시켜 줄 수 없을 뿐만 아니라, 우리 스스로도 '나는 꽤 괜찮은 사람이다.'라는 느낌을 항상 갖고 살 수 있을 만큼 완벽한 사람도 존재하지 않기 때문이다. 실제로 대상관계이론은 심리적으로 건강한 삶을 사는 데 있어서 '있는 그대로의 나'를 안정적으로 받아들이는 일의 중요성을 강조한다. 이상을 종합하여 중독의 기능을 요약하면 중독행동은 '괜찮지 않은 자신의 모습'을 직면하는 삶의 고통으로부터 탈출하기 위한 시도이다.

2) 대상관계 발달이론과 중독

이제 중독 현상에 대하여 좀 더 분명한 이해를 갖기 위하여 대상관계의 발달 측면에서 중독 현상을 설명해 보고자 한다. 최영민(2010)은 자아심리학에서 가장 기본이 되는 방어기제가 억압(repression)이라면 대상관계이론의 가장 기본적 방어기제를 억압과 분열(splitting) 두 가지로 보았다. 왜냐하면 그는 Kernberg를 인용하여 분열이란 '자기와 중요한 타인에 대한 상반된 경험을 적극적으로 떼어 놓으려는 시도'이며, 이러한 상반된 내적 요소들은 의식 안에 남아 있으나, 분열에 의해 시간적, 공간적으로 거리를 두기 때문에 서로 영향을 못 미치기 때문이라고 보았다(Kernberg, 1980). Klein(1952)과 Fairbain(1954)은 대상관계가 형성되는 기제, 즉 양분(Splitting)이나 투사적 동일시(Projective identification)로 대상관계를 이해하고 있고, Kernberg(1984)와 Kohut(1971)은 어느 특정한 정신병리를 설명하는 틀, 예를 들면 '자기애적 성격(narcissism)'이나 '경계선적 성격(borderline)' 등으로 대상관계를 이해하고 있기도 하다. 또한 인간의 영유아 발달과정을 세밀히 관찰하는 과정에서 대상관계이론을 발달시키기도 하였다. Klein(1952)은 프로이트가 설명한 인간의 두 가지 추동(사랑의 본능과 죽음의 본능)은 한 개인이 자신에게 내재한 삶과 죽음의 힘을 외부세계에 투사한 것이라고 보고, 이것이 가장 처음 투사되는 대상이 곧 어머니의 가슴이라고 하였다. 갓난아이는 사랑이 충만한 이상적인 젖가슴을 경험할 수도 있고 증오로 가득한 가학적인 젖가슴을 경험할 수도 있다. 이 좋고 나쁨 사이에서 갓난아이는 점차 자신의 위치를 정해 나가며 이 과정에서 즐거움, 사랑, 만족을 찾고 괴로움, 증오, 불만족을 감소시키는 경험 속에서 성장한다. Kernberg(1984)는 인간발달을 4단계로 구분하고 약물중독자들은 이 중 넷째 단계로의 발전에 장애가 있는 사람들이라고 주장하였다. 신생아가 태어나면 첫 단계로 아이인 자신과 어머니인 대상 사이의 구분이 뚜렷치 않은 미분화적 혼합상태를 경험한다. 둘째 단계는 아직 미분화 상태이기는 하지만 정서적으로 좋다, 나쁘다를 기억하는 단계이다. 셋째 단계는 자신과 대상 사이에서 분화가 시작되지만 어떤 아이가 좋고 나쁜 것인지, 어떤 엄마가 좋고 나쁜 것인지를 구별하지 못하는 단계이다. 넷째 단계에서 아이는 자신과 대상 사이의 좋고 나쁨을 구별할 수 있게 된다. 대상으로부터 적절한 양육을 받지 못한 대부분의 중독자들은 자신이 나쁘다고 하는 사실이 스스로에게 알려지지 않도록 하기 위하여 분열, 부정, 투사 등의 원시적인 방어기제를 사용하게 된다. 이렇듯 자기애적 성향이 너무 강한 반면 자신감은 매우 떨어지는 상태에서 현재 자신이 지닌 주변 자원으로부터의 위로만으로는 불충분함을 느끼는 경우, 중독 대상이 가져다주는 위로에 빠져들게 된다. 즉, 중독자들은 자기 가치감을 유지하고, 고갈되어 버릴 듯한 느낌을 없애기 위하여 약물을 갈망하게 된다는 것이다(김경빈, 1996). 이러한 양분 현상의 개념은 Kohut(1971)에게서도 나타난다. 그는 영유아기 시절 아이를 주로 돌봐주는 사람을 자아대상(self objects)으로 명명하였다. 자아대상이란 어린아이에게 나중에 자아(self)로 편입될 사람으로서 그 당시는 객관적으로 한 명의 개인으로 분리된 개인이며 이 자아대상과 어린아이와의 의사소통과 공감적 상호작용에 따라 어린아이는 자부심이나 죄책감을 경험하는데 이러한 경험이 이후 어린아이의 심리적 기간구조를 형성한다. 대상관계이론의 이 같은 설명은 중독자들이 중독행위의 동기로 밝히고 있는 '~를 벗어나고 싶다, ~를 잊고 싶다(도피)'와 '~한 상태로 되고 싶다, ~를 추구하고 싶다(추구)'는 점과 깊은 관련을 맺는다고 볼 수 있다. 대상관계이론에서 설명하듯 인간은 태어나면서부터 좋고 나쁨을 경험하고 나와 대상 사이의 관계에 따라 이에 적용하며 살아가게 되는데 이 과정에서 중독행위는 불만족스럽고 괴로운 젖가슴에서 벗어나서 따뜻하고 편안한 젖가슴으로 옮겨간 것 같은 느낌을 제공하는 것이다.

이상을 종합하면 한 사람이 심리적으로 건강하게 발달하는 과정에서 좌절을 경험할 경우, 중독행위가 그 좌절을 다루는 데 있어서 어떠한 역할을 하고 있는가를 알 수 있다. 위에서 중독은 사람들이 '괜찮지 않은 자신의 모습'을 직면하는 삶의 고통으로부터의 탈출을 돕는 기능을 한다고 기술한 바 있다. 즉, 중독자들은 발달 단계에서 자신과 대상을 분화시키고, 그 사이의 좋고 나쁨을 구별할 수는 있지만, 대상으로부터 적절한 양육을 받지 못했기 때문에 자신이 나쁘다고 하는 사실이 스스로에게 알려지지 않도록 하기 위하여 분열, 부정, 투사 등의 원시적인 방어기제를 사용하여, Kernberg의 네 번째 단계, 즉 자신과 대상의 좋고 나쁨을 구분하는 단계로 발달하는 데 실패한 사람들이다. 다른 표현으로 말한다면 중독자들은 '내가 나쁘다'는 고통을 직면하지 않기 위하여 중독행동을 사용한다.

이상 중독의 현상을 단순화하여 박상규(2009)는 모든 중독은 '자기 조절이 안 되는 것'과 '자신에게 정직하지 않다'는 공통점을 가진다고 밝혔다. 김교헌 등(2009)은 중독의 핵심을 맛있는 대상이나 활동에 대해 발달시킨 강한 애착과 그에 대한 개인적 부작용이나 사회적-도덕적 중단 압력 사이의 갈등이라고 보았다. 그리고 이에 대한 해결안의 핵심으로 ① 중독 위험성에 대한 자각과 인식, ② 충동적, 자기중심적 욕구 충족에 대한 자기조절력의 획득, ③ 사회적, 도덕적(혹은 영적) 관심의 발달 세 가지를 거론한다. 즉, 중독은 생물적 질병만도, 심리적 부적응만도, 사회적 병리나 영적인 타락만도 아닌, 이 모두가 함께 포함된 전인적이고 상위 체계적인 자기조절의 이탈이라는 것이다. 이러한 관점에서 종교중독 현상은 어떻게 이해할 수 있을까?

3. 종교중독의 평가

강경호(2002)는 중독을 크게 다음의 세 가지로 구분하였으며, 종교중독은 무형의 행위중독에 해당된다. 강경호가 구분한 중독의 유형은 다음과 같다.

① 물질중독: 알코올중독/약물중독/음식중독
② 무형의 행위중독: 관계중독/분노중독/연애중독/종교중독
③ 유형의 행위중독: 일중독/도박중독/사이버중독/성중독/쇼핑중독/운동
중독

DSM-5는 물질관련 및 중독 장애 안에 알코올과 약물중독, 그리고 행위중독 가운데는 도박중독만을 포함시키고 있다. 따라서 종교중독 분야에서 가장 널리 인용되는 저자들, Arterburn과 Felton의 해로운 믿음(Toxic Faith) 부록에 실린 중교중독 자가진단문항을 소개하면서 종교중독의 평가에 접근해 보려고 한다(Arterburn & Felton, 2003). 다음 20개 질문 가운데 예로 대답하는 항목이 3개 이상이면 종교중독으로 진단한다.

① 가족들이 당신에게 그들과 함께 시간을 보내기보다는 항상 교회모임에 가려고 한다는 불평을 하는가?
② 당신은 단 한 주라도 교회를 나가지 않으면 심한 죄책감을 느끼는가?
③ 당신이 하고 있는 일을 하나님께서 지켜보고 계시다가, 그 일이 충분하지 않다면 당신을 싫어하거나 복을 주시지 않을 것이라고 느끼는가?
④ 당신은 때때로 스스로 옳다고 느끼기 때문에 자녀들에게 이유를 불문하고 무엇인가를 하라고 말하는가?
⑤ 당신이 교회의 위원회를 섬기거나 다른 교회 집단에 참석하느라 너무나

바쁘기 때문에 수년 전부터 자기만의 재미있는 시간을 거의 갖지 못하고 있다는 사실을 인식하고 있는가?

⑥ 당신이 대화 가운데 성경구절을 너무 많이 사용하기 때문에, 사람들은 당신과 대화하는 것이 힘들다고 불평한 적이 있는가?

⑦ 당신이 헌금을 하면 하나님께서 당신을 부유하게 해 주실 것이라고 믿기 때문에 교회에 헌금을 하는가?

⑧ 당신은 사역자와 성적으로 혼외관계를 가진 적이 있는가?

⑨ 당신은 (사소한 문제라고 할지라도) 목사와 의논하지 않고 혼자서 어떤 결정을 하는 것이 힘드는가?

⑩ 당신은 목사를 다른 사람들보다 더 능력이 있다고 보는가?

⑪ 당신은 신앙 때문에 가족이나 친구들과 관계 맺는 것을 어려워하면서 고립된 생활을 한 적이 있는가?

⑫ 당신은 목사에게 인생문제에 대한 신속한 해결책을 기대하고 있는 자신을 발견한 적이 있는가?

⑬ 당신은 사소한 실수나 불충분함에 대해서 심한 죄책감을 느끼는가?

⑭ 상대편의 연약한 믿음과 비교해서 상대적으로 더 강한 당신의 믿음 때문에, 당신의 가장 중요한 관계가 악화되고 있는가?

⑮ 하나님께서 당신이 그분과 동행하며 살도록 하기 위해서 자기 자신이나 다른 사람들을 병들게 하기를 원하신다고 생각한 적이 있는가?

⑯ 당신은 하나님께서 일상적으로 당신과 들을 수 있는 목소리로 대화하고 계신다고 믿는가?

⑰ 당신은 하나님께서 당신에게 화를 내신다고 느끼는가?

⑱ 당신이 어렸을 때에 했던 어떤 일 때문에 여전히 벌을 받고 있다고 믿는가?

⑲ 당신이 좀 더 열심히 일한다면, 하나님께서 결국 당신을 용서하실 것이라고 느끼는가?

⑳ 누군가 당신에게 목사가 당신의 생각과 느낌을 조종하고 있다고 말한 적이 있는가?

중교중독의 평가 기준에 이어, 종교중독의 보편적 특징을 살펴보겠다. 먼저 강경호(2002)는 종교중독의 특징으로 ① 강박적 종교 행위, ② 예배에 심취함, ③ 종교서적을 읽거나 기도회나 집회, 세미나 참석에 지나치게 적극적임, ④ 믿음과 종교 활동을 일치시킴, ⑤ 종교 활동에서 성취감을 맛보는 것을 믿음이 좋은 것으로 생각하여 더 깊이 종교 활동에 빠져듦 등을 꼽고 있다. 이에 덧붙여 Booth(1998)가 제시한 종교중독의 주요 증상을 나열하면 다음과 같다.

① 정보나 권위에 대해 생각하고, 의심해 보고, 질문하는 것이 불가능하다.
② 흑백논리에 기초한 단순한 사고구조를 보인다.
③ 자신이 충분치 않다는 혹은 자신이 올바르게 행하지 못하고 있다는 수치심에 기초한 신앙을 가진다.
④ 하나님이 자신을 고쳐 줄 것이라는 마술적 사고를 가진다.
⑤ 과도하게 꼼꼼해서, 규칙과 윤리적 규범, 안내 등에 완고하고 강박적으로 집착한다.
⑥ 매우 판단적이어서 타협이 불가능하다.
⑦ 돈 사용에 있어 비현실적이다.
⑧ 육체적 쾌락은 악이므로 성은 더러운 것이라고 믿는다.
⑨ 충동적으로 과식하거나 지나친 금식을 한다.
⑩ 과학, 의학, 교육 등에 거부감을 보인다.
⑪ 현실 세계와 점차 분리, 고립되며, 인간관계가 붕괴된다.
⑫ 불면, 두통, 과면 등의 신체적 질병에 시달린다.
⑬ 성경을 인위적으로 조작하여 자신이 선택받았다는 느낌, 하나님으로부

터 특별한 메시지를 받았다는 주장을 한다.

⑭ 황홀경, 종교적 고양 상태, 가식적으로 행복한 얼굴을 연출한다.

⑮ 심리적, 정서적, 육체적으로 붕괴되어 입원하거나 도움을 구하게 된다.

중독상담에서 중독 정도의 평가는 상담의 성패를 좌우하는 중요한 과정이다. 따라서 위에 열거한 종교중독의 평가 기준을 경우에 따라 적절히 적용해볼 것을 권한다.

4. 종교중독자들의 특징

이번 절에서는 종교중독자들의 특징에 대해 알아보겠다. 상담자에게 내담자에 대한 정확한 이해는 상담에 도움을 주는 바, 아래 기술된 종교중독자들의 보편적 특징을 살펴보는 것은 상담 현장에서 내담자의 발달사와 가족 역동, 외상 등에 대하여 들을 때 도움을 줄 것이다.

먼저 Taylor(2002)는 종교중독은 다른 중독과 마찬가지로 중독자들을 자신의 고통스러운 현실과(또는) 감정으로부터 벗어나게 도와주며, 이는 건강하지 못한 종교성을 개발하도록 부추긴다고 보았다. 종교중독이 속하는 행위중독은 강박적 특성과 함께 여러 번 언급된다. 종교중독과 강박에 대한 자각은 일찍이 기원전 1500년까지 거슬러 올라가는데(Batchelor, 1969) 19세기 중반부터 20세기 초반에 이르는 기간, 정신과 의사들은 행위중독과 강박에 대한 이해를 더 깊이 하였다. 프로이트는 강박에 대한 글에서(Artiety & Brody, 1974, p. 196) 강박증 환자들이 그들의 강박적 감각을 대체할 다른 것으로 대체할 수는 있지만 그것은 완전히 없애지는 못한다고 하였다. 그리고 강박 성향 이외에 우유부단과 무력감, 자기 주장을 과하게 주장함, 평균 이상의 지능 그리고 지나친 양심과 같은 여러 가지 행위중독적 성향에 대하여 언급하였다.

Taylor(2002)는 이 밖에도 다음 여섯 가지의 행위중독과 물질중독 현상의 공통적 특징을 기술하였다. 첫째는 중독 대상의 병적인 사용이다. 자신이 건강을 잃어 감에도 불구하고 종교 의식을 수행한다. 둘째, 사회에서 자신이 맡은 책무를 소홀히 한다. 셋째, 가족이나 친구들에게 꼭 해 주어야 하는 일들을 하지 않는다. 넷째, 행위중독은 그 행위에 소요하는 시간의 많고 적음과는 관계 없다. 다섯째, 중독행위는 심리적 그리고 때로는 신체적 의존도 초래한다.

Taylor(2002)는 Hatterer 박사의 글을 인용하여 종교중독을 가진 사람들의 가정적 배경에 대해서도 언급하였다. 이는 모든 중독적 성향이 있는 환자들이 생애 초기 양육의 지나친 결핍이나 양육의 과잉 몰입, 이 두 가지 사이의 지나친 불일치를 경험하였다는 것이다. Taylor(2002)는 이 외의 다른 여러 학자들의 의견을 종합하여 종교중독자들이 가지는 몇 가지 특징들을 다음과 같이 정리하였다. 첫째, 종교중독자들은 종종 엄격한 부모 밑에서 성장하였다. 둘째, 대부분의 중독자들은 큰 실망감으로 인해 깊고 힘든 경험을 겪으며 고통스러워하였다. 셋째, 자존감이 낮기 때문에 자신의 고립감이나 외로운 느낌을 중단시킬 수 있는 그 무엇인가에 소속되기를 강하게 원한다. 넷째, 성적, 신체적, 정서적 학대를 경험한 사람들이 종교에 중독되는 경향을 보인다. 왜냐하면 이러한 학대 희생자들은 자신을 이러한 고통에서 건져 줄 '구원자'가 필요하며, 하나님 자리를 사람의 자리로 대체시킨다. 가톨릭 종교중독자들은 종종 기관으로서의 교회나 추기경, 교황 등에 매혹되는 현상을 보였다.

Taylor(2002)는 이 외에 종교중독자들이 가지는 특징을 강박과 연결시켜 다음의 두 가지로 보았다. 첫째, 종교중독자들은 자신의 수치심이나 죄책감에서 벗어나기 위하여 완벽성을 추구한다. 둘째, 이를 위해 종교중독자들은 의례, 의식에 집중한다. 김선미(2016)도 종교중독자들의 심리적 특성으로 강박성을 들었다. 김선미는 Arterburn과 Felton(1991)의 "종교중독자들이 열심히 하는 행위를 보면 이러한 일들은 신의 일들이 아닌 자신의 일을 종교라는 거울 속에 포장하는 것으로 나타낸다"는 구절을 인용하여 강박적 종교중독자들은 죄책감과 신으로부터 은혜를 억지로 얻으려는 죄책감이나 욕망에서 출발한다고 보았다. 즉, 하나님이 자기들의 노력을 살펴 현실을 바꾸어 주실 날을 소망하여 열심히 노력한다든지, 하나님이 자신들이 열심히 노력하는 모습을 보고 고통을 덜어주거나 마술적으로 삶을 평탄게 해 주기를 소망한다고 보았다. 그렇기에 김선미는 종교중독이 일중독과 유사한 특징을 갖게 된다고 하였다. 강박적 중독자들이 일에 모든 것을 투자하는 것과 같이, 종교중독자들은 가족이나 사회관계에 따르는 책임을 회피하면서 교회 내 일 주변을 맴도는 분위를 연출한다는 것이다. 즉, 기도모임, 금식, 예배 참석, 간증 집회 등에 매우 열성적으로 참여한다. 하지만 이들의 행동은 자신을 우선시하는 영적 행위 때문에 다른 교인들과 협력하지 못하고 특정인과의 관계만을 우선시하며, 자신의 뜻과 반대되는 사람들을 향해 분노, 질투, 적대감을 투사한다고 보았다.

정연득(2011) 역시 Vanderheyden을 인용하여 종교중독의 핵심적 메커니즘은 우리 삶의 고통의 현실로부터 '회피하기'(escape from)라고 보았다. 그리고 이에 '자신과 타인에 대한 혐오와 학대'를 더하여 자신이 가진 힘과 권위에 타인을 완전히 복종시키는 것을 더 깊은 종교성의 표현으로 여긴다고 하였다. 따라서 종교중독을 보이는 교인은 자신을 강박적으로 부인하여, 지나친 죄책감이 유발되고, 자기부인은 자기혐오로 연결될 위험이 많다고 보고 있다. 이러한 자기혐오는 자연스럽게 자기 학대로 이어지고, 자기 학대는 다시 타인에 대한 학대로 이어져서 주위 사람들의 삶을 망가뜨리는 결과를 초래할 수 있다고 보았다.

한편 Arterburn과 Felton(2003)은 중독자들이 가진 왜곡된 종교적 신념으로 ① 자신의 행위로 신앙을 확인한다, ② 현실적인 지정의를 무시한 초월적 평안을 요구한다, ③ 참 신앙은 병을 꼭 낫게 할 것이다, ④ 사역자와 그 권위에 대해 과도한 맹신과 맹종을 보인다, ⑤ 물리적 부요함이 곧 영적 능력의

상징이라고 본다, ⑥ 종교적 행위와 선행으로 구원의 증거를 삼는다, ⑦ 죄의
보응으로서의 고난을 이해하는 인과론적 사고를 보인다, ⑧ 하나님은 능력
있는 자를 좋아한다고 믿는다, ⑨ 극단적 흑백논리를 갖는다, ⑩ 매우 이기적
인 사고에 젖어 있다, ⑪ 하나님의 절대성을 부인하고 자신의 절대성을 확인
하려 한다.

정리하면, 종교중독자들의 특징으로는 수치심을 가리기 위한 강박성, 고
통을 현실적으로 해결하지 못하고 비현실적, 마술적 종교 행위에 의존하기,
이 과정에서 자신의 몸을 돌보지 않기, 가족-사회관계의 붕괴 등을 열거할
수 있겠다.

5. 종교중독의 단계

그러면 종교중독은 어떤 과정을 거쳐 진행될까? Arterburn과 Felton은 종
교중독을 초기와 중기, 말기의 세 과정으로 구분하여 설명하였다(Arterburn &
Felton, 2003) 초기 단계에는 무가치하다는 느낌과 외로움, 죄책감과 불안, 특
정인에게 집착하는 믿음, 힘겨운 교회 출석, 무기나 정죄, 자신의 정당화 수
단으로 성경을 사용하는 현상 등이 나타난다고 보았다. 중간 단계에는 교회
체계에 몰두함, 대담하게 말함, 특별히 많은 헌금을 바침, 교회 집단 밖 사람
과는 거의 관계를 맺지 않음, 교회 활동에서 절정감이 일어나지 않으면 실망
함, 교차 중독이 나타남 등의 현상이 발견된다고 본다. 말기 단계에는 절망
감, 분노와 화, 믿음에 대한 강박적 사고, 깊은 우울증, 신체적 퇴행, 다른 해
결책을 강구함 등의 증상이 나타난다고 보았다.

김동현(2011)은 Martin을 인용하여 종교중독 과정을 습득, 자기통제 상실,
삶의 파괴의 세 단계로 소개하였다. 첫째 습득의 단계는 종교적 체험으로 인
한 도취에서 시작되어 하나님이 아닌 다른 체험에 더 관심을 갖기 시작하게

되는 단계이다. 둘째, 통제력 상실의 단계는 종교적 행위와 관련된 습관적 행동을 시작하며, 이러한 행동은 강박적 특성을 띤다. 그리고 이 단계에서 종종 교회의 목사나 특정 지도자의 권위를 점점 추종하게 되며, 심하면 자신의 모든 재산을 교회나 단체에 헌금하기도 한다. 셋째 단계의 삶의 파괴 단계로서 종교중독자들의 기분전환을 위한 종교 의식은 더 이상 황홀감을 유발하지 못하지만 그 행동을 중단하는 것에서 오는 불안으로 인해 습관적 행위를 지속한다. 그 결과, 개인과 가족의 삶이 혼란에 처하게 된다.

6. 종교중독의 회복과 상담

이제 이상의 특징을 드러내는 종교중독자들을 교회와 기독교상담자들은 어떻게 회복시키고 조력할 수 있는가에 대해서 생각해 보겠다. 먼저 여러 저서에서 공통적으로 드러나는 종교중독으로부터의 회복 과정을 기술한 뒤, 필자의 상담 경험을 바탕으로 종교중독자들의 상담과정과 원리를 소개해 보겠다.

Martin(1990)은 종교중독자 치료 방안으로 다음을 제시한다.

① 종교중독이라는 자신의 문제를 부정하지 말고 인정하라
② 도움을 줄 수 있는 이에게 자신의 문제를 이야기하라
③ 종교중독자들을 위한 후원 집단에 참여하라
④ 종교중독적 행위를 중단하고, 하나님의 진리를 들을 수 있는 데 시간을 할애하라

Booth(1991)는 종교중독으로부터 회복되는 여섯 단계를 제시하고 있다.

① 인식 단계(stage of perception): 이 단계가 종교중독자들에게는 가장 힘든 시기이다. 왜냐하면 교묘하게 자신을 속이고 혼동시키는 강한 영향으로부터 종교중독자들이 자신이 문제가 있으며 변화되어야 할 정도로 어려움을 겪고 있다는 것을 인정해야 하기 때문이다.

② 안정화 단계(stage of stabilization): 자신의 문제를 인정하고 지속적, 의식적으로 이전과 다른 선택을 하려고 노력하는 단계이다.

③ 초기 회복 단계(early stage of recovery): 이 단계에서 종교중독자들은 자신이 하나님으로부터 듣고 있던 역기능적인 메시지를 인식한다.

④ 중기 회복 단계(mid-stage of recovery): 이 단계에 종교중독자들은 자신이 광범위한 범위에서 삶을 건강하게 다루지 못하고 있음을 인식하고, 그의 강점과 능력을 자신이 얼마나 평가절하하며 살았는가를 보게 된다. 특히 종교중독이 학대나 다른 중독과 어떻게 긴밀히 연결되었는가에 대해 인식하게 된다. 중기 회복 단계는 이처럼 다른 중독 역시 받아들일 수 있는 단계이다. 건강한 영적 가치를 발견하고 자신의 현실 내의 삶을 시작한다. 이 시기에 종교중독자들은 고통을 느끼지만 자신의 이 고통스러운 감정과 자신의 태도와 행동을 어느 정도 연결시킬 수 있다.

⑤ 후기 회복 단계(last stage of recovery): 이 단계에 종교중독자들은 더 이상 다른 사람을 통제할 필요를 느끼지 않으며 건강하지 않은 믿음 체계에 위협을 더 이상 받지 않는다. 또한 자신들에게 불완전해도 될 것을 허용하여 '인간'이 되기를 허락한다. 인간관계에서 더 풍성하고 보상적인 경험을 하게 된다.

⑥ 회복 지속 단계(ongoing recovery): 이 단계에 회복된 종교중독자들은 자신을 더 이상 수동적 희생물로 보지 않고 자신의 진정한 아이덴티티를 확인하여 하나님이나 다른 사람이 자신의 문제를 변화시킬 때를 기다린다. 드디어 자신의 실제 삶에 책임을 지고 통제할 수 있는 힘을 갖게 되며, 자신이 비록 실수를 하더라도 얼마나 괜찮은 피조물인지 받아들

일 수 있게 된다.

알코올중독 치료 프로그램 과정으로 널리 사용되어 오다 근래 통합적 상담치료(integrative psychotherapy)의 기본 상담과정의 틀로 자리잡은 메타상담이론 단계모형(Prochaska, Norcorss, & DiClemente, 1995)은 변화의 과정을 다음의 여섯 단계—숙고 전 단계, 숙고 단계, 준비 단계, 실행 단계, 유지 단계, 재발 단계—로 구분한다. 또한 여섯 단계는 다음의 아홉 단계로 세분되기도 한다(Prochaska, Norcorss, & DiClemente, 1995).

〈변화 과정 정의: 대표적 방법들〉
① 의식 증진: 자신과 문제에 대한 자각을 증가시킴: 관찰, 성찰, 도전, 해석, 독서치료
② 자기-재평가: 문제와 관련하여 자신에 대해 어떻게 느끼고 생각하는지에 대한 평가함: 가치 명료화, 상상 기법, 교정적 정서 경험
③ 정서적 각성: 자신의 문제에 대한 경험과 감정을 표현함: 표현적 연습, 사이코드라마, 상실에 대한 애도, 역할 연습
④ 사회적 해방: 사회에서 대안행동의 증가: 압제당하는 자의 권리를 주장하기, 능력 부여, 정책 개입
⑤ 자기 해방: 행동하기를 선택하고 이에 헌신하기 또는 변화할 수 있을 것이라는 믿음 갖기. 의사결정 치료, 의미치료의 기법들, 헌신-증강(commitment-enhancing) 기법들
⑥ 역조건화: 문제 행동과 조화를 이룰 수 없는 건강한 대안행동의 대체: 이완, 감각화, 주장, 수용, 인지적 재구조화
⑦ 환경 통제: 문제 행동을 촉발하는 환경 자극을 다시 만들어 감: 긍정적 리마인더의 증가, 환경의 재구조화, 고위험 단서의 회피, 페이딩
⑧ 수반성 관리: 변화 형성을 위해 자기를 강화하거나 타인에게 강화를 방

기: 수반성 계약, 외현적 · 내현적 강화, 자기 보상, 행동 장려

⑨ 관계 돕기: 중요한 타자로부터 이해받고, 타당화받고, 지지받기: 수용, 협력, 긍정적 존중, 피드백, 자기 노출

　신종수(2008)는 종교중독의 회복 과정에서 목회적 돌봄의 영역으로 종교 중독자들에게 일어난 학대를 이해하고 관계중독과 동반의존을 함께 개입할 것을 주장하였다. 그는 자신이 실제 상담한 은주(가명)라는 여성의 예를 들면서, 은주라는 종교중독자가 여목사가 목회하는 한 교회에 출석하면서 그의 권위에 절대 순종하며, 자신을 파괴하면서까지 헌금을 과하게 하였으며, 여목사가 던지는 고난과 두려움과 관련된 저주성 발언에 지배를 당했다고 하였다. 이 여성의 상담과정에서 먼저 왜곡된 성경 지식을 교정하였고, 자신에게 주어진 자유로운 선택의 권리를 알려 주었으며, 고난에 대해 두려움, 불안이 담긴 저주가 아니라 하나님의 은총이 담긴 해석을 하도록 도왔다. 또한 이 과정에서 은주라는 여성이 자신의 분노와 두려움에 정직하고 자연스럽게 접근하도록 도왔으며, 종교중독으로부터 벗어나는 과정에서 경험되는 고통을 두려워하지 말 것을 격려하였다.

　최은영과 양종국(2015)은 약물, 도박 등을 포함한 일반적인 중독 현상의 상담과정으로 여섯 단계를 소개하였다.

① 불만족스러운 삶의 영역을 진단한다(일/사랑/여가와 놀이).
② 어려운 그들의 삶을 공감한다.
③ 삶의 대체물을 함께 선택한다.
④ 대체물에 새롭게 의존되도록 도와준다.
⑤ 상담자와의 의존 관계를 정리한다.
⑥ 추후 상담을 계획, 실시한다.

이를 종교중독에 적용해 보면, 종교중독자들의 교회 생활은 자신의 현실의 불만, 고통을 회피하는 과정에서 비롯된 것이라고 판단할 때 우선 그들이 피하고 싶었던 현실 삶의 영역이 무엇이었는가를 살펴보는 것이 필요하다. 일로서의 교회 봉사를 통하여 자기 가치감을 채우고 싶은 것인지, 권위자나 가족들과의 친밀하고 의미 있는 시간을 갖지 못하여 교회 지도자와 공동체가 제공하는 친밀감에만 몰두되어 있는 것은 아닌지, 평소 마음을 쏟아 재미있게 할 활동이 마땅치 않아 교회에서 그들의 남는 시간을 소모하고 있는 것은 아닌지 등에 대한 평가를 진행하는 것이다. 그리고 그럴 수밖에 없었던 그들의 과거 삶의 아픔을 함께 들어주고 수용하며 공감한다. 이어서 삶의 대체물을 선택하며, 이에 새롭게 의존되도록 도와주는 과정, 그리고 상담자와의 의존성을 처리하는 과정에는 그들의 이전 경험에서 왜곡된 하나님이 아닌, 성경의 진리가 드러내는 완전히 선하시고 능하신 하나님에게 그들이 온전하게 의존하도록 조력한다.

7. 종교중독과 바른 영성

종교중독자들이 회복 단계에서 절대 필요하며 간과할 수 없는 부분은 바른 신학과 영성의 확립일 것이다. 즉, 영적으로 참되게 회복되어야 진정한 회복을 경험할 수 있다. Cloud와 Townsend(1995)는 신앙과 관련하여 중독자 가정에 실재하는 잘못된 오해를 다음의 세 가지로 요약하였다. 첫째, " 하나님께 맡기기만 하면 된다." "회복되면 끝이다." "과거는 잊어버리라."는 것이다. 그렇지 않다. 중독에서의 회복은 끝없는 재발의 과정이며, 자신의 깊은 내면을 만나는 연습 과정이다. 자신이 과거에 잃어버린 것을 정확하게 알고 슬퍼할 수 있을 때 하나님의 은혜는 그만큼 더 절실히 느껴진다고 필자는 생각한다. 이는 팔복의 첫째, '마음이 가난한 자는 복이 있나니 천국이 저의 것이다.'

라는 예수님의 가르침에서도 찾아볼 수 있다. 둘째, "행동과 선택을 바꿈으로써 영적으로 성숙할 수 있다."는 믿음이다. 그러나 필자의 견해로 죄는 악한 행동으로 드러날 수 있으나 본질적으로 마음과 영의 상태라고 이해된다(소경 된 바리새인아 너는 먼저 안을 깨끗이 하라 그리하면 겉도 깨끗하리라—마 24:26). 예를 들면 성중독이란 성관계를 맺는 행위보다도 하나님과 멀어져 그 분과 친밀감을 충분히 느끼지 못하는 자리를 성행위로 채우려는 상태가 문제이다. 일중독이란 자신이 하는 일을 하나님을 향한 사랑이 아니라 자신의 부족함이 드러날 것 같은 두려움으로 하는 마음, 일을 하나님이 아니라 자신을 드러내기 위해 하는 그 동기가 문제인 것이다. 앞서 종교중독 역시 일중독과 비슷한 역동을 나타내기도 한다고 하였다. 종교중독 역시 이 현상으로 드러나는 교회, 가족, 심리내적인 피폐함은 결과일 뿐, 실상은 하나님과의 본질적이고 깊은 관계가 없어서, 자신의 부끄러움이나 부족함에서 기인하는 불안을 종교적 행위로 가리고 보상하려는 마음이 문제인 것이다. 셋째, "하나님만 있으면 된다. 사람들은 필요 없다."는 믿음이다. 그렇지 않다. 앞서 중독은 관계에서 자신의 나쁨이 드러나지 않게 하려는 시도라는 점을 밝혔다. 따라서 종교중독의 회복도 관계, 공동체 회복을 통해서 이루어져야 한다. 또한 공동체에 속한 사람들 모두 하나님의 형상을 닮아 하나님을 서로에게 드러내어 줄 수 있는 존재들이기 때문이다.

Schaeffer(1971)는 참된 영성이란 종교적 경험을 기대하는 것이 아니라, 예수 그리스도를 구원자로 받아들임으로 형성된다고 강조한다. 왜냐하면 모든 사람이 하나님과 분리되어 있을 때 진정한 도덕적 죄책감을 느끼게 되며, 이는 심리적 죄책감과 구분되는, 한계 있는 인간이 거룩한 하나님 앞에서 느낄 수밖에 없는 감정이다. 그리고 이러한 죄책감은 하나님의 어린 양으로 오직 예수 그리스도만이 끝낼 수 있다고 보았다. 또한 그는 참된 영성이란 내면적인 것이며, 이것이 외현적 결과로 나타나는 것으로 이해했다. 죄는 안에서 밖으로 (생각에서 마음과 행동으로) 나타난다(롬 1:22-29). 그리고 회복의 열매도 이 순서대로 일어난다. 성령님의 내주도 우리 내면에서 일어나며, 사랑도 내면적인 것이라는 점이다. 그렇다면 외현적 결과로 드러나는 무엇을 통해 참된 영성을 평가할 수 있을까? 이에 대해 Schaeffer는 "하나님을 정말 만족스러울 만큼 사랑하고, 사람들을 질투하지 않을 만큼 사랑하면" 이것이 내면의 영성이 참되게 외현의 행동으로 드러나는 것으로 보았다. Schaeffer에게 시간적으로 참된 영성이란 예수 그리스도의 영광을 보는 것은 미래에 일어날 일 뿐 아니라, 바로 현재에도 경험되어야 하는 것으로 보았다. 인간은 하나님, 자기 자신, 이웃, 자연으로부터 분리되었으나 예수님이 오셨을 때 이미 절대적이고 완벽하게 이 모든 것으로부터 회복이 일어났다. 현재의 삶은 그냥 바로 여기에서 시작되는 것이다. 또한 Schaeffer는 회복의 차원 면에서 참된 영성은 전인적으로 일어난다고 보았다. 그는 인간의 근본 문제를 창조주 안에서 피조물이 되기 싫어하는 것(한계 받고 싶지 않은 것)에 있다고 본다. Atlas라는 신처럼 우주를 짊어지고, 세상의 중심에 있고 싶어 한다. 이는 무한한 하나님만이 하실 수 있는 일이다. 이런 인간의 반항은 다음의 세 가지 두려움—비인격적이 되는 것에 대한 두려움(fear of the impersonal: 무한하신 하나님이 실재하신다), 존재에 대한 두려움(fear of non-being: 비기독교 현대인들은 자신이 어디서 왔는지 잘 모르나 기독교인들은 알고 있다), 그리고 죽음에 대한 두려움(the fear of death: 기독교인에게 죽음은 영원한 삶과 닿아 있다)이다. Schaeffer가 언급한 참된 영성의 놀라운 측면은 통합에 있다. 이는 열등감과 우월감의 통합을 의미한다. 즉, 내가 남보다 낫다, 남이 나보다 못하다라는 판단에서 자유로워져 도달하는 우리의 통합 지점은 우리가 얼마나 하나님의 뜻을 따르고 추구하는가에 있다고 보았다. 그러면서 일찍이 그는 "술 취하지 말라. 이는 방탕한 것이니 오직 성령의 충만을 받으라."는 에베소서를 인용하며, 술 이외에 성 관계, 오락, 스포츠 등 그것을 즐기고 추구하느라 하나님의 뜻을 놓치게 되면 이는 술처럼 똑같이 우리를 취하게 만드는 것이라고 행위중독의 실재를 보여 주었다. 성, 오락, 스포츠, 술 등과 마찬가지로 종교적 행위와 의식을 추구하느라 하나님의 뜻을 놓치게 되면 기독교인들은 종교에 취할 수 있게 된다는 것이다.

Ryan(1990)은 회복된 종교중독자로서 자신이 종교중독에 빠진 원인을 좋지 않은 신학을 접촉했기 때문이었다고 밝혔다. 그가 말하는 나쁜 신학이란 감정을 느껴서는 안 된다고 가르치는 신학을 포함하여 경험이 배제된 경전 중심의 형식적 신학(creedal vs experiential theology), 변화의 과정을 간과하는 결단 지향 신학(decision oriented vs process oriented theology), 공동체와 자신과의 관계와 행동을 간과하는 개인중심 신학(individualistic vs relational/communal theology), 인간의 감성(파토스)을 축소하는 이성 신학(dispassionate vs passionate theology), 올바른 신앙을 위해 행동을 더 강조하여 하나님의 사랑과 은혜를 경시하는 행동 중심 신학(performance-focused vs grace-focused theology), 하나님의 자녀인 자신을 귀한 존재임을 인정하여야 하는데, 건강하지 못한 자기 부인의 개념에서 파생되어 '자신이 문제'라고만 생각하는 자기 반대 신학(anti-self vs. pro-self theology), 그리고 역기능가정에서 지내며 항상 무엇인가가 부족하고 충만하지 않아 늘 무엇인가가 부족하다고 느끼는 궁핍 지향 신학(scarcity-oriented theolgy vs abundance-oriented theology) 등이다.

정미숙(2011)은 종교중독의 치료에는 반드시 영성이 담보되어야 한다는 측면에서 종교중독 치료의 목표는 건강한 기독교인으로서의 삶을 영위하도록 돕는 것이라고 하였다. 그 내용으로는 현재에 사는 것과 내세의 소망 속에 사는 것 사이의 균형을 포함하여, 세상에 속해야 하지만, 세상에 속해서는 안 되는 균형, 세상을 즐겨야 하지만 세상에 대한 욕구에 지배당해서는 안 되는 균형을 다시 잡을 때 종교중독자들은 건강한 교회 생활을 할 수 있을 것이라고 보았다.

이상을 잘 요약하고 정리한 내용이 May의 '죄책감과 은혜'에 나타난다. May(2007)는 중독적 충동에 의해 움직이는 사람들과 하나님의 은혜에 의해 움직이는 사람들의 차이로 다음의 두 가지를 제시한다. 첫째, 중독자들은 타율적인 반면 바른 영성을 가진 사람들은 자율적이다. 종교중독자들이 하는 모든 종교 행위는 대부분 자기 스스로 선택한 것처럼 보이지만 '타인의 시선을 의식'한 행동이어서 교회에서 무엇인가를 열심히 하지만 늘 불안하고 긴장될 가능성이 크다. 하지만 하나님의 은혜로 움직이는 사람들은 교회 생활이 자발적이고 자율적이어서 하는 일에 있어서 자유롭고 평안하다. 둘째, 중독자들의 행위의 동기는 자신의 수치나 부족함을 가리기 위한 것이고, 그렇기 때문에 강박적일 가능성이 높다. 그러나 하나님의 은혜가 충만해서 하는 교회 생활은 하나님의 사랑에 감사해서 나타나는 행동이기 때문에 자연스럽다.

8. 종교중독의 대안: 영성 회복을 위한 교회 공동체

한국교회가 세계 교회 역사에서 찾아보기 힘든 가파른 성장을 보인 것은 우리 민족을 긍휼히 여기시고, 우리를 향해 부어 주신 하나님의 은혜가 분명히 있었기 때문이다. 또한 이러한 하나님의 은혜의 통로가 되었던 수많은 선배 목회자와 성도들의 헌신이 뒤따랐기 때문이다. 그러나 언제부터인가 한국교회에 쏟아지는 곱지 않은 시선과 여러 가지 부정적인 평가가 내려지고 있다. 이는 물론 한국교회에 하나님과의 인격적인 관계를 중심으로, 그의 나라를 위한 소명으로 자신의 삶을 드리기 원하는 성숙한 목회자와 성도들도 많지만, 하나님에 대한 바른 인식과 사귐이 없이 하나님을 현세의 자기 삶을 더욱 풍요롭고 윤택하게 하기 위한 도구로 바꾸어 버린 미성숙한 목회자와 성도들 역시 많기 때문이라고 생각된다.

또한 한국교회가 어려움을 겪는 다른 이유로 우리 민족의 중독적 특성이 교회 생활에도 반영되어, 종교중독자들이 교회에 여러 가지 부정적 영향을 미치고 있음을 간과할 수 없다. 이제 글을 마무리하며 종교중독이 한국교회에 미친 영향을 간단히 살펴보고, 바른 신학과 인격을 회복하는, 즉 바른 영성 회복을 위한 교회 공동체를 종교중독의 대안으로 제시하고자 한다.

정미숙(2011)은 종교중독의 부정적 영향을 다음 두 가지로 보았다. 첫째, 성경에 등장하는 바리새인들처럼 종교적 실천과 전통만이 가득하고, 하나님 뜻보다는 사람의 뜻을 더 추구하게 만든다. 둘째, 교회의 직분을 지위로 착각하게 만들어, 봉사와 헌신을 통해 자신의 업적을 내세우고 공로를 치하받기를 즐긴다. 또한 그는 종교중독이 사회에 미치는 영향으로 '삶의 변화 없이 종교만을 강조함으로써' 사회에 교회와 하나님에 대한 부정적인 인식을 심어 주게 되는 것을 염려하였다. 이는 마음 아프지만 실상 많은 교회의 지도자와 직분자들, 그리고 교인들에게서 종종 발견되는 현상이다.

이에 김선미(2016)와 정연득(2011)은 그들의 논문에서 종교중독을 해결하는 대안으로 Winnicott의 공격성과 안아 주는 환경, 두 가지 개념을 제시하였다. 종교중독자들이 그들의 강박적 행동에서 자유롭게 되기 위해서는 우선 상담이나 목양 과정에서 상담자나 목회자의 따뜻하고 공감적인 품이 필요하다는 것이다. 그런데 종교중독적 성향을 가진 상담자나 목회자들은 그들 역시 강박적, 완벽성의 주제를 해결하지 못했기 때문에 종교중독자들을 이렇듯 넓고 따뜻한 품으로 안아 주기 어렵다. 아이들은 자신을 안고 있는 어머니가 충분히 안전하고 따뜻하다고 느낄 때라야 버려짐, 공격받음의 두려움 없이 자신의 공격성을 표현할 수 있다. 정연득은 이에 덧붙여 자신의 건강을 돌볼 수 있는 몸의 신학의 회복과 현재의 고난을 이겨 낼 수 있는 종말론적인 희망의 회복을 종교중독의 대안으로 제시하였다. 신종수(2008)는 종교중독의 회복을 목회적으로 조력하는 방안으로, 첫째, 교회 내 중독자 치유와 회복을 위한 분위기가 만들어지고 돌봄 집단이 구성되어야 한다, 둘째, 심리-정서-사회-신체적 회복이 영적으로 연결될 수 있는 전인격적 회복 프로그램을 만들어야 한다, 셋째, 인간 내면의 충동성과 중독에 대한 성경적 가르침과 원리를 이해하도록 조력하여야 한다, 넷째, 종교중독적 성향으로 인해 영적 무력감과 탈진으로 고통받는 교인들을 위한 영적 쇄신, 영적 성장 프로그램을 교단 차원에서 만들어 제공하여야 한다, 다섯째, 강단에서 선포되는 말씀의 모드를 율법에서 은혜로 바꾸어야 한다, 여섯째, 교회 지도자들이 쉽게 유혹될 수 있는 종교중독적 모드를 단호히 거부하고 진리가 교회에서 선포되고 움직이도록 하여야 한다 등 여섯 가지를 제시하였다.

지금까지 논의한 내용을 종합하여 종교중독 현상을 조력하기 위해서 앞서 최훈이 교회 회복의 원리로 제시한 바른 신학의 면모와 바른 인격의 모습, 그리고 성령만이 주인되신 하나님의 기관으로서의 교회가 노력할 부분들을 정리해 보고자 한다.

첫째, 교회는 종교중독을 예방하고, 회복하기 위하여 성도들에게 깊이 있고 체계적인 성경교육을 철저히 실시해야 한다. 교회에서 성경이 가르쳐지고 나누어지는 대표적인 장면은 대예배 설교와 소그룹의 말씀 나눔이다. 그런데 대체로 이 두 가지 장면에서 가르치고 나누어지는 성경은 파편적이고 부분적이어서, 창세기부터 요한계시록에 이르는 성경 전체가 선포하는 하나님의 언약적 사랑에 대한 큰 그림을 보여 주기 어렵다. 이런 관점에서 교회가 되찾아야 할 바른 신학이란 '인간이 아닌 하나님 중심, 결과가 아닌 과정 중심, 과거-현재-미래 시점의 균형, 이성-교리가 아닌 경험 중심, 개인이 아닌 공동체 중심'이라 요약할 수 있다. 종교중독자들은 교회에서 자신이 죄인이라고 고백하지만 '창조주 앞에서 피조물(한계 있는 존재)이 되기 싫어하는 자신의 가장 본질적인 죄를 보고 싶어 하지 않는 자들이고, 따라서 자신이 종교행위를 통해 하나님의 자리를 대신하려고 하는 현상을 교리적으로 바르게 배울 기회가 충분치 않았을 수도 있다. 또한 자신의 한계와 수치를 가리기 위해 완전함을 추구하는 과정에서 드러나는 강박성으로 인해, 자신의 행동에 대한 완벽한 결과만을 추구하기 때문에 현재 부분적으로 성화되어 가고 있는 과정적 존재로서의 자신을 조우하기 어려웠을 수도 있다. 또한 가족의 학대와 고통을 종교적 행위로 보상받고자 했던 피상적 거짓된 종교적 신념으로 신앙에 마술적, 비현실적 기대를 투사하여 자신의 과거 고통과 현실의 고난과 어려움에 함께하고 있는 하나님을 깊이 경험하지 못하기도 한다. 또한 자신이 경험했던 상처와 아픔을 직면하는 대신, 보상과 덮개로서의 종교 생활을 추구했기 때문에 경전-이성 중심의 신앙생활에 매몰되어 있다.

둘째, 앞에서 종교중독자들에게는 수치심을 가리기 위한 강박성, 고통을 현실적으로 해결하지 못하고 비현실적, 마술적 종교 행위에 의존하기, 이 과정에서 자신의 몸을 돌보지 않기, 가족-사회관계의 붕괴 현상이 나타나고 있음을 살펴보았다. 따라서 교회는 설교나 소그룹 훈련을 통하여 성도들에게 자신의 마음을 정직하게 통찰할 수 있는 기회를 제공하여야 한다. 본래 성경은 인간은 누구이며, 어떻게 창조되었고, 어떻게 종말을 맞는가, 즉 인간의 정체성과 삶의 목적에 대한 궁극적 해답을 제공하고 있다. 그러나 이 성경을 읽고 해석하는 마음이 어떻게 작동하고 있는가에 대한 고찰이 없다면 교회 공동체는 비록 의도하지 않았으나 '진리인 성경을 가르치면 끝이다. 그것이 성도들에게 어떻게 받아들여지고 삶에서 실천되고 있는가에는 별 관심이 없다.'는 태도를 실제로 보이고 있는 것이다. 성경은 우리의 마음, 즉 심령을 새롭게 하라고 촉구하지만(시 51:10; 겔 18:31; 엡 4:23) 이렇듯 사람의 마음을 탐구하는 심리학, 교육학 등 하나님의 일반 은총의 영역이 개발되고 발전된 시간은 최근 100여 년이다. 교회는 최근 발전하고 있는 인문사회학의 지식과 기술들을 성경의 진리로 사람들이 자신의 마음을 새롭게 하는 데 실제로 도움을 받을 수 있도록 적극 수용하고 활용하여야 할 것이다.

셋째, 교회 공동체는 종교중독 성도들을 돕기 위하여 그리고 자신의 부족함과 연약함을 있는 그대로 드러내며, 그 가운데 경험한 하나님과의 깊은 은혜를 함께 나누고 서로를 격려할 수 있는 친밀하고 안전한 공동체를 회복하여야 한다. 왜냐하면 정연득, 김선미 등이 주장한 '안아 주는 안전한 환경'을 통해 종교중독자들이 교회 공동체 안에서 부끄러움과 불안을 있는 그대로 드러내고도 계속하여 수용되는 경험을 할 수 있을 때 그들은 비로소 '이미 죄인 되었을 때 자신을 자녀로 부르시고 받아 주신 하나님'을 공동체 사람들을 통해 경험할 수 있기 때문이다. 그리고 이것이 가능해지기 위해서 우선 교회는 불편해서 외면하고 싶지만 우리 교회가 안고 있는 종교중독 문제를 솔직하게 직면하고 해결하고자 하는 용기와 의지를 가져야 한다.

지금까지 우리나라 교회에서 접할 수 있는 종교중독자들의 특징, 심리적-가정적 배경과 더불어 종교중독의 회복 단계와 교회 공동체에서 이들을 조력하거나 예방할 수 있는 기본 원칙을 정리하여 보았다. 그러나 이는 원칙적, 개념적 수준에 머물며, 여러 가지 한계를 담고 있다. 이에 앞으로 한국 기독교 상담학계와 교회가 함께 힘을 합쳐 협력할 방향을 살펴보면 다음과 같다.

첫째, 아직 우리나라에서 종교중독 현상에 대한 연구는 초보 단계에 머물러 이에 대한 실증적, 통계적 자료를 제시할 수 없었다. 향후 종교중독 평가에 대한 합의가 이루어지고, 그 평가 기준에 따라 한국교회 내 종교중독 현상을 실증적으로 파악해 볼 수 있는 연구가 이루어지길 기대한다. 둘째, 본고는 종교중독이란 현상을 거시적, 개념적 수준에서 고찰하였으나, 기독교상담과 관련하여 종교중독 내담자의 성공적인 상담 사례를 기술, 분석하는 연구가 이어지길 기대한다. '알코올과 종교중독 성향 사례 분석: 기독교상담과 투사적 동일시를 중심으로'라는 사례 연구(최민영, 최은영, 2016)가 그 예가 될 수 있다. 셋째, 본고의 교회 공동체를 향한 대안 역시 신학과 마음에 대한 깊은 탐구 및 안전한 공동체의 확립이라고 하는 원론적 수준에 머물고 있다. 이에 필자 역시 정미숙, 신종수 등이 제안한 각 교회 및 교단 차원의 '종교중독 예방, 개입 및 회복 프로그램'의 개발이 체계적으로 이루어지기를 기대한다.

참고문헌

강경호 (2002). 중독의 위기와 상담. 한가족상담연구소.

김경빈 (1996). 약물중독선별검사표. 한국형 약물중독 선별검사표 제작에 관한 연구. 서울: 문화체육부.

김교헌, 박상규, 강성군, 서경현, 신성만, 이형초, 전영민(2009). 중독의 이해와 실제. 서울: 학지사.

김동현 (2011). 중교중독현상과 목회상담을 통한 치료에 대한 연구. 협성대학교 신학대학원 신학석사학위논문.

김선미 (2016). 종교중독에서 심리적인 결핍에 대한 목회상담적 대응-위니캇의 중간대상을 중심으로-. 신학과 실천, 48, 285-305.

신종수 (2008). 종교중독자의 치유와 회복을 위한 목회적 돌봄의 방안 연구. 안양대학교 신학대학원 석사학위논문.

정미숙 (2011). 종교중독의 치료를 위한 기독교상담. 고신대학교 기독상담대학원. 석사학위논문.

최영민 (2010). 대상관계이론을 중심으로 쉽게 쓴 정신분석이론. 서울: 학지사.

최은영, 양종국 (2015). 청소년 비행 및 약물중독상담(개정판). 서울: 학지사.

최훈 (1979). 한국 재건교회사 : 한국교회 박해사. 서울: 성광문화사.

정연득 (2011). 종교중독에 대한 목회신학적 대응-정신분석학과 몸의 신학의 관점에서-. 신학과 실천, 26(2), 46-78.

최민영, 최은영 (2016). 알코올과 종교중독 성향 사례 분석: 기독교상담과 투사적 동일시를 중심으로. 상담학연구: 사례 및 실제, 1(2), 25-52.

최은영 (2005). 중독의 이유와 회복방법. 목회와 신학, 149, 136-141. 두란노서원.

Ariety, S., & Brody, E. B. (Eds.). (1974). *American handbook of psychiatry: Vol. 3. adult clinical psychiatry* (3rd ed.). New York: Basic Books.

Arterburn, S., & Felton, J. (2003). 해로운 믿음 (문희경 역). 서울: 죠이선교회. (원저 1991년 출판).

Batchelor, I. R. C. (Ed.). (1969). *Henderson and Gillespie's textbook of psychiatry* for students and practitioners (19th ed.). London: Oxford.

Booth, Father Leo (1998). *When god becomes a drug: Understanding religious addiction & religious abuse*. Long Beach: Jeremy P. Tarcher. Inc.

Cloud, H., & Townsend, J. (2007). 당신을 미치게 하는 열두 가지 잘못된 믿음 (마영례 역). 서울: 사랑플러스. (원저 1995년 출판).

Hamilton, N. G. (2007). 대상관계 이론과 실제-자기와 타자 (김창대, 김진숙, 이지연 역). 서울: 학지사. (원저 1988년 출판).

Kernberg, O. (1980). *Internal world and external reality*. New Yor: Basic Books.

Kernberg, O. (1984). *Severe personality disorders*. New Haven: Yale University Press.

Klein, M. (1952). *Some theoretical conclusions regarding the emotional life of the infant*. New York: Delacorte Press.

Kohut, H. (1971). *The analysis of the self*. New York: International University Press.

Linn, M. Linn, S. l., & Linn, D. (1994). *Healing spiritual abuse and religious addiction*. NJ: Paulist Press.

Martin, G. L. (1990). *When good things become addictions*. Wheaton: Victor Books.

May, G. (2007). *Addiction and grace: Love and spirituality in the healing of addictions*. Harper One.

Prochaska, J. O., Norcross, J. C., & DiClemente, C. C. (1995). *Changing for good: A revolutionary six-stage program for overcoming bad habits and moving your life positively forward*. New York: Avon Books.

Ryan, D. (2005). 중독 그리고 회복 (정동섭 역). 서울: 예찬사. (원저 1990년 출판).

Schaeffer, F. A. (1971). *True spirituality*. Wheaton, Illinois: Tyndale.

Taylor, C. Z. (2002). Religious addiction: Obsession with spirituality. *Pastoral Psychology, 40*(4), 291-315.

제4부

중독의 회복

12단계와 영성

최정헌

(KC대학교 상담심리학과 조교수/KCU 학생상담센터 센터장)

최근 중독에 대한 관심이 높아지면서 관련된 전문영역과 산업이나 직업
구조도 적잖은 영향을 받고 있다. 특히 정신건강분야에서 영성의 중요성이
대두되고 있는 만큼, 중독전문가는 중독자가 생각하는 영성이 무엇인지에
대하여 잘 알아보고 이를 치료에 활용할 필요가 있다. 중독치료에서 가장 효
과 있는 치료법이 12단계 접근이다. 실제로 중독분야의 발전은 12단계의 배
경이 되는 AA 모임에 의해서 본격화되었다. 그런데 12단계와 AA는 질병모
델을 지지하면서도 영성적 모델을 기반으로 하고 있다. 그리고 그 출발 또한
기독교적 배경에서 출발했다. 그럼에도 불구하고 현대 AA모임은 기독교적
종교성이나 영성을 철저히 배제하고 있다. 영성을 강조하지만 기독교적 영
성과는 다르다고 강조한다. 비기독교 분야에서도 12단계에 대한 깊은 이해
가 없으면, 이 접근이 기독교적 하나님과 영성을 강조한다고 비판하면서 이
질감을 드러낸다. 그럼에도 불구하고 AA모임은 계속 늘어나고 있고 중독정

책에 있어서 중요한 목소리를 내는 주체가 되고 있다. 또한 다양한 중독의 분야에 적용하여 여러 형태의 모임으로 구성되고 있다. 뿐만 아니라 의사들이 선호하는 치료적 전략으로 병원 현장에서 공식적으로 활용되고 있다. 따라서 치료적 환경에 있는 전문가들은 12단계에 스며들어 있는 주요 자원을 잘 활용할 필요가 있다. 특히 기독교상담은 12단계 접근에 대해서 더욱 명확한 입장과 방법론적 성찰을 가지고 있어야 한다. 왜냐하면 교회라는 공동체와 뗄 수 없는 관계이고 내용적으로 영적인 힘을 상담적 자원으로 보고 있기 때문이다. 이 장에서는 12단계의 영성의 배경이 되는 AA모임과 12단계의 원리와 치료적 접근, 그리고 12단계 영성에 대해서 기독교상담 관점으로 살펴보고자 한다.

1. AA 치료공동체

1) AA의 역사

AA(Alcoholics Anonymous)의 시작은 중독분야의 고전이라 할 수 있는 '익명의 알코올중독자들(2002)'에 나온다. 빌 윌슨이라는 사람은 심각한 알코올 문제 때문에 학위도 제대로 못 마쳤다. 치료를 위해 병원에 입원까지 하는 등 수차례 치료를 시도했지만 거듭 실패하고야 말았다. 그러던 중에 당시 신앙운동인 '옥스퍼드 그룹 운동(Oxford Group movement)'에 참여하면서 본격적인 치료적 경험을 하게 되었다. 이 그룹에 참여하던 멤버들은 정직, 순결, 이타심, 그리고 절대적 사랑을 목표로 네 가지 요구사항들을 따랐다. 즉, 함께 공유하기(sharing), 신에게 항복하기(surrendering), 이웃에게 배상하기, 그리고 거룩한 인도하심 따르기이다(Mercadante, 1987).

빌은 이러한 옥스퍼드의 원칙을 따랐더니 자신의 삶이 변하기 시작했고 단주행동에도 크게 도움이 되었다. 이후 밥 스미스라는 의사를 만나게 되는데, 그도 역시 심각한 알코올 문제를 가지고 있던 중독자였다. 그는 의사였지만 실직한 상태였다. 그때 만난 밥과의 대화는 알코올중독자 스미스에게도 마음의 큰 변화를 일으키게 했다. 이 역사적인 만남으로 AA 모임의 본격적인 시작이 되었고 뉴욕과 아크론의 옥스퍼드 운동으로부터 배운 원리 6가지 원칙에 6가지를 더하여 12단계 프로그램의 기틀을 마련하게 되었다.

1935년에 옥스퍼드의 영향을 받아 시작된 AA는 초기에 여러 해 동안 신앙운동의 맥과 함께하다가 종교적 세속화의 사회적 분위기와 기독교적 색채가 너무 강하게 작용하는 것은 AA의 모임 취지와 잘 맞지 않다고 판단하여 1937년에 드디어 분리되어 나왔다. 이러한 과정에서 1938년에 AA의 원리들이 더욱 확립이 되었고 무신론자들과 불가지론자들의 저항이 생기지 않도록 하기 위해 중독을 치료하는 '위대한 힘'에 대해 '하나님(God)'이라는 이름을 사용하는 것을 꺼려했다. 그렇게 AA는 격동의 시간을 거치면서 1939년 4월에 우여곡절 끝에 AA의 핵심 원리인 12단계를 담은 빅북(The Big Book)을 출판했다(A.A, 1984). 이후 12단계의 경험들이 축적이 되고 더 자세한 기술이 필요하여 1952년에 '12단계와 12전통'이라는 책이 나와서 AA는 더욱 발전하게 되었다.

김한오(2005)는 이러한 AA의 탄생배경을 보고 AA는 학자들의 이론에서 출발하여 개념화한 것이 아니라 중독자의 경험에서 출발하여 이론화하게 된 치료적 전략이라는 점을 강조했다. 또한 AA는 중독치료의 역사를 볼 때도 중독 개념의 발달이 의사, 정신과, 뇌과학자 등 전문가들의 노력에 의해 체계적으로 발전되기도 했지만 실제 개념의 발달은 역설적으로 의사들에게 치료받지 못하고 스스로 치료와 회복을 경험하고 증명한 익명의 중독자들에 의해서 발견되었다(조성남, 2011)는 점이 주목할 만한 사실이다. 또한 이전의 중독의 도덕모델을 대체해야 할 새로운 모델, '질병으로써의 중독'을 새로운 개념으로 받아들이게 하는 데 AA의 역할은 경험적 근거를 제시해 주었다.

2) AA의 치료모델

AA는 위에서 보았듯이 질병모델을 근간으로 하고 있으면서 의학적 그리고 종교적인 것에서 파생한 태도와 원칙이 결합되었다. 따라서 알코올에 대한 의존을 치료자에게 전이시키거나 약물로서 음주욕구를 경감시키려는 정신치료나 약물치료 접근에 비해 연속성이나 지속성의 단점을 보완해 준다(Brown, 1985).

AA의 목적은 중독자가 건강하게 살 수 있도록 돕는 것이다. 질병이론에 기인하기 때문에 절제하거나 폐해를 줄이는 것이 아니라 단주를 목표로 하는 것이다. 술에 무력함을 인정하고 고차원적인 삶의 경지에 도달함으로써 술을 완벽하게 끊는 것이다. 보다 행복하고 유익한 삶으로 인도하는 것 그것이다. 많은 정신을 추구하며 진정성을 가지고 도움이 필요한 사람에게 도움을 주고자 한다. 여기서 중요한 것은 스스로 돕고자 하는 자발성이다. 구성원들 간에 성장하는 모습을 서로 보여 줌으로써 모델링이 되어 주되 절대 강요해서 않되며 스스로 선택해야 한다. 공동체는 참여하는 중독자가 스스로 개척할 수 있도록 장을 마련해 주지만 결코 치료자가 될 수는 없다. 따라서 AA의 치료의 주체는 참여자 자신이다. 상담자와 내담자의 관계에서 내담자가 치료의 주체가 될 수 있도록 구조화해야 하듯이 AA에서 추구하는 치료적 관계는 더욱 강력한 자발성이 요구되는 작업이다. 임상적으로 효과성이 검증이 되고 있고 전 세계적으로 AA가 확산될 수 있었던 것이 바로 이러한 자발적 참여를 강조하기 때문이다. 공동체는 또한 단주를 지속적으로 하면서 실제의 삶에 적용할 수 있도록 서로 격려하고 지지하는 역할을 한다. 상담 장면에서도 내담자의 변화에 대해 단순히 칭찬하는 것보다 격려하는 것이 더욱 효과적이다. 칭찬하는 것은 어떤 결과에 대해 평가하는 것이지만 격려는 내담자의 태도와 어떤 결과보다는 과정을 존중해 주는 의미가 있기 때문이다. 단주를 지속적으로 이어 가게 하는 것은 어떠한 지점에 머무는 것이 아니라 계속적인 과정으로 나아가게 하는 것이기 때문에 지속적인 격려와 지지는 치료의 목표가 된다.

3) AA의 효과성

1935년에 시작된 AA모임은 4년 후, 100명의 멤버들에 의해 경험을 바탕으로 책이 나오게 되었고 2002년에는 세계 158개국 약 250만 명으로 늘어나게 되었다(한국 A.A., 2002). 주요 도서인 일명 'Big Book'이라고 불리는 '익명의 알코올중독자들'이라는 책에서 제안하는 방법에 따라 지금(1985년) 120여 개국에서 약 150만 명의 알코올 환자가 회복되고 있다. 첫 발행 이후 지금까지 3판에 걸쳐 영문판으로도 250만 부 이상 발행되었으며 그 밖에 스페인어, 프랑스어, 독일어, 일본어 등으로 발행되어 전 세계에서 이용되고 있다. 제1부는 회복의 프로그램이며, 제2부는 프로그램을 통해 회복된 개인의 경험담이 실려 있다. 2002년 7월 2판(보정판)이 새로 출판되었다(http://www.aakorea.org/books.html). Brown(1985)은 AA의 효과성에 대해서 4단계로 설명하였다. 즉, 음주단계(drinking), 변화단계(transition), 초기 회복단계(early recovery), 지속적 회복(ongoing recovery)단계이다. 음주단계는 문제행동을 일으키는 단계이므로 언급을 하지 않는다. 효과성을 이야기할 수 있는 단계는 다음과 같이 변화단계 이후의 시기이다.

(1) 변화단계

변화단계는 음주에서 단주로 옮겨가는 시기이다. 이 시기는 알코올중독자로서 음주조절력 상실에 대한 인식과 음주조절능력(control drinking) 획득에 대한 인식이 공존하는 시기이며, 상당한 고립감과 불안정한 시기로서 특징지어진다. 이 시기의 알코올중독자는 술에 대한 의존에서 새로운 의존대상으로 옮겨가는 시기이며, 마치 유아가 걸음마를 시작하는 단계에 비유될 수 있

을 만큼 주위의 원조가 필요한 시기이다. 이 단계에서 실패는 곧 재음주로의
회귀로 이어질 가능성이 높다. AA는 변화기에 있는 중독자에게 알코올 대신
할 수 있는 새로운 대상과 방법을 알려 준다. 또한 이 시기의 AA활동은 알코
올중독자에게 고립감을 극복할 수 있는 소속감과 안정감을 제공해 줄 뿐만
아니라 무엇보다 중요한 것은 알코올에 대한 초점을 잃지 않도록 해 준다는
점이다.

(2) 초기 회복단계

초기 회복기는 단주를 유지하는 초기과정이다. 이 시기는 과거 중독자가
해왔던 사고 행태나 행동체계의 변화가 구체적으로 이루어지고 있는 중독자
로의 삶이 시작되는 단계이다. 이 시기의 과업은 알코올이 배제된 방법으로
문제를 해결해 나가는 과정에서 오는 낯설음, 미숙함, 정서적 갈등을 극복해
나가야 한다. 이 시기는 마치 어린아이가 새로운 세계로 여행을 떠나는 것에
비유될 수 있다. 중독자의 다수가 초기 회복기에서 다시 재발로 이끌어진다
는 점에서 회복과정에서 매우 중요한 과정으로 인식되어야 한다. 초기 회복
기에서 AA는 새로운 세계를 여행하는 알코올중독자에게 알코올을 대신하는
새로운 의존대상이 되며, 술이 없는 안전한 곳에서의 만남의 기회와 갈 곳을
부여하고, 이로써 소속감과 단주에 대한 유익한 정보원으로서의 기능과 지속
적으로 알코올에 초점을 유지하는 기능을 수행함으로써 단주를 행함에 따른
강력한 지지망이 된다.

(3) 지속적 회복단계

이 회복의 단계는 단주수행이 체계적으로 이루어지는 시기이다. 지속적인
단주수행을 보다 효율적으로 행하기 위해서는 대인간의 상호의존성, 강력한
지지망, 내적 외적 환경에 대한 통제력 등이 요구된다. AA 모임은 이러한 면
들을 효과적으로 제공할 수 있는 치료적 환경이 될 수 있다.

이러한 단계적 효과성에 대해서 AA 단독적인 개입만으로도 효과가 날 수도 있지만 중독자의 임상적인 조건에 따라 다른 치료적 요인과 병행이 될 때 그 효과는 커질 수 있다고 보았다(Brown, 1985). 이와 관련하여 Emrick(1997)는 AA의 성분에 관하여 AA의 후원자의 원조, 12단계의 실천, AA집단의 진행, 참여에 대한 열정의 증가 등을 제시하였고 위기 시 AA의 구성원으로부터의 즉각적 원조와 12단계 중 특히 1, 2단계의 실천을 중요한 치료적 성분으로 보았다.

2. 12단계의 특징과 원리

1) 12단계의 특징

12단계는 AA와 같은 치료공동체와 유사 프로그램에서 주로 활용된다. 중독 회복자의 경험을 기반으로 만들어진 '변화의 모델'처럼 경험모델에서 출발하여 이론화되었다. 어느 알코올중독자의 변화에서 시작된 이 접근법은 뇌과학을 기반으로 하고 있는 의료적 환경에서도 12단계 치료를 활용하고 있기 때문이다. 처음부터 이론적 기반을 가지고 출발한 치료적 기법이 아니라는 것이다. 이러한 경험적 모델을 기반으로 하고 있기 때문에 치료적 효과 또한 크다고 알려져 있다. 알코올중독자들은 자신의 문제를 극복하기 위해서는 그 어떠한 '위대한 힘(Higher Power)'의 존재를 경험적으로 인정할 때 비로소 치료의 길로 들어갈 수 있음을 깨달았다. 또한 12단계에서 추구하는 방법을 지속적으로 실천해 나가다 보면 강박적인 중독행동이 개선이 되고 궁극적인 삶의 변화가 일어난다는 것을 확신했다. 더 나아가 그들은 자신들뿐만 아니라 타인의 삶까지도 영향을 끼칠 수 있음을 발견하게 되었다. 그래서 가톨릭 수녀 Mary E. Mortz(1994)는 "12단계는 사실상 영적인 여정이고 영적 여정의 원칙들이 그들의 삶의 모든 영역에서 속속들이 스며든다"고 했다(윤운성, 김은아 역, 2012).

12단계에서 진행되는 치료의 과정은 마치 영적인 여정과 비슷하다. 그래서 많은 영적성장을 위한 프로그램에 접목되기도 한다. 하지만 비영적이고 비종교적인 사고를 하는 내담자에게는 이질적으로 보일 수 있다. 따라서 상담자는 이러한 점을 잘 고려해서 기술적으로 융합시켜서 활용할 필요가 있다. 12단계 접근법을 일련의 여정으로 볼 때, 각각 단계들은 생활 전반에 거쳐서 반복적으로 적용된다. 그 과정에서 새로운 도전에 직면하게 되고 특정한 영역에서 강력한 통찰(insight)이 자발적으로 일어난다. 이러한 자발적 통찰은 삶의 의지나 동기를 강화시켜 치료적 효과를 가지고 온다. 따라서 중독치료를 위한 접근법 중에서 유일무이한 완벽한 치료법은 판명되지 않았지만 현재 임상에서 가장 효과적인 모델로 인정받고 있는 것 중에 하나가 AA이며 이 그룹의 대표적 치료접근이 12단계이다.

2) 12단계의 개념

AA에서 추구하는 완전체는 총 12단계를 거친다. 왜 12단계인가 할 때, 12단계의 기원은 성서적 전통에 기인한다고 추측할 수 있지만 12는 숫자상 완전함의 전통에 따른다. 그래서 『12단계와 12전통』(2002)에서는 "AA의 12단계들은 그 성격상 영적인 원칙의 집합체"로 부른다. 또한 "이것을 생활에 방식을 실천한다면, 음주에 대한 강박관념을 없앨 수 있으며, 고통받고 있는 사람이 행복해지고 모든 면에서 쓸모 있는 사람으로 바뀔 수 있다"고 한다. 뿐만 아니라 중독자가 아니더라도 여러 사람들이 12단계를 실천한 결과, 생활에 겪는 다른 어려운 문제들도 해결해 나갈 수 있다고 말하고 있다. 즉, 12단계 접근은 알코올 문제가 있는 사람들이 단주를 하는 행동 이상의 의미가 있다는 것이다. 따라서 알코올중독자이든 혹은 그렇지 않든 간에 많은 사람들에게 행복하고 유용한 생활을 할 수 있도록 해 준다(한국 AA, 2002).

〈12단계의 내용〉

제1단계:

우리는 알코올에 대하여 무력했으며 우리의 삶을 수습할 수 없게 되었다는 것을 시인했다.

We admitted we were powerless over alcohol–that our lives had become unmanageable.

제2단계:

우리 자신보다 더 큰 힘이 우리를 정신적인 건강으로 회복시킬 수 있음을 믿게 되었다.

Came to believe that a power greater than ourselves could restore us to sanity.

제3단계:

우리의 의지와 우리의 삶을 우리가 이해한 하나님(신)에게 맡기기로 결심했다.

Made a decision to turn our will and our lives over to the care of God as we understood Him.

제4단계:

두려움 없이 우리 자신에 대한 도덕적 검토를 했다.

Made a searching and fearless moral inventory of ourselves.

제5단계:

우리의 잘못에 대한 정확한 본질을 신과 자신에게, 그리고 다른 어떤 사람에게 시인했다.

Admitted to God, to ourselves, and to another human being the exact nature of our wrongs.

제6단계:

신께서 이러한 모든 성격상의 결점을 제거해 주시도록 완전히 준비했다.

Were entirely ready to have God remove all these defects of character.

제7단계:

겸손하게 신께서 우리의 단점을 없애 주시기를 간청했다.

Humbly asked Him to remove our shortcomings.

제8단계:

우리가 해를 끼친 모든 사람의 명단을 만들어서 그들 모두에게 기꺼이 보상할 용기를 갖게 되었다.

Made a list of all persons we had harmed, and became willing to make amends to them all.

제9단계:

어느 누구에게도 해가 되지 않는 한, 할 수 있는 데까지 어디서나 그들에게 직접 보상했다.

Made direct amends to such people wherever possible, except when to do so would injure them or others.

제10단계:

인격적인 검토를 계속하여 잘못이 있을 때마다 즉시 시인했다.

Continued to take personal inventory and when we were wrong promptly admitted it.

제11단계:

기도와 명상을 통해서 우리가 이해하게 된 대로의 신과 의식적인 접촉을 증진하려고 노력했다. 그리고 우리를 위한 그의 뜻만 알도록 해 주시며, 그것을 이행할 수 있는 힘을 주시도록 간청했다.

Sought through prayer and meditation to improve our conscious contact with God as we understood Him, praying only for knowledge of His will for us and the power to carry that out.

제12단계:

이런 단계들의 결과 우리는 영적으로 각성되었고 알코올중독자들에게 이 메시지를 전하려고 노력했으며 우리 일상의 모든 면에서도 이러한 원칙을 실천하려고 했다.

Having had a spiritual awakening as the result of these steps, we tried to carry this message to alcoholistics, and to practice these principles in all our affairs.

3) 12단계의 원리

어떠한 치료적 접근이든 실제로 효과성이 있느냐는 중요하다. 상담 및 심리치료에서 목표로 하는 것은 결국 증상의 개선이자 회복이다. 12단계 접근을 시도할 때, 차근차근 단계적으로 실행으로 옮겨서 12단계에 이르기까지

그대로만 된다면 어떠한 중독이든 치료가 될 수 있을 것이다. 오늘날 의료현
장에서도 12단계 접근이 활용이 되고 있는 것을 보면, 그만큼 효과성을 인정
받고 있다는 말이다. 12단계는 실현 가능한 차원에서도 중독치료가 불가능
한 것만은 아니라는 것이다. 문제는 실행으로 옮기지 못해서이지 실제로 행
동으로 옮기기만 하면 효과성을 검증할 수 있다. 중독자가 12단계를 생활의
일부로 실천한 경우, 음주에 대한 강박관념이 없어지고, 중독증과 그 결과를
보다 분명하게 인식하게 되며, 중독증에서 새롭게 생각하고, 느끼고, 행동하
는 방법을 배워, 고통받는 사람이 행복하고 모든 면에서 쓸모 있는 사람이 될
수 있다.

① 익명성: 영적기본을 말한다. 12단계 참여는 사심 없이 봉사하는 정신과
연결되어 있다. 익명성은 항상 영적인 원칙에 대한 행동과 심의를 기초
로 하기 때문에 효과적이다.

② 자발성: 모든 치료적 접근에서 참여자의 동기는 치료의 시작이고 치료
적 관계를 형성하도록 돕는다.

③ 과정성: 가장 낮은 단계에서 온전한 12단계에 이르기까지 단계적으로
참여하다 보면 과정에 충실하게 된다.

④ 지속성: 12단계 치료적 전략은 매순간 반복적이며 동시에 점진적으로
온전한 단계에 이르기까지 나아간다. 영성적 지향성을 가지고 성실하
게 임하는 것이 중요하다.

⑤ 관계성: 중독은 물질과 행동에 있어서 중독적 관계성이 시작된 것이다.
그러한 중독적 관계의 형성은 중독성 성격형성으로 이어진다. 12단계
는 하나님과의 새로운 관계를 형성하는 과정이다.

⑥ 목표성: 치료행동은 목표를 이루는 과정이다. 12단계는 영적으로 완전
히 각성되어 하나님과 완전하게 가까워지고 그런 삶을 타인에게 전하
면서 살아간다.

3. 12단계 접근의 치료전략

1) 12단계의 목표

상담에서 효과를 달성하기 위해서는 목표가 분명해야 한다. 대부분의 내담자들의 문제는 목표를 잘 모르고 있다. 상담의 현장에서도 상담자가 올바른 치료적 개입을 할 때 대부분 실패하는 이유는 목표설정을 잘못해서이다. 12단계 접근에서도 명확한 목표가 있다. 그것은 '수용(acceptance)'과 '항복(surrender)'이라는 두 가지 목표를 가지고 있다(성상경, 2001). 이 목표는 중독자의 저항 또는 부정을 극복하는 과정이다. 이 목표를 이루는 내담자는 자신이 알코올중독이라는 만성적이고도 진행성인 질병에 걸려 있다는 점을 수용하게 되고, 음주를 조절할 수 없다는 사실을 수용하게 된다. 또한 음주 조절 능력이 상실되었다는 점과 술 앞에 패배자가 된 자신을 도울 위대한 힘에 대한 믿음을 통해서만 회복된다는 것을 인정하고 단주를 위한 최상의 선택은 AA의 길을 따르는 것임을 인정한다. 성상경(2001)은 이 두 가지 목표는 다섯 가지 영역의 목표로 구체화된다고 하였다.

① 인지적 영역
  -자신의 사고방식이 알코올에 의하여 영향을 받았다는 사실을 이해하기
  -자신의 생각이 어떻게 음주문제 등에 대한 '부정(dinal)'으로 나타나, 음주를 지속적으로 하게 되고 수용에 저항을 보이게 되었는지를 이해하기
  -알코올 남용과 이로 인한 신체적, 사회적, 법적, 심리적, 재정적, 및 영적인 부정적인 결과를 알아차리기
② 감정적 영역
  -감정에 대한 AA모임의 견해를 알아, 어떻게 분노나 외로움과 같은 감

정상태가 음주로 이끌게 되는지를 이해하기

-음주 위험성을 최소화할 수 있는 AA모임이 제시하는 실제적인 감정조 절법을 배우기

③ 행동적 영역

-알코올중독이라는 실로 강력하고도 간교한 질병이 어떻게 자신의 인생 전체에 영향을 미쳤는지, 자신의 현재 또는 과거의 많은 습관들이 지속적인 음주를 가능하게 했는지를 이해하기

-AA모임에 참여하여 음주행동을 변화시키기 위한 AA모임의 자원과 실제적인 지혜를 이용하기

-단주를 유지하기 위한 수단으로서 AA모임에 열심히 참여하기

④ 사회적 영역

-다양한 형태의 AA모임에 규칙적으로 참여하기

-AA모임 후원자와 관계를 맺고 발전시키기

-음주 충동을 경험하거나 재발을 하였을 때마다 AA모임에 접근하기

-협심자 및 동료 중독자들과의 관계를 재평가하기

⑤ 영적인 영역

-알코올중독을 극복할 수 있다는 희망을 경험하기

-자신의 의지보다 더 강력한 힘의 존재에 대한 믿음과 신뢰를 갖기

-비도덕적이거나 비윤리적인 행동을 포함한 자신의 성격적 결함과 알코올중독으로 말미암아 타인에게 끼친 해를 인식하기

치료적 개입의 목적은 내담자의 변화이다. 긍정적 변화를 가지고 올 수 있도록 돕는 과정이 상담이다. 이때 긍정적인 변화는 사고방식이 바뀌고 감정이 새로워지고 행동으로 옮기고 사회적인 기능을 하고 관계(영성)가 시스템적으로 회복이 되는 것이다. 위에서 보듯이 12단계는 인간의 한 부분만 다루는 접근이 아니라 통합적이면서도 절충적인 치료적 전략이다.

2) 단계별 전략

(1) 1단계: 무력함과 처리할 수 없음

1단계는 중독문제를 일으키는 '그것'에 대해 자신이 더 이상 어쩔 수 없음을 인정하는 단계이다. 중독상담이 어려운 이유는 치료적 관계의 형성이 쉽지 않기 때문이다. 즉, 자신의 문제를 인정하지 않기 때문에 임상장면에 들어오기가 힘들다. 이는 자기-인식(self awareness)의 어려움이 있기도 하지만 신뢰의 경험을 가지지 못했기 때문이다. 자기 자신에게도 상담자에게도 신뢰적 관계가 형성이 되면 그때부터는 변화를 시도할 수 있게 된다. 일반적 상담 측면에서는 내담자가 자신의 문제를 바로 인정하고 들어가는 것이 쉽지는 않다. 따라서 숙고단계를 거쳐서 완전한 실행단계의 태도가 준비될 필요가 있다.

자신의 무력함을 시인하는 것은 쉽지 않은 일이다. 그래서 전문가들은 가장 혁신적인 단계(김한오, 2005)라고도 한다. 그러나 여기 1단계에서 진정한 목적은 중독자라는 꼬리표를 달고 비난하려는 것이 아니라 중독자가 새로운 방식으로 생각하고, 느끼고, 행동하는 법을 실천하도록 돕기 위한 것이다(이덕기, 송수진, 김길중 역, 1999). 무력함을 인정하는 것은 자유롭게 되기 위한 출발 통로라고 보는 것이다. 무력함은 자신을 힘들게 만들고 거짓된 자아를 만들게 한다. 따라서 중독자가 참되게 포기하는 것은 비참함과 고통이라는 것을 깨달을 필요가 있다. 하지만 중독 물체와 행동에 관한 무력함과는 다름을 인식해야 한다. 우리의 몸은 중독인자에 대해 신체적으로 무력해서 언제든지 중독될 수 있는 현상을 말하는 것이다.

12단계 접근은 질병모델을 기반으로 하고 있기 때문에 병을 병으로 보자는 관점을 강조한다. 병을 치료하기 위해서는 병식이 있어야 치료가 가능하다. 신경증(psychosis)이 치료가 어려운 이유는 병식이 없기 때문이다. 중독인자에 대한 무력함을 인정하는 것은 병식을 가지는 것, 다시 말해 현재의 상황에 대한 인식이다. 상담에서 목표를 설정하고 그 목표를 이루기 위한 대안 (option)을 찾아서 실행으로 옮기려면 현재 상황(reality)을 정확히 할 때 가능하다. 아무것도 없는 무에서 새로운 창조를 만들어 내는 과정과도 같은 의미이다. 그래서 상담자는 내담자에게 스스로 물어본다. 무력함을 선언할 때, 진정으로 포기한 것이 무엇인가? 그것은 중독으로 인해 야기된 모든 고통과 불편함이다.

이 과정에서 살펴보아야 하는 것은 중독 물질과 행동이 내담자에게 어떠한 영향을 주었는지 정직하게 있는 그대로 살펴보는 것이다. 이때 개인생활과 사회생활에서 자신의 힘으로 처리할 수 없었던 것들을 보게 한다. 중독행동을 중단하는 것을 통해서 삶이 어떻게 변하기를 원하는가를 확인한다.

- 새로운 자유와 행복을 알게 된다.
- 과거를 후회하고 숨기지 않아도 된다.
- 마음의 평온함과 평화를 깨닫게 된다.
- 자신의 경험이 어떻게 다른 사람에게 도움이 되는지 안다.
- 자신이 쓸모없는 사람이라는 느낌이나 자기연민이 사라진다.
- 이기적인, 자기중심적인 태도를 버리고 주위 사람에게 관심을 갖게 된다.
- 자신의 인생에 대한 태도나 가치관이 변하고 긍정적으로 생각한다.
- 대인관계상의 두려움이나 공포, 경제적인 어려움에 대한 불안이 사라진다.
- 위기 상황이나 스트레스가 심한 상황에 신속하고 적절하게 대처할 수 있다.
- 스스로를 위하여 자력으로 할 수 없는 일을 신이 도와준다는 것을 깨닫는다.

('익명의 알코올중독자' 중에서)

(2) 2단계: 위대한 힘과 회복의 신뢰

2단계에서는 자신이 해결할 수 있는 능력 '그 이상'의 위대한 힘에 의해서 회복할 수 있다는 믿음을 가지는 단계이다. 중독의 문제를 가지고 있는 사람은 무언가에 집착했었고, 그로 인해서 삶은 수습이 안 되었다. 그러한 상태는 누구도 아닌 자신이 만들었음을 확인한다. 따라서 2단계에서는 '위대한 힘'의 존재에 대해서 인정하는 것이다. 이때의 위대한 힘의 핵심은 나보다 '더' 큰 그 무엇을 말한다. 12단계는 영성을 강조하는 것임으로 종교적인 의미와 결부시킬 수 있지만 결코 특정한 종교의 영성을 의미하는 것은 아니다. 단지 나 아닌, 나보다 더 큰 존재(힘)가 있다는 것이다. 지금까지 중독으로 고통스럽게 살게 했던 삶을 정상적으로 되돌릴 수 있는 능력을 가진 '누군가'를 말한다. 따라서 특정한 영성이라기보다는 인간에게 보편적으로 기능하는 특성(traits)과도 같은 것이다. 이것은 브렌타노(1838~1917)가 제시한 인간에게 무언가 지향하게 만드는 '지향성'과도 같은 것이다. 성격심리학의 아버지 올포트도 역시 인간의 심성은 모든 태도를 발산하는 삶의 원천이라고 강조하면서 특질이라는 개념을 사용하고 있다.

2단계의 본질은 겸손한 태도를 스스로 가지는 것이다. 정신을 차리고 깨어있게 하여 우리의 뇌가 중독행동을 중단하게 한다. 또한 그 경험을 먼저하고 성공적으로 변화를 이끌어 가고 있는 사람의 도움을 받는다. 이때 AA와 같은 치료공동체는 영적인 스승이 될 수 있고 회복의 경험에 관한 이야기 책, '빅북(Big Book)'과 같은 출판물도 스승이 될 수 있다. 그래서 이 단계에서 내담자는 진정한 후원자를 만난다. 그 후원자는 치료공동체의 선배가 될 수도 있고 상담자가 될 수도 있다. 그 대상과 정확한 목표를 세운다. 1차적으로는 정신적인 각성을 하는 것이고 2차적으로는 뇌와 행동이 그 행동을 확실하게 중단하는 것이고 3차적으로는 정상적인 삶를 위한 본 정신을 찾는 것이다. 이 과정에서 가장 중요한 것은 중독의 문제에서 진정으로 회복할 수 있다는 확신이다.

(3) 3단계: 돌봄에 대한 의탁
3단계에서 목표는 자신의 삶을 '맡기는 것'이다. 그렇다면 누구에게 의탁하는 것인가? 여기서 '우리가 이해하게 된 대로'의 신(God)에게 자기 돌봄을 맡기는 것이다. 신은 하나의 표현으로 받아들인다. 신의 정의는 각 개인의 손에 달려 있지만, 적어도 그 신은 나를 죽음에서 건질 수 있는 힘이 있어야 하며, 그런 측면에서 보았을 때 아직 초월적인 '신'을 받아들일 수 없는 사람에게는 AA가 당분간 신이 될 수도 있다(김한오, 2005). 자신의 위대한 힘이 우리의 의지와 생명을 통제하도록 함으로써 우리의 의지와 생명이 섭리에 맞게 나아가도록 하는 것이다. 그러면 갈등을 일으키지 않고 생활할 수 있으며 우리 자신과 타인에게 큰 해를 끼치지 않고 생활할 수 있다(이덕기, 송수진, 김길중, 1999).

돌보는 것의 의미는 내담자가 필요한 것이 무엇이며, 그릇된 행동을 할 때 잘못해 대해 직면해 주고, 내담자가 가야 할 길을 모색하게 하는 것을 말한다. 이때 상담에서도 강조하는 구체적이면서 명료화하는 작업이 중요하다. 문제를 가지고 있는 내담자들은 대부분 자신의 문제에 대해서 피상적으로 보기 때문에 문제를 정확하게 모른다. 중독자들은 중독행동 자체에는 필요 이상으로 구체적으로 보지만 이 이외의 삶과 전체는 매우 취약할 정도로 구체적이지 못하다. 이때 돌봄의 제공자는 돌봄의 행위가 얼마나 구체적이고 명료한지를 파악할 수 있어야 한다.

이 단계에서 요구하는 것은 단순히 포기하고 백기를 들게 하는 수동적인 것이 아니라 역으로 행동하고 자신의 생명과 선택에 대해서 책임을 지는 것이다. "맡기기로 결정했다"에서, 결정이라는 단어는 사전에 '행동이나 태도를 분명하게 정함'이라고 기술되어 있다. 이렇듯 어떠한 내용을 확정하는 과정은 자신의 의지에 대한 대외적인 표명이다. 결정에는 나의 의지가 깊이 숨어 있다. 목숨을 걸고 이루어 내야 할 소중한 회복을 위해서 의지까지 신에게 맡기는데, 그 과정을 하는 사람은 바로 나 자신인 것이다(조근호, 2016).

(4) 4단계: 자기 자신에 대한 이해

4단계부터 7단계까지는 본격적인 변화를 위한 준비 단계이다. 4단계에서 중요한 것은 자기-인식(self-awareness)에 관한 것으로 변화의 출발은 자기에서부터이다. 자신에 대해서 표면적인 인격적인 문제점에서부터 내면의 은밀하게 숨겨진 것까지 탐색해 보는 과정이다. 그렇다면 왜 이러한 검토가 필요한가? 중독행동을 중단했다 하더라도 단숨에 일그러졌던 생활이 순식간에 본래대로 되는 것이 아니다. 중독 전문가들은 중독에 빠지는 시간만큼 회복의 시간은 더 걸린다고 본다. 오랜 행동이 고착이 되면 그것은 특질(traits)로 나타나고 인격으로 형성된다. 오랜 중독의 생활이 인격으로 나타나기 때문에 인격적인 검토가 필요하다.

이 과정에서 내담자는 자신의 모든 강점과 약점을 평가해 본다. 과거에 자신은 어떠했고, 현재와 미래에 대해서도 자신이 어떠할지 철저하게 생각해 본다. 그래서 윌리엄 스트링본(1992)는 이 단계를 대청소를 하는 것과 같다고 했다. 철저하면서도 두려움이 없이 살펴보는 과정이다. 거짓말을 하는 자신의 모습, 자신의 성격적 특성을 정직하게 살펴볼 용기가 필요하다. 그 과정에서 다음과 같은 기대를 할 수 있다.

-정직함을 배움
-우리가 지배했던 과거의 힘을 제거함
-겸손을 배움
-앞으로 남은 단계들을 해 나가기 위한 기초를 마련함

〈도덕적 검토의 네 가지 영역〉
-성적욕망
-물질적 안전욕망
-심리적 안전욕망(인정받고 싶은 욕망)
-사회적 욕망(지배하고 싶은 욕망)

위의 영역은 마음영역, 몸의 영역, 물질의 영역, 그리고 관계의 영역을 각각 말해 준다. 이 과정에서 해결해야 할 점은 두려운 감정, 수치감, 또는 죄책감 등이다. 자신에게 어떤 결점이 있다는 것을 받아들이는 작업은 쉬운 것은 아니기 때문에 용기가 필요하다. 이 과정에서 상담자는 내담자가 용기를 가질 수 있도록 신뢰를 바탕으로 격려할 수 있어야 한다.

(5) 5단계: 고백하기

이 단계에서 목표는 자신에 대한 검토를 구체적으로 하고 난 후, 어떤 대상에게 실제적으로 고백 또는 선언하는 것이다. 4단계에서 검토된 목록을 실제로 쓰게 하는 과정이었다면 여기서는 자신이 믿는 신에게 고백하고 용서를 구해서 개선하는 것이 포함된다. 여기서 중요한 것은 실제로 말로 고백하는 것이다. 교회나 절, 강가에 가서 남이 듣지 못하는 곳에서도 소리 내어 말한다. 그리고 자신에게 독백으로 말하고 자신에게 연습한 것을 후원자나 타인에게 자신의 인격적인 목록들을 고백한다. 자신의 결점이나 부족한 점을 타인에게 고백하는 것이 우스꽝스럽게 보이고 힘들지만 그럼에도 불구하고 있는 그대로 말해야 효과를 볼 수 있다. 자신의 문제를 검토하는 과정에서 스스로 검토하는 것은 자신만 그 문제를 보는 것이라면 그 누구와 그 문제를 함께 보게 되면 더 명료해진다. 자신의 결점이나 미숙한 점들은 마음과 행동의 응어리와 같은 것이다. 그 응어리는 용해되어야 새로운 삶과 행동의 순환을 기대할 수 있다. 고백을 함으로써 부정적인 삶을 배설하여 정화(catharsis)의 효과를 기대할 수 있다.

스스로에게 정직하다는 것은 고통이 수반된다. 그래서 12단계는 연습을 강조한다. 정직함을 연습하면 연습할수록 이러한 고통은 줄어든다. 다른 사람에게 신념과 신뢰를 가짐으로써 우리는 회복 과정에서 성장할 수 있다(이덕기, 송수진 역, 1999).

연습하기 예

자신이 다른 사람에게 5단계를 털어놓기를 주저했던 다섯 가지 이유를 적어 보세요.

다른 사람에게 비밀을 털어놓았을 때 일어날 수 있는 최악의 상황은 무엇입니까?

이러한 문제를 다른 사람이 자신에게 털어놓았다면 당신은 어떻게 반응했을 것 같습니까?

----

(6) 6단계: 성격 변화 준비하기

이 단계의 목표는 문제가 되었던 성격적인 면을 개선하고 새로운 가르침을 배우는 것이다. 중독행동은 삶의 가치관 태도, 믿음, 구체적 행동들을 포함한다. 독특하게 작용하는 것도 있지만 일관성을 유지해서 하나의 패턴으로 형성된다. 따라서 진정으로 회복의 길을 가기 위해서는 중독과 관련된 내담자의 성격까지 바꿀 수 있어야 한다. 이때 철저하게 나 혼자 힘으로 되는 것이 아니다. 즉, 신이나 후원자의 도움을 따르면 된다. 여기서 모든 성격상 결점은 4단계에서 목록으로 만들고 5단계에서 고백한 것과 관련된 것이다. 일부가 아니라 모든 성격적 결함을 말하고 어떠한 성격적 결함도 개선이 가능하다고 보는 것이다. 12단계는 본질적으로 심리학과 같은 특정 학문분야에 기여하거나 어떤 학설에 대해서 근거를 제공하기를 꺼려하지만 중독자의 변화를 현상적으로 드러내는 한 심리학적 기대를 제공해 준다. 심리학이 인간 삶에 기여하고 있는 기대를 12단계는 실제적으로 보여 주고 있다.

더 나아가서 부정적인 것을 없애는 것을 뛰어넘어 마음속에 긍정적인 것이 들어오게 해야 하는데 그렇게 하려면 실제로 행동으로 옮겨야 한다. 김한오(2005)는 1단계에서 4단계까지 머리로 하는 단계라면 5단계부터는 몸으로 행동하는 단계라고 하였다. 어쩌면 12단계 중에서 가장 어려운 단계로 볼 수 있다. 이때 긍정적인 정신이 있으면 실패를 줄일 수 있다. 즉, 절대자와 후원자의 정신으로 대상자를 책망하지 않는 태도가 필요하다. 위로하고 한없이 지지하고 격려하는 과정을 통해서 잘못된 성격이 제거되고 건강한 인격으로 형성되는 과정을 거치게 된다. 이렇게 함으로써 신에 의한 중독자의 병적인 성격의 문제가 제거되고 가능한 모든 준비를 완벽하게 할 수 있다. 그 준비는 자신의 성격 인정과 개선을 원하는 것에서 시작된다. 중요한 것은 개선이 잘 안된다고 포기하지 않도록 조급하지 않고 희망을 갖도록 하는 것이다. 이러한 단계는 AA참석, 서적읽기, 후원자 모색하기 등 긍정적인 모든 자원을 활용하는 것이다.

(7) 7단계: 단점 제거 의뢰하기

6단계가 성격의 변화를 준비하는 단계였다면 7단계는 성격변화에 대해서 보다 적극적으로 의뢰하는 단계이다. 7단계는 우리가 신에게 우리의 의지와 생명을 맡기는 방식, 즉 겸손하게 하는 것이 핵심이다. 우리는 지금 신에게 기적과 같은 일, 즉 우리의 모든 결점을 제거해 주는 것을 이루게 해 달라고 요청한다. 이 요청은 최대한 겸손한 마음으로 한다. 12단계와 12전통에서는 겸손함이 "7단계가 철저하게 강조하는 사항"이라고 한다(이덕기, 송수진, 김길중, 1999 재인용).

겸손하게 내담자는 자신의 고질적인 성격을 고칠 수 있다는 태도로 의뢰해야 한다. 가족, 후원자, AA 등은 모두가 '위대한 힘'의 대리자이며 이들의 도움으로 자신의 성격은 바뀔 수 있다고 보는 것이다. 여기서 단점은 4단계에서 작성하고, 5단계에서 고백하고, 6단계에서 준비한 성격상의 결점을 말한다. 이러한 자신의 단점은 완전히 제거하는 것이다. 심리적으로 쓸데없는 자존심을 버리고, 성적으로는 건전한 사람이 되고, 필요 이상의 돈은 욕심내지 않고, 타인에 대해서는 비난보다는 이해하도록 하는 것이다. 겸손하게 간청하는 것은 주위 사람에게 개선을 위한 도움을 청하는 것이다. 내 성격상 문제가 무엇인지 구체적으로 확인해 주고, 단점을 제거해 달라고 신에게 기도하는 것이다. 이것이 적극적 간청이다.

(8) 8단계: 대인관계 변화 준비

8단계부터 10단계까지는 구체적 노력이 강조되는 단계이다. 4단계에서 7단계는 자신의 변화를 추구하는 단계였다면 8단계는 대인관계의 개선의 단계이다. 중독행동은 개인의 고통뿐만 아니라 타인의 고통을 수반한다. 대인관계의 소통에 어려움을 주게 되어 단절하게 만드는 것이 중독이다. 은밀한 쾌감을 동반한 중독행동은 수치심과 죄책감의 원인이 되고 그것을 감추기 위해서 거짓말을 하게 되면서 타인에게 해를 끼치게 된다. 따라서 12단계에서 온전한 인간으로 건강한 삶을 살기 위해서는 자신의 결점으로 생긴 대인관계 문제를 낱낱이 파악해야 한다. 그래서 이 단계에서는 자신이 해를 끼친 사람의 명단을 작성하게 한다.

중독문제를 가진 사람들의 특성은 모든 문제의 원인을 남 탓으로 돌린다. 자신의 성격적인 변화와 더불어서 관계적인 차원의 변화를 일으키려면 남 탓으로 돌리는 일원화 패턴을 수정해야 한다. 즉, 나에게 해를 끼친 사람이 아닌 내가 해를 끼친 사람, 그 대상을 모두 탐색한다. 가족, 친척, 친구, 직장동료뿐만 아니라 신 역시도 상처를 준 피해자이다. 또한 더불어서 자기 자신도 중독의 피해자이다. 자신에게 속아서 중독행동을 해왔기 때문이다. 이때 중요한 것은 상대방의 잘못을 보면 안 된다. 설령 있다하더라도 덮어 두고 나

연습하기 예: 명단 만들기

자신의 명단을 만들어 보세요. 아래의 빈칸에 처음 몇 사람의 이름을 기록하십시오.
원한다면 여러분이 원하는 다른 용기를 사용해도 됩니다.

--------------------------------   --------------------------------
--------------------------------   --------------------------------
--------------------------------   --------------------------------
--------------------------------   --------------------------------
--------------------------------   --------------------------------
--------------------------------   --------------------------------

---

자신의 잘못만 생각해야 한다. 그렇지 않으면 상대에게 사과하고 보상할 마음과 용기가 생기지 않는다.

12단계에서 의지의 회복에 대해서 다룬 단계가 3차례 있다. 3단계에서 신에 대한 의지, 6단계에서 자신의 결점에 대해서, 8단계에서는 대인관계 차원의 우리의 의지의 방향을 바꾸라고 요청받고 있다. 그리고 기꺼이 보상을 하고자 하도록 한다. 이것이 9단계를 위한 핵심적 준비이다. 이런 준비가 없으면 우리의 보상은 의미 없는 기계적 행위가 된다(William Springborn, 1992).

(9) 9단계: 보상을 통한 과거회복

9단계는 역시 행동으로 실천하는 단계이다. 즉, 8단계에서 목록을 만든 명단에게 실제적으로 보상을 제공한다. 중독문제가 있던 사람이 다른 사람에게 상처를 주는 행동을 했으므로 스스로 노력해서 이러한 관계를 회복해야 한다는 의미이다. 보상을 실천하면 타인과 자신에게 흥미를 일으키고 안도감을 준다. 그러면서도 어떤 반응이 생길지 모르기 때문에 두려움과 불안도 있다. 여기서도 동기강화상담(MI)에서 주장하는 양가감정이 생긴다. 따라서 보

상을 실천함으로써 얻게 되는 이득을 이해하는 과정을 통해서 실천할 동기를
높일 수 있다. 보상을 하게 되면 죄책감, 후회, 두려움, 수치감을 가볍게 해 준
다. 단주에 필요한 힘은 우리의 생활을 위대한 힘의 의지에 따라 행동하는 것
이 나오고, 보상을 하는 것이 우리의 위대한 힘이 가진 의지의 한 부분이라고,
그래서 실천함으로써 우리는 단주나 단약을 할 가능성이 높아진다(AA, 1984).

〈보상의 자세〉
-무해성: 보상을 통해 또 다른 피해가 없어야 함
-항상성: 시간을 가리지 않고 보상해야 함
-무소성: 장소를 가리지 않고 보상해야 함
-직업성: 피해자에게 직업 보상함과 가해를 한 내용에 대한 보상 의미

〈보상을 하면서 주의해야 할 점〉
-'미안하다'는 말을 너무 많이 하지 말라.
-반드시 행동이 뒤따라야 한다.
-상대가 보상 행동을 칭찬할 때 우쭐해하지 말라.
-보상에 대해 차가운 태도를 보여도 화내지 말라.
-사소한 보상을 했다고 큰 것에 대한 보상을 합리화 말라.

이러한 자세와 주의점은 9단계에서 진정한 목적은 일시적으로 관계를 개
선하는 것이 아니라 진정한 관계의 회복에 있기 때문이다. 이러한 과정의 근
거는 자신의 행동에 대해서 책임을 지는 것을 경험하게 하는 것이다. 타인과
신, 그리고 스스로에 대한 보상까지도 포함해서이다. 보상의 의미가 관계적
인 것임을 감안할 때 진정한 관계는 나와 타인, 나와 신, 그리고 나와 나의 관
계가 포함되어서 완전을 이룬다. 중독문제는 타인에게 위해를 가할 뿐만 아
니라 나 자신에게도, 신에게도 상처를 주기 때문이다.

(10) 10단계: 지속적인 자기 성찰

이 단계에서는 변화된 자신의 삶을 유지하기 위하여 인간적인 노력을 지속적으로 기울이는 데 목표가 있다. 중독행동은 오랜 시간을 부적응적인 방법으로 구성된 잘못된 학습이다. 따라서 절대적으로 일회성으로 바뀔 수 있는 학습행동이 아니다. 지속적인 연습과 노력이 있을 때 진정한 변화를 이룰 수 있다. 그 점에서 12단계는 '경험을 통한 지속적인 행동의 변화'를 추구하는 학습의 단계와 같다. 전문가들은 평생을 거쳐서 매일매일 검토와 시인하는 과정을 거쳐야 한다고 본다. 4, 5, 6, 7단계는 개인적인 문제, 8, 9단계는 대인관계 문제를 다루는 단초를 제공해 주었다. 문제는 이러한 단초들이 단번에 이루어진다면 12단계를 만들어 낼 필요도 없고 매일 기적이 일어나기를 바랄 뿐이다. 그렇기 때문에 우리는 새로운 환경에 대비해서 습관적으로 대처해야 중독 재발을 피할 수 있다.

〈인격적인 검토 대상〉

－인지왜곡이나 부정적인 사고는 없는가?

－감정조절은 적절히 하면 부정적인 감정은 없는가?

－의욕과 충동조절은 잘 되는가?

〈신체적 검토 대상〉

－신체 건강을 위해 식생활, 운동, 위생관리는 어떠한가?

－건전한 성생활은 어떠한가?

〈물질적 검토 대상〉

－수입과 지출을 적절하게 관리하는가?

－주변의 환경 정리정돈은 잘하는가?

－규칙적 생활, 시간관리는 잘하는가?

－성실하게 일하는가?

〈관계적 검토 대상〉
－원망과 보복
－이해, 용서와 사랑

이러한 검토의 주기에 대해서 밀러(Miller, 1991)는 세 가지 검토를 제시하였다. 작은 오점의 검토, 매일의 검토, 철저한 검토이다. 작은 검토는 상황마다 매일 여러 번 일어날 수 있다. 매 순간 일어나는 질투, 시기, 자기 연민 등 감정에 대한 것들이 검토된다. 매일의 검토는 하루에 한 번 하루의 생활을 재고하는 것이다. 하루 전체의 일어난 일에서 균형에서 벗어난 실수, 자기억제, 결점에 대한 분석 등이다. 철저한 검토는 정기적으로 이루어진다. 이러한 습관이 자연적으로 이루어질 때까지 노력이 필요하다. 그래서 인격적인 문제가 발견되면(4단계), 타인 탓을 하지 말고 즉각 시인하고(5단계), 개선책을 배우고(6단계), 개선을 위한 도움을 의뢰하고(7단계), 그로 인한 타인에게 끼친 해가 있다면 보상을 한다(8~9단계).

(11) 11단계: 소명을 위한 협력

11단계의 목표는 중독의 문제를 가지고 있던 사람이 중대한 임무를 발견하고 그것에 매진하는 것이다. 4단계에서 10단계까지는 인간적인 실천과 노력이었다면 여기서는 다시 '위대한 힘'과 구체적 관계로 들어간다. 3단계에서 내담자는 자신의 뜻을 위대한 힘에게 맡겼다. 이 단계에서는 다시 자신에게 향한 '위에서의' 뜻을 알게 해 달라고 간청한다. 새로운 생활은 중독의 입장에서 보면 거룩한 삶이다. 명상과 기도의 행동은 거룩한 조우를 매개해 준다. 그것이 매개되기 위해서는 그동안의 마음의 때를 벗겨 내야 한다(4~10단계). 비로소 만남의 의식(ritual)이 가능해진다. 명상을 통하여 영혼을 맑게 하고 기도를 통해서 거룩한 삶의 원천과 대화를 나눈다.

이 단계 역시 짧은 시간에 효과를 기대할 수 있는 것이 아니다. 2단계와 3단계를 매일 실천하는 과정이 11단계이다. 이 단계까지 왔다는 것은 대단한 일이 일어난 것이다. 여기서 뜻을 발견하는 것은 가르침이자 내담자를 향한 삶의 방향과 계획, 그리고 소명에 이르기까지 진정한 자기실현의 길로 가는 것이다. 12단계 전문가들은 이 단계에서 기적이 일어난다고 한다. "우리는 약물을 선택함으로써 찾으려고 했지만 결코 발견하지 못했던 질적인 성장과 함께, 계속 단주를 유지할 수 있습니다(이덕기 외 역, 1999)."

〈위대한 힘과 협력을 위한 점검〉
  −나의 의지를 포기하고 있는가?
  −열린 마음을 가지도록 노력하는가?.
  −신뢰와 끈기가 있는가?
  −자신만의 기도 방법을 찾았는가?
  −위대한 가르침에 확신이 있는가?
  −회복을 원하는 또 다른 사람을 찾고 있는가?
  −사명을 실제로 행하기를 간절히 바라고 있는가?

(12) 12단계: 전달자로 살아가기

최종 단계의 목표는 11단계까지 잘 실천하고 그 결과 완전히 각성한 상태에 이르는 것이다. 즉, 12단계에 참여한 사람이 마음의 평안을 안정적으로 되찾고 12단계로 인한 변화된 삶을 다른 사람에게 전하고 일상에서 항상 실천하는 것이다. 여기서 '영적 각성'은 종교적으로 보기보다는 자신만의 가치관에 따른 '궁극적인 실재' 또는 '완전한 삶'과 관계성을 뜻하는 것으로 해석된다. Miller(1991)는 12단계 중에서 6개의 단계들은 본질적으로 영적이라 했다 (2, 3, 5, 6, 11). 이러한 상태에 이르는 것은 융(Jung)이 말한 자아(ego)가 자기

(Self)를 만나 진정한 자기통합을 한 상태와 로저스가 말한 '충분히 기능하는 인간', 그럼으로써 자기실현의 길로 가는 단계에 이르는 것이다.

12단계는 집을 짓는 과정에 비유된다. 1단계는 현실을 파악하고, 2단계는 회복의 작업을 누구에게 맡길지 결정하고, 3단계는 기초적 영성의 회복, 4~9단계는 기둥을 세우고, 10단계는 천정으로 인격을 지속적으로 검토하고, 11단계는 지붕으로 사명발견과 추진하기, 12단계는 하늘로서 회복의 원리를 다른 중독자에게 전하고, 항상 실천하는 것이다. 치유와 회복을 경험한 사람은 후원자로부터 도움을 받은 자이다. 그리고 중독행동과 완전히 이별하고 새로운 정체성을 가지게 된다. 이러한 체험을 한 사람은 다른 사람에게 말하고 싶은 욕구가 생긴다. 그러한 행동을 할 때 더 확신을 가지고 삶을 영위하게 된다. 중독자에서 회복자, 회복자에서 이제는 후원자가 되는 것이다. 후원자로서 삶을 실천함으로써 더욱 각성된 삶을 살게 된다.

〈12단계 실천 지속하기 네 가지 방법(Mortz, 1994)〉
−새 안경 기법(New Glasses Method)
−다른 사람들에게 메시지 전하기(Carry This Message to Others)
−다른 사람들과 함께하기(Gather With Others)
−당신의 세계를 열기(Open Up to Your Word)

12단계의 도전은 중독행동에 국한되어 있는 것이라기보다는 삶 전반적인 영역에서의 실천이자 변화이다. 11단계를 거쳐서 12단계까지 온 중독에서 회복된 사람은 보다 더 광범위한 집단의 구성원이라는 것을 인식하게 된다. 따라서 그에게 영성이라는 개념은 이전에 자신이 알고 있었던 것보다 훨씬 더 넓고 새로운 의미로 다가온다. Albert J. LaChance(1991)는 생태학적 영성을 찾기 위해 12단계 프로그램을 제안했다. 그는 '녹색영성(Green Spirit)'에서 "우리 모두는 과소비에 중독되어 있어 우리 자신을 오염시키고 있으며 환경을 망각의 나락으로 몰아가고 있다"고 했다. 환경을 생태학적 영성이라는 새로운 영성과 연결시키고 있다. 이러한 주장은 '12단계와 12전통'에서 추구하는 영적원리와 같은 맥락이다. 자신과 더불어 있는 모든 환경에 이르기까지 실천할 수 있어야 한다. 모든 12단계의 영성을 단계별로 보면 '부분적'일 수 없다. 반드시 '전인적'이어야 한다. 그 실천은 우리의 모든 생활에 미쳐야 한다(김병오, 2009).

4. 12단계의 영성

1) 중독과 영성

12단계 치료는 중독치료에서 가장 효과적 치료 중에 하나이다. 이론에서 출발한 기법이 아니라 경험에서 출발한 현장 중심의 이론이자 적용 모델이라 했다. 근거-기반을 중시하는 병원현장에서 알코올중독 치료법으로 쓰는 과정을 보면 알 수 있다. 중독이란 '습관적으로 지나치게 탐닉하고 몰두하는 것'이라고 했다. 주요 특징은 첫째, 개인이 통제력을 상실하는 것이다. 자발적으로 그 행동과 물질을 사용하는 것을 중지할 수 없는 상태를 말한다. 둘째는 심리적인 의존이다. 개인의 모든 행동의 중심에는 중독과 관련된 사고와 정서가 있고 결과가 해로운 줄도 스스로 알면서 더 강렬한 행동으로 이어진다. 셋째, 신체적으로 의존하는 상태로 내성과 금단증상이 나타나는 현상을 말한다.

그렇다면 중독이 기독교상담에서 왜 중요하게 다루어야 할 주제인가? 이는 거부할 수 없는 기독교의 핵심가치가 달려 있기 때문이다. 첫째, 중독은 하나님과 인간과의 관계에서 중독행동이 하나님을 대체시키기 때문이다. 중독행동 자체가 신에 귀의하는 것처럼 몰입하기 때문이다. 마치 하나님의 성전에 있을 때 느끼는 평온함을 중독에서 찾게 된다. 이는 '하나님의 형상'으로 지음 받은 인간의 자율성과 창조성을 침해할 뿐만 아니라 제1계명에 정면으로 도전하는 것이 된다. 둘째, 중독은 인간의 삶에 궁극적인 목표와 관련되어 있기 때문이다. Maslow(1964)에 따르면 인간은 궁극적으로 자기실현의 욕구를 가지고 있다. 그 욕구를 실현하기 위해서는 생리적인 욕구, 안전의 욕구, 소속의 욕구, 자기존중의 욕구가 해결되어야 한다. 욕구의 단계에서 보다 메타욕구를 충족시킬 수 있어야 자기실현으로 갈 수 있는데 중독은 메타욕구들을 왜곡시키거나 교란시켜 버림으로서 자기실현을 방해한다. 그의 작품 '종교, 가치관, 최대의 경험'에서는 가장 높은 행복과 성취의 순간으로 '절정의 경험(Peak experience)'이 묘사되어 있다.

2) 비중독적 사고: 12단계 영성

12단계에서 강조하는 것은 영성이다. 프로그램이 대중화되면서 비기독교적인 참여자들에 의해 심리적 부담감이 작용해서 기독교적 영성을 배제하였다. 종교에 대한 중립을 가지기 위해 12단계의 영성이 종교적이지 않다는 선언을 하게 되었다. 그럼에도 불구하고 12단계의 최종적 목적은 영적각성이다. 그러한 관점에서 영성은 비중독적 사고이다. Twerski(1997)는 중독적 사고는 비영적(nonspiritual)이라고 했다. 중독은 추구하는 목적이 영성의 반대의 극단으로 보았다. 유대 랍비 출신인 그는 12단계와 유대인의 삶을 심리학적으로 통합을 시도했다. Andrew Heinze(1999)는 Twerski의 12단계의 매력을 언급했다. 그가 언급한 12단계는 정신분석보다 전통적인 유대교에 공감하는 실제적인 치료법을 제공하고 있다. 다른 접근법을 사용하던 사람이 12단계를 요청하게 되었다. 그래서 토라의 행동방식과 12단계 프로그램의 방식은 유사점이 발견된다는 것이다. 유대의 전통을 가지고 있어 종교적인 입장에 있으면서도 그는 회복을 위해서 종교가 반드시 필요한 것은 아니지만 중독성 사고로부터 영성의 전환은 필수라고 보았다. 그러면서 종교는 영성을 포함하며 회복과정에서 추가적인 원천과 힘이 될 수 있다. 그러나 종교가 절대적으로 필요한 것은 아니라고 했다.

그렇다면 종교적 신앙이 없다고 해서 영성도 없다고 할 수 있는가? 권수영(2011)은 모든 인간은 "각자만의 특유의 경험을 소유한 영적인 존재(spiritual beings with specifically local experiences)"로 보는 관점에서 중독자는 인간적인 경험을 가진 영적인 존재라고 했다. 영성은 종교적 내용뿐만 아니라 인간이라면 누구나 지니는 내면의 보편적 본성이며 회복과 완성을 지향하게 하는 근원적 의지이다(김도희, 2016). 영성은 인간이 살아가면서 맞게 되는 삶의 위기와 고통을 잘 극복하게 하는 힘이 된다. 개인을 중독에서 깨어나게 하며, '네가 무엇을 먹고 마실지를 걱정하지 말라'는 그리스도의 말씀처럼 오늘 하루를 걱정과 두려움 없이 살아갈 용기를 준다(박상규, 2017). 또한 심리적인 어려움을 호소하는 사람들이 극복하는 과정에 대한 현상을 깊이 있게 들여다보면 그 본질은 영성적인 차원이 있으며 '영성적 경향성'이 결정적인 기능을 한다(최정헌, 2010). 이러한 관점들을 수용하면 인간은 종교적 특성과 정도의 차이는 있지만 누구나 영성을 가지고 있다.

한편, 미국의 심리학의 아버지 William James(1902)는 인간은 어떤 궁극적인 신성한 실재와의 관계를 통해서 이전과는 완전한 변화인 겸손, 엄숙, 친절, 행복, 감사, 기쁨, 환희, 희생과 같은 내면적 평화를 경험하게 된다고 했다. 그는 심미적 삶을 살게 되는데, 하찮은 풀 한 포기, 나무 한 그루에서도 아름다움과 신비를 느끼고 조화를 경험한다. 그리고 도덕적으로 윤리적인 삶을 산다. 이러한 삶의 형태는 유신론적 및 무신론적 종교뿐 아니라 비종교적 전통에서도 나타날 수 있다고 했다. 이는 두 가지 유형으로 전환된다. 하나는 자기주도 방식이고 또 하나는 자기항복이다. 전자는 의식적이고 자발적인 것이고 후자는 의식이 없고 비자발적이다. 제임스는 후자에 관심이 있었다. 자기항복은 종교생활의 중요한 전환점으로 여겨야 하며, 종교생활은 영적이며 외적 의식과 성례와 관련 없이 그 자체로 존중을 받아야 한다고 보았다. 여기서 자기항복은 12단계에서 말하는 '나는 무력하며 나의 의지와 힘으로는 아무것도 못한다'와 같은 차원이다. 완전한 자기항복이 있을 때 비로소 영적인 삶으로 나아가게 되는 것이다. 기독교 영성으로 볼 때, 완전히 자신을 내려놓았을 때 새로운 길로 들어설 수 있다.

3) 영적이지만 종교적이지 않는 영성

인간은 영성을 어떻게 가지게 되었는가? 여기에는 두 가지 관점이 있다. 하나는 천지창조와 관련되어 있고 다른 하나는 진화과정에서 나타나는 현상과 관련되어 있다. 육체의 탄생은 영혼의 탄생을 말한다. 기독교는 하나님의 작품으로서 인간에 가치를 두고 있고 비기독교적 사고나 과학은 진화하는 과정에서 인간을 자리매김하려고 한다. 전자는 교리적 관점에서 기독교인의 삶과 하나님의 영과 계시에 의해서 인도된다. 후자는 인간학적 관점에서 영적인 삶을 이야기하고 참다운 인간의 삶을 살기 위한 인간의 노력과 헌신의 한 방법을 말한다. 이렇게 합일된 영혼의 관점을 가지고 있지는 않지만 영성은 창조되었고 존재하는 것으로 인식한다. 누구도 인간이 그러한 역사와 존재의 의미, 성장의 가능성을 가지고 있고 그래서 인간은 영성을 가지고 있다는 점을 부정하지 않는다.

Waaijman(2002)에 따르면, 영성의 전통적인 의미는 사람의 본래의 형상, 즉 하나님의 형상을 회복하는 것을 목표로 재형성하는 과정이다. 이를 위하여 재형성하는 과정에서 유대교는 율법을, 불교는 부처를, 이슬람은 마호멧을, 기독교는 그리스도를 위한다고 보았다. 영성은 원래 기독교에서 성령을 향한 삶을 언급하는 의미에서 시작되었다. 그러나 시간이 지남에 따라 의미가 확장되어 다양한 의미로 발전된다. 2차 세계대전 이후 영성은 기독교와 점점 멀어져 가는 현상이 생겼다. 영성은 점점 주관적 경험에 더 집중하게 되

고 심리학적 영향으로 인해서 자유로운 표현이나 자아적 요소로 보는 관점이
강해졌다. 여기에 세속화와 뉴에이지 영향을 받아서 종교와 영성은 더욱 구
별하는 것을 받아들이게 되었다. 12단계의 영성도 이러한 맥락에서 기독교
의 영성을 부인하는 입장을 취한다. 따라서 현대적 영성은 '영적이지만 종교
적이지 않은(Spiritual-but-not-religious)' 일명, SBNR의 개념이 현대적 영성의
개념이라고 한다. 영성은 내적인 경험이고 종교는 하나의 조직된 제도라는
것이다(Erlandson Sven, 2000). 영성의 중요성에 대해서 미국의 Newsweek &
Beliefnet(2005)은 미국인들을 대상으로 무엇을 믿으며 어떻게 자신의 신앙을
실천하는지에 대해 설문을 했다. 50% 이상의 미국인들은 '종교적이고 영적
인(Religious & spiritual)'으로 대답을 했고, 두 번째로 24%가 '영적이지만 종교
적이지는 않다(Spiritual but not religious)'고 대답했다. '종교적이지만 영적이
아닌'도 9%로 나타났다. 이러한 결과는 종교와 영성을 구분하려는 현대적 의
미를 반영하고 있다. 최근 정신의학에서도 영성에 대한 관심이 대두되고 있
다. 여기서 영성은 궁극적인 나를 찾는 의미에서 영성이다. 따라서 영성치료
는 환자가 자신의 의미를 찾는 것을 도와주는 치료로 보는 것이다. 이러한 관
점은 12단계에서 찾아가는 최종의 목표와는 차이는 있지만 궁극의 삶을 찾는
과정의 차원에서는 같은 관점으로 영성을 보는 것이다. 곧 SBNR을 말한다.

〈AA 12단계의 영성의 특징(김병오, 2009)〉
-AA의 모든 프로그램은 본질상 종교적이지 않고 영적인 프로그램이다
 (SBNR).
-세 가지 차원의 영성을 강조한다(자기, 타인, 하나님).
-신학적이기보다는 행동주의적·인지적 심리학에 기초한 영성에 가깝다.
-역설적 원리를 가지고 있다(약할 때 강함).
-익명성을 강조한다(부끄러움에 익숙).
-공동체의 영성을 강조한다.

−중독회복을 위해서 내적인 영적 여정을 통한 영적각성을 강조한다.

−매일의 실천의 영성을 강조한다(습관적).

−점진적 회복의 과정에 초점을 둔다.

−기독교 전통에서 비롯된 고전적 영성의 현재적 적용이다.

이러한 영성이 내용적으로 보았을 때는 '종교적인 않은' 영성에 대해서 강조하고 있지만 기능적이거나 과정적인 차원에서는 깊은 종교성을 가진, 더 정확하게 말하면 너무나도 기독교적인 영성을 가진 것이 12단계의 영성이다. 그래서 기독교에 대해 익숙하지 않거나 비판적인 관점을 가지고 있는 사람들이 12단계에서 상정하고 있는 '신'에 대해서 이질감을 가지고 있다. 정신의학에서 이 모델을 질병모델과 결부시켜 완전히 치료적 기술로 쓰고 있는 이유도 여기에 있다. 또한 인지행동치료에서는 위의 세 번째 특징에 소개하고 있는 '신학적이기보다는 행동주의적·인지적 심리학에 기초한 영성에 가깝다'에 손을 들어 주고 있다. 왜냐하면 치료적 과정과 기법이 인지행동적 기

〈표 9-1〉 12단계와 CBT와의 관계

12단계	변화단계	치료목표	치료방법
1단계	숙고전 단계(중독 부정단계)	중독문제 고민	해독 및 신체 회복 중독학 강의
	숙고 단계(중독 시인단계)	중독자임 인정	
2단계	준비 단계(단주 결심단계)	단주 결심	
3단계	실행 단계(1)(단주단계)	단주법 익히기	인지행동치료 AA(후원자+모임+빅북)
4~7단계	실행 단계(2)(성격회복단계)	인격 성숙	스트레스관리 훈련
8~9단계	실행 단계(3)(관계회복단계)	관계 개선	대인관계 훈련
10단계	유지 단계(1)	재발 방지	재발방지 교육, 회복일지
11단계	유지 단계(2)	역할 담당	자원봉사, 직업재활
12단계	유지 단계(3)	단주 보상 누림	메시지 전달

법들과 유사한 점들이 많이 때문이다. 이에 대해서 AA는 어떤 종교나 학회와 동맹을 맺지 않고 논쟁에 관여하지 않기로 했기 때문에 중립적인 입장을 취하려고 하지만 치료적 차원에서 부정할 수 없는 특징이다. 김한오(2005)는 CBT와의 관계를 〈표 9-1〉과 같이 정리했다.

4) 12단계 영성의 새로운 대안

12단계의 치료는 치료적 환경에 가장 효과적인 기법으로 채택되고 있다. 중독의 역사에도 크게 영향을 끼친 접근임은 틀림이 없다. 그러나 완벽한 치유법은 존재하지 않는다. 12단계 접근에도 한계점이 있다. 앞에서 보았듯이 변화단계에 따라서 치료목표가 설정되고 치료전략이 수립된다. 단계별로 변화단계와 관련하여 설정한다 해도 1단계부터 중독을 부정하고 있기 때문에 자기를 부정하기가 어렵기 때문이다. 영성적인 차원에서 12단계는 중독자의 '바닥치기' 경험이 중요한 개념이다. 이는 중독문제로 인해서 완전히 바닥까지 내려가서 더 이상 내려갈 곳이 없는 상태를 말한다. 도박으로 완전히 망한 상태나, 알코올로 인해서 더 이상 술을 마실 수 없는 상태에 이르기까지 완전히 바닥을 치는 경험을 말한다. 12단계 영성의 난점이 여기에 있다. '바닥치기'의 경험을 하지 않는 중독자의 경우가 있고, 더 강력하게 '바닥치기'에 대한 강력한 저항이 있는 중독자가 있을 때는 12단계는 비현실적이기 때문이다. 인지행동치료 차원에서도 3단계부터 실행 단계로 보고 치료 시작으로 보는데 3단계에서 완전히 준비되었다고 확신할 수는 없다.

우리는 12단계의 영성을 적용하기 위해서 '바닥치기' 경험이 실제로 일어나야만 동기화되는가? 비관적으로 볼 수 있다. 여기서 우리는 다른 방법은 없는가? 일부 전문가들은 새로운 관점을 대안으로 제시하고 있다. 권수영(2011)은 중독자를 도울 때 영적특질 찾기를 제안했다. 중독자들에게 항상 일방적인 방향성이 아닌 새로운 인식이 필요하다고 보았다. 즉, 영적인 자원의 소재를 치료자 자신이나 신에게만 두지 말고 중독자에게서 찾을 때 가능하다. 누구에게나 영성은 존재하기 때문에 내용의 차이가 있지만 그 사람 특유의 영적인 특질을 찾아서 점진적으로 영성회복을 가능하게 할 수 있다는 것이다.

미국의 정신과 의사인 David H. Rosen(2009)는 자아죽이기와 거듭나기 모델을 소개하면서 '상징적 자아죽이기'를 제안했다. 그에 의하면, 사람들은 상징적 자살을 통해서 우울증과 자살충동을 극복할 수 있다고 한다. 이러한 이론적 근거는 자살시도 후에 살아난 생존자 10명의 경험에서 비롯되었다. David에 따르면, 생존자들의 경험은 정신적인 재생의 길을 닦는 계기가 되었다. 그 과정에서 그들은 자신의 부정적인 정체성을 상징적으로 죽이는 경험을 했다는 것이다. 이 경험은 그들에게 자기 안에 분열되어 있는 것들을 초월할 수 있는 힘을 주었다고 한다. 그들이 초월한 분열은 내면의 죽음과 생명력, 부정적인 자아와 자기 사이에 있던 것이다. David는 그들이 우울한 상태에서 다시 살아난 행위를 통해서 스스로 일어섰다고 보았다(David Rosen, 2009). 인간은 실패하고 추락했을 때, 나쁜 뉴스로 인해서 우울해지고 심각할 경우는 자신의 가치를 완전히 상실하게 된다. David는 이러한 상태를 "어두운 심연에서 영혼과 심혼의 상실을 경험한다"고 표현하고 있다(p. 30). 그의 '자아죽이기' 모델은 네 가지 단계가 있다.

첫 번째 단계는 나쁜 뉴스의 단계이다. 이것은 타락상태, 절망에 이르는 부정적 전환, 직업의 상실, 실패로 인한 우울증 등을 말한다. David는 이것은 자아, 즉 나의 수준에 있다고 한다. 상실감과 거절당함의 경험이 근거가 되어 자아의 상처로 남아 있게 되는 것이다. 여기서 인간은 참고 이겨내면 그가 경험한 불운은 좋은 뉴스로 이어진다는 것이다.

두 번째 단계는 좋은 뉴스의 단계이다. 즉, 추락한 다음에 다시 구해질 수 있는 것을 말한다. 즉, 하강이 있으면 상승이 있다는 것이다. 절망 다음에 기쁨이, 실패 다음에 성공이 있다는 것이다. 물론 그 과정은 지지와 격려, 그리고 치료와 같은 도움의 손길이 필요하겠지만 다시 회복되는 힘이 작용한다는 것이다. 좋은 뉴스에 기초하여 자아는 다시 스스로 조절할 수 있게 된다. 그때 인간은 보다 진보된 자아의 이미지를 가지게 된다는 것이다.

세 번째 단계는 상징적인 죽음의 단계이다. 이 단계는 거짓된 자기를 죽이는 단계이다. 이 단계에서 자아는 인간이 경험할 수 있는 가장 깊은 추락을 하게 되는데, 여기서 인간은 실제적인 죽음과도 같은 느낌을 경험하게 된다. David는 이것을 "죽음−재생의 투쟁으로 특징짓는 무서운 전이기이다"라고 했다(p. 32). 인생의 위기와 추락은 죽음과도 같은 영혼의 상실감을 직면하게 하고 여기서 경험한 인생의 바닥, 즉 극단적인 상황에서 자아는 스스로 마지막 '처절한 조절행위'를 한다는 것이다. 여기서 의식적인 자아의 행위, 자살을 시도하는데 David는 그것을 "실패에 대한 상태를 극복하기 위해 남겨 둔 자아의 유일한 의지처"라고 했다(p. 31).

마지막 네 번째 단계는 새로운 인생(New life) 단계이다. 이 단계는 '죽음−재생'의 경험 이후의 삶의 단계이다. 즉, 죽음과 재생의 경험을 동시적이면서도 순차적인 과정을 통해서 삶의 에너지가 충전되어 새로운 전기적 삶을 살게 되는 것이다. 거듭남−새로운 인생의 과정은 융의 개성화 과정에서 자아가 그림자와 통합하는 과정과 같은 맥락이다. 즉, 자신에게 있는 최상의 존재인 '자기(The Self)'를 경험할 때 그는 자기 본질의 재구성을 경험하고 진정한 존재로서의 자기가 된다는 것이다.

5) 12단계 영성과 관계적 차원의 치료

상징적으로 자기죽이기는 중독자가 바닥치기 경험을 직접적으로 하지 않고도 영적체험을 할 수 있다고 보는 것이다. 그럼에도 불구하고 자아의 상징적 죽음이 가능하기 위해서는 영적인 공동체가 필요하다. 우울증 경험자들과 비슷하게 중독자들도 자신들만의 공동체를 만들고자 하는 욕구도 있기 때문에 이를 긍정적으로 대체하는 그들을 충분히 안아 주는 공간이 필요하다 (최정헌, 2010). AA 공동체가 이러한 역할을 감당한다. 마치 교회공동체와 같이 새로운 자아가 창조하는 공간을 형성하는 것이다. 워스나우는 12단계를 위한 공동체추구 현상(new quest for community)의 불을 지핀 것은 바로 중독자들의 12단계 자조모임이라고 지적한다. 특히 12단계의 구성을 보면 알코올중독자들은 이러한 자조모임에서 자신만의 네트워크를 가지는 소속감의 이상적인 요소들을 포함하고 있다(권수영, 2011). AA가 중독의 치유에 영성을 강조하는 이유는 중독 속에 숨어 있는 영적 속성을 이해하지 않으면 완전한 치유는 불가능하다고 보기 때문이다. 12단계에서는 이것을 영성의 본질이라고 한다.

하지만 전통적인 영성적 특성을 아무리 부인한다고 해도 12단계의 영성의 출발은 기독교적 배경에서 출발했음을 간과해서는 안 된다. 또한 모든 최종

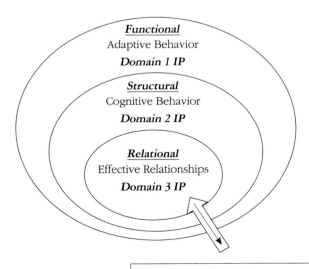

IP moves from a functional to a structural to a relational focus, and sometimes back and forth between the three domains.

[그림 9-1] 통합적 심리치료와 하나님 형상에 대한 세 견해

목적과 단계의 요소에는 Imago Dei의 범주에서 벗어날 수가 없다. 따라서 기독교상담은 대중화된 12단계의 영성을 다시 회복할 수 있어야 한다. 신학자 에릭슨(1985)은 하나님의 형상은 3가지 관점이 있다고 했다. 기능적 관점, 구조적 관점, 그리고 관계적 관점이다. 기능적인 관점은 하나님의 형상을 인간의 행동, 특히 창조세계를 관리하는 것과 관련된 행동들 속에서 드러나 있는 것으로 간주한다. 구조적인 관점은 전형적으로 인간 도덕이나 이성적인 능력을 강조한다. 인간의 이성에 대한 낙관적인 관점이다. 그리고 관계적인 관점은 가장 깊은 차원으로써 하나님은 인간을 사랑하시며, 관계적 존재로 창조했다는 점을 강조하는 것이다. 우리가 서로 관계를 가질 때 하나님의 형상과 유사한 경험을 한다는 것이다. 이러한 3가지 분석을 바탕으로 Mark R. McMinn과 Clark D. Campbell(2007)은 통합적 심리치료 모델을 제시하였다.

> 통합적 심리치료는 내담자의 적응행동과 인지행동, 그리고 효율적인 관계성에 이르기까지 통합적인 치료적 접근이 있어야 궁극적인 치료가 가능하다. 맥민과 캠벨은 이 모델의 근거를 하나님의 형상의 3가지 범주를 근거-기반으로 했다. 다시 말해서, 기능적인 측면으로부터 구조적인 면으로 그리고 관계적인 초점으로 이동하는 치료모델이다. 그리고 때때로 이 세 영역들 사이를 전후로 오가기도 한다(p. 60).

따라서 12단계 영성과 기독교 영성은 다른 관계인가? 여기서 대립적 구도를 취할 것인가, 말 것인가? 여기서 이분법적으로 생각하게 되면, 하나님의 형상의 기능은 더 이상 기대하지 못하게 된다. 3가지 범주를 통합하지 못하게 되고 단순히 '종교적이지만 영적이지 않은' 영성으로 전락하고 말아 버린다. 현대 사회는 종교는 싫지만 영성에는 오히려 관심이 많다. 그런 분위기는 종교를 제도적으로 만나기를 원치 않지만 개인의 경험으로서는 여전히 만나기를 기대한다. 이는 현대 인간의 심리를 묘사한 것으로서 다시 제도화되고 권력 구조화된 기독교의 추세를 비판적으로 볼 것을 요구한다. 여기서 개인적 경험으로써 영성을 추구하게 되면 관계성을 잃어버리고 교회라는 공동체는 의미를 상실하게 된다. 진화적인 영성은 있으나 창조적인 영성은 없게 된다. 새로운 창조적 영성을 공동체 안에서 기대할 수 없다. 이러한 영성은 인간을 어느 한 공간에 가두어 버릴 수 있다. 아인슈타인도 관계를 강조했다.

> 인간이란 '우주'라고 부르는 전체의 한 부분이며 시간적으로나 공간적으로 한정된 한 부분이다. 인간은 자기 자신과 자신의 생각, 그리고 감정이 우주의 나머지 부분과 분리되어 있는 어떤 것이라고 경험하는데 이것은 일종의 의식의 광학적 망상이다. 이 망상은 우리에 대한 일종의 감옥이며 우리를 개인적인 욕망과 가장 가까운 몇몇 사람에 대한 애정에 한정시킨다 ……
> …… 우리의 과제는 자비심의 범위를 모든 살아 있는 생명체와 자연의 아름다움 그 자체에 이르기까지 자비심의 범위를 확장시킴으로써 이 감옥에서 자신을 해방시키는 것이다. 아무도 이 과제를 완수한 사람은 없지만 그것을 위해 애쓰는 자체가 자기 해방과 내적 평화의 기초가 된다(『아인슈타인의 편지』중에서, Grief, 2010).

아인슈타인은 "과학을 무시하는 종교는 절름발이요, 종교를 무시하는 과학은 장님이다"라고 했다(Capra, Steindl-Rast, & Matus, 1999). 이렇게 강조한 것을 보면, 그는 전통적인 영성의 관점을 가지고 있다. 과학자도 인정하는 바, 인간은 세상과 분리된 존재가 아닌 관계적 존재이다. 인간은 관계를 통해서 창조되고 성장한다. 여기서 성장을 못하게 하는 것이 중독이다. 아인슈타인의 표현식으로 감옥에서 자신을 가두고 있는 상태이다. 중독은 물질이든 행동이든 어떤 대상과 관계를 형성하는 것이다. 대부분의 심리적인 문제는 관계에서 비롯된다. McMinn과 Campbell(2007)이 관계적 차원의 치료가 가장 깊은 접근이라고 보는 이유이다. 행동주의도 인지치료도 굳이 필요 없이 관계적 차원의 치료로 곧바로 들어갈 수만 있다면 모든 치료는 궁극적으로 해결이 된다고 보는 것이다. 관계의 가장 근원은 하나님과의 관계로 보고 관계가 회복되는 과정의 목표는 하나님의 형상이 된다. 하나님의 형상을 궁극적인 목표로 상정하는 하는 것은 복음주의자나 자유주의자나 더 나아가서 과학자라 해도 다르지 않다. 다만 과정과 방법의 해석이 다를 뿐이다.

6) 12단계 영성의 방향성

우리는 여기서 영성을 비중독적 사고로 보았다. 비중독적 사고는 관계를 깨트린다. 특히 하나님의 형상을 파괴하여 관계적 복원 능력과 기회를 박탈하려고 한다. 그렇다면 우리는 어떻게 해야 하는가? 심리학자, 부르스 알렉산더(1981)의 '쥐공원 실험'은 깊은 통찰을 주었다. 만약 누군가 헤로인을 20일 동안 쓴다면, 그 다음 날은 미친 듯이 헤로인을 찾을 것이다. 일반적인 중독 이론이다. 그런데 이렇게 보는 관점에 대해서 잘못되었다는 문제를 지적했다. 쥐를 한 마리 데려다가 철장에 놓고 물병 2개를 준다고 가정한다. 하나는 그냥 물이고 하나는 코카인을 넣은 물이다. 이 환경에 거의 모든 경우의 쥐는 약물이 들어간 물에 집착을 하게 된다. 그리고 죽을 때까지 약물에 매달린다. 그러나 부르스는 이 실험에서 무언가를 발견했다. 그것은 쥐가 혼자 철장에 갇혀 있다는 것이다. 그래서 그는 쥐를 위한 놀이공원을 만들었다. 천국과 같이 만들어서 함께 놀고 함께 만족하면서 살도록 했다. 원하는 모든 것이 있는 쥐 우리였다. 그리고 똑같이 물병 2개를 배치했다. 그런데 놀라운 일이 일어났다. 공원 안에 있는 모든 쥐가 약물을 사용하지 않더라는 것이다. 어떤 쥐도 강박적으로 약물을 섭취하지 않았고 과다복용도 하지 않았다. 그래서 이 실험은 인간에게도 실행되었다. 베트남 전쟁이다. 이 전쟁에 참여한 20% 사람들이 헤로인을 사용했다. 사람들은 패닉을 예상했다. 전쟁을 끝내고 백만 명이 넘는 중독자가 돌아오면 어찌될 것인가? 하지만 전쟁에서 돌아온 군인들이 보고한 연구결과서는 예상과 달랐다. 금단현상도 없고 재활원에 보내지 않아도 되었다. 집으로 돌아온 95%의 사람들이 헤로인을 끊었다. 전쟁 후 친구들과 가족들이 있는 좋은 집으로 돌아가는 것은 쥐를 첫 번째 실험의 외로운 철장에서 꺼내 주어 두 번째 놀이공원에 넣어주는 것과 같은 효과라고 보았다. 브루스는 우리가 행복하고 건강할 때는 사람들과 함께하지만 우리가 그럴 수 없을 때는 다른 무언가로부터 위로받으려 한다는 것이다. 그래서 브루스는 "마약이 중독적인 것은 아니다. 좋은 환경이 지속되면 어떤 중독성이 강한 마약이라도 거부할 수 있다"고 했다. 이 실험에서 얻은 결과를 바탕으로 국가예산을 중독치료에 쓰는 것보다 사회복지 예산에 더 투자하고 경제 상황이나 정치적 문제를 해결한다면 지금보다 몇 배 나아진 결과를 얻을 수 있다고 주장했다. 하지만 쥐를 대상으로 했다는 이유와 정치적인 문제가 있다는 이유 등으로 많은 학자들의 반론들이 제기되어 저널에 올리지 못했다.

지금까지도 브루스의 이론은 받아들여지지 않고 있다. 하지만 우리는 이 주장에 대해서 숙고해 볼 필요가 있다. 정치적 또는 종교적인 이데올로기에 의해서 받아들여지지 않고 있다는 것을 주목해야 한다. 12단계의 영성에서 하나님의 형상과 관련된 영성이 부재하게 된 것, 기독교적으로 인정하지 않는 것, 기독교적 하나님을 상정한다고 비판하고 12단계를 받아들이지 않는 것, 이런 것들은 본질적인 문제를 해결하려고 하는 것보다는 이해관계에 의해서 생긴 현상들이다. 브루스의 주장도 그렇다. 언젠가 정책적으로 반영이 된다면 우리 삶은 풍요로워질 것이다. 그의 관점은 부정적인 요소에 관심을 가지는 것보다 긍정적인 것에 더 집중하는 긍정심리학적 관점이다.

정석환(2001)은 '기독상담과 영성'에서 영성의 전인성을 강조하면서, 창조적 영성을 제안했다. 그는 상상력으로서의 영성을 회복할 수 있도록 Mathew Fox의 4단계의 영성의 길을 통찰하고 기독상담의 단계를 제시했다. 첫째는 수용(acceptance)의 단계이다. 이 단계는 내담자를 긍정하고 '있는 그대로 받아들이는' 단계이다. 존재 자체를 긍정하는 것으로 하나님의 형상을 지닌 인간으로 수용하는 것이다. 둘째는 용서(forgiveness)의 단계이다. 이 단계는 적극적으로 자신을 인정하는 의미이고 동시에 모든 원인들에 대한 용서를 말한다. 용서의 힘은 하나님의 처방이며 진정한 해방과 자유를 경험하게 한다. 셋째는 변형(transformation)의 단계이다. 이 단계는 자신에게 주어진 성장의 잠재력을 활용하여 전인성을 향해서 새로운 삶을 살도록 격려하고 훈련하는 단계이다. 수용, 용서, 변형을 통해서 영성을 발견하는 삶은 결코 쉬운 작업은 아니다. 그러기에 기독교상담자가 필요하며, 교회라는 공동체가 영성을 발견하는 공간을 만들어 준다고 보았다. 여기서 하나님의 씨앗을 발견할 수 있는데, 곧 하나님의 형상을 의미한다. 그것을 축하하는 자리가 적극적인 교회 공동체이다. 그런 점에서 AA공동체와 같으면서도 차별화된다.

중독은 관계를 다루는 것이며 영적인 문제이다. 영성은 과학에서도 종교에서도 인정하고 있다. 따라서 대화의 장이 될 수 있다. 영성을 강조하는 12단계는 대화의 도구로서 자연스러운 환경을 제공한다. 부정하더라도 12단계의 길을 가다 보면, 어느새 관계적 차원의 치유가 일어난다. 하나님의 형상에 더 가까워진다. 따라서 '영적이지만 종교적이지 않은'에서 '영적이면서 기독교적인'으로 변형할 수 있어야 한다. 또한 군이 12단계의 '종교적이지 않은' 의미가 '기독교적이지 않은'이라고 해도 기독교상담은 그러한 입장에 대해서 있는 그대로 받아들이면서 통합할 수 있어야 한다. 그것이 12단계 영성의 방향성일 것이다.

참고문헌

권수영 (2011). 도박중독과 영성: 기독(목회)상담적인 전망과 과제. 한국기독교신학논총 77(1), 237-257.

김도희 (2016). 사회복지실천과 영성에 관한 고찰. 사회과학연구, 32(1), 79-104.

김병오 (2009). 중독을 치유하는 영성. 서울: 대서.

김익태 (2006). AA 12단계 프로그램이 재원알코올중독자의 스트레스인식과 대처방식에 미치는 효과성에 관한 연구. 서울시립대학교 대학원 석사학위논문.

김한오 (2005). 12단계의 이해와 실제. 대구경북중독연구회.

박상규 (2017). 도박중독 회복에서 영성의 활용. 한국심리학회지: 중독, 2(2), 1-14.

성상경 (2001). 알코올 약물중독 치료의 실제. 서울: 하나의학사.

윤운성, 김은아 역 (2012). 에니어그램과 12단계, 강박의 극복: 삶을 위한 영적도구. 한국에
니어그램교육연구소.

이덕기, 송수진, 김길중 (1999). 12단계 교본. 서울: 하나의학사.

정석환 (2001). 기독상담과 영성. 신학논단, 29, 403-430.

조근호 (2016). 중독으로부터 회복을 위한 12단계. 서울: 소울메이트.

조성남 (2011). 도박중독전문가교육: 중독의 특성. 사행산업통합감독위원회.

최정헌 (2010). 남성 우울증 극복경험에 관한 현상학적 연구. 연세대학교 대학원 박사학위
논문.

한국 A.A. GSO. (2002). 12단계와 12전통.

한국 A.A. GSO. (2002). 익명의 알코올중독자들.

Alcoholics Anonymous Word Services, Inc. (1984). *The Big Book*. New York: Author.

Alcoholics Anonymous Word Services, Inc. (2016). *Twelve Steps and Twelve Traditions*. New York: Author.

Alexander, B. K., Beyerstein, B. L., Hadaway, P. F., & Coambs, R. B. (1981). The effects of early and later colony housing on oral ingestion of morphine in rats. *Pharmacology, Biochemistry, & Behavior, 15*, 571-576.

Brown S. (1985). *Treating the Alcohol: A Development Model of Recovery*. New York: John Wiley & Sons Inc.

Capra, F., Steindl-Rast, B. D., & Matus, T. (1999). 신과학과 영성의 시대 (김재희 역). 서울: 범양사출판부.

David, R. (2009). 우울증 거듭나기 (이도희 역). 서울: 학지사.

Emrick, C. D. (1997). Alcoholics Anonymous and Other 12-step Group. In Galanter, M. & Leber, H. D. (Ed.), *Textbook of Substance Abuse Treatment*. Washington: Amarican Psychiatric Press Inc.

Erlandson, S. (2000). *Spiritual but Not Religious: A Call to Religious Revolution in America*. Bloomington: iUniverse.

Grief, J. (2010). 아인슈타인의 편지 (하정희 역). 서울: 거인북.

Heinze, Andrew R. (1999). "The Americanization of Mussar: Abraham Twerski's Twelve Steps". Judaism. *The American Jewish Congress*. 48(172), 450-469.

LaChance, A. J. (1991). *Geenspirit: Twelve Steps in Ecological Spirituality*. Boston: Element Books.

McMinn, M. R., & Campbell, C. D. (2007). *Integrative Psychotherapy: Toward a Comprehensive Christian Approach*. IVP Academic.

Mortz, M. E. (1994). Overcoming Our Compulsions: *Using the Twelve Steps and the Enneagram As Spiritual Tools for Life*. Ligouri, Mo.: Triumph Books.

Mercadante, L. W. (1987). *Victims and Sinners*. Louisville: Westminster John Knox.

Milller, K. (1991). *A Hunger for Healing: The Twelve steps As a Classic Model for Christian Spiritual Growth*. New York: HaperCollince.

Springborn, W. (1992). *12 Steps Pamphlet Collection*. Hazelden.

Twerski, A. J. (1997). *Addictive Thinking: Understanding Self-Deception*. Hazelden Publishing.

Waaijman, K. (2002). *Spirituality: Forms, Foundations, Methods*. Peeters Publishers.

http://www.beliefnet.com/news/2005/08/newsweekbeliefnet-poll-results.aspx.

찾아보기

저자 소개(가나다순)

고병인
고병인가족상담연구소 소장

권수영
연세대학교 신과대학/연합신학대학원 목회신학 교수

김영경
한국열린사이버대학교 상담심리학과 교수

박 순
다움상담코칭센터 원장

박철형
연세대학교 상담·코칭지원센터 책임연구원

신성만
한동대학교 상담사회복지학부 교수

채규만
성신여자대학교 심리학과 명예교수/전 대한성학회 회장

최은영
횃불트리니티신학대학원대학교 기독교상담학과 교수

최정헌
KC대학교 상담심리학과 조교수/KCU 학생상담센터 센터장

기독(목회)상담총서 ④

중독과 영성

2018년 11월 15일 1판 1쇄 인쇄
2018년 11월 20일 1판 1쇄 발행

지은이 • 한국기독교상담심리학회
펴낸이 • 김진환
펴낸곳 • (주)**학지사**

      04031 서울특별시 마포구 양화로 15길 20 마인드월드빌딩
대표전화 • 02-330-5114   팩스 • 02-324-2345
등록번호 • 제313-2006-000265호

홈페이지 • http://www.hakjisa.co.kr
페이스북 • https://www.facebook.com/hakjisabook

ISBN 978-89-997-1704-8 93180

정가 18,000원

이 도서의 국립중앙도서관 출판시도서목록(CIP)은 서지정보유통지
원시스템 홈페이지(http://seoji.nl.go.kr)와 국가자료공동목록시스템
(http://www.nl.go.kr/kolisnet)에서 이용하실 수 있습니다.
(CIP 제어번호: CIP2018035713)

교육문화출판미디어그룹 학지사

심리검사연구소 **인싸이트** www.inpsyt.co.kr
원격교육연수원 **카운피아** www.counpia.com
학술논문서비스 **뉴논문** www.newnonmun.com
간호보건의학출판 **학지사메디컬** www.hakjisamd.co.kr